Témoignages et appréciations

« ....un livre fascinant et des plus inusité... (les lecteurs) trouveront le récit rafraîchissant étant donné que peu de livres d'histoire racontent la lutte contre les Anglais lors de la Déportation des Acadiens, et presque aucun ne se concentre sur l'histoire d'un seul individu. Dans au moins deux sens Warren Perrin a changé l'histoire – en racontant sa propre histoire. »

Robert Bridges, *Cajun Times*

« C'est vraiment un très beau petit livre et il fera un excellent recueil pour nourrir la mémoire des descendants des Broussard ... une lecture vraiment passionnante. »

Damon Veach, *The Advocate Magazine*

« Pendant la préparation d'une conférence sur Joseph dit Beausoleil Broussard ... Perrin a constaté que personne n'avait écrit un livre sur la vie de ce héros acadien. Perrin a corrigé cet oubli en écrivant un livre passionnant sur un résistant acadien qui a combattu l'agression anglaise et qui a ultimement conduit son peuple de l'Acadie à une nouvelle vie dans le sud-ouest de la Louisiane. »

Judy Riffel, *le Raconteur*
Le Comité des Archives de la Louisiane

Une Saga acadienne

Me Warren A. Perrin

Une Saga acadienne

1755 – 2003

de Beausoleil Broussard
à la Proclamation royale

Traduit par Roger Léger et Guy Thériault

Éditions LAMBDA   Andrepont Publishing L.L.C.

Publié originellement en langue anglaise par Andrepont Publishing L.L.C., Louisiane, en mai 2005, sous le titre *Acadian Redemption, from Beausoleil Broussard to the Queen's Royal Proclamation*. / Originally published in English by Andrepont Publishing L.L.C., Louisiana, in May 2005, under the title: *Acadian Redemption, from Beausoleil Broussard to the Queen's Royal Proclamation*. © Warren A. Perrin, 2004.

Éditions LAMBDA
6-125, rue Champlain
Saint-Jean-sur-Richelieu (Québec) J3B 6V1
Tél.: (450) 545-1523
Téléc.: (450) 346-6914
lambda.ed@videotron.ca

Andrepont Publishing L.L.C.
326 Cedar Grove Drive
Opelousas, Louisiana 70570
Tél.: (337) 942-6385
Téléc.: (337) 948-3492
andre@andrepontprinting.com

Dépôt légal: 2e trimestre 2009 / Registration of copyright: 2nd quarter of 2009.
Bibliothèque nationale du Québec / The National Library of Québec.
Bibliothèque nationale du Canada / The National Library of Canada.

Maquette de la couverture / Cover design: Roger Léger
Illustration de la couverture / Covert art: Lucius Fontenot
Traduction / Translation: Roger Léger et Guy Thériault
Révision / Proofreading: Rita Cormier de la Garde
Coordonnateur à l'édition / Edition coordinator: Roger Léger
Première édition en langue française, mars 2009. / First french edition, March 2009.

Catalogage avant publication de Bibliothèque et Archives nationales du Québec et Bibliothèque et Archives Canada

Perrin, Warren A., 1947-

Une saga acadienne: 1755-2003: de Beausoleil Broussard à la proclamation royale

Traduction de: Acadian redemption.
Publ. en collab. avec Andrepont Publ.
Comprend des réf. bibliogr.

ISBN 978-2-923255-01-9 (Éditions Lambda)
ISBN 978-0-9768927-1-7 (Andrepont Publ.)

1. Broussard, Joseph, 1702-1765. 2. Broussard (Famille). 3. Acadie - Histoire. 4. Acadiens - Nouvelle-Écosse - Biographies. 5. Cajuns - Biographies. I. Titre.

FC2042.B76P4714 2009   971.6'01092   C2008-941099-8

Imprimé aux Etats-Unis d'Amérique – Printed in the United States of America.

Dédicace

À mon épouse bien-aimée, qui m'a encouragé à suivre
mon instinct et à me plonger totalement
dans notre héritage acadien.

Si nous paraissons grands, c'est que nous nous tenons
sur les épaules de nombreux ancêtres.
Proverbe Yoruba

Avant-propos
à l'édition française

J'avais été l'éditeur, en 1988, d'*Évangéline, conte d'Acadie,* de Longfellow, traduction de Pamphile Le May. Il me restait, pour faire bonne mesure et compléter l'image que l'on peut avoir de l'histoire acadienne, à traduire *Acadian Redemption* de Me Warren Perrin, qui raconte l'histoire d'un personnage réel de la tragédie acadienne de 1755, le féroce résistant Joseph Broussard dit *Beausoleil.* Sans doute qu'on a là, avec ces deux personnages, Évangéline et Beausoleil, l'un fictif et l'autre réel, les deux facettes de l'histoire acadienne, la brebis qu'on égorge et le lion qui rugit.

Me Perrin me demandait au mois d'août 2006 si je voulais bien voir à la traduction française de son livre, *Acadian Redemption, from Beausoleil Broussard to the Queen's Royal Proclamation,* publié en 2005, en Louisiane. Je n'ai pas hésité un seul instant. Il me semblait nécessaire de rendre accessible aux lecteurs de langue française l'œuvre de ce militant, de cet activiste cadien à la détermination légendaire, semblable à celle de son ancêtre Joseph Broussard dit *Beausoleil.* Comme l'écrit son épouse, dans l'Introduction à ce livre, Warren Perrin « *n'était ni artiste, ni écrivain, ni musicien, ni militaire; il était avocat. C'est pourquoi il a utilisé ses habilités acquises et sa profession pour attaquer, certains diront avec une grande combativité, ces conceptions historiques concernant les Acadiens qui étaient devenues « des certitudes absolues ». En prenant le risque de défier l'histoire à l'exemple de Beausoleil, Warren n'a pas manqué l'occasion de donner à ses propres descendants une occasion d'être fiers de partager cet héritage chèrement gagné qu'on appelle la culture acadienne.* »

Pour ceux qui ne le connaissent pas, Me Warren Perrin est cet avocat louisianais qui entreprit, en 1990, les démarches demandant au gouvernement anglais et à la Couronne britannique de reconnaître les conséquences tragiques de la Déportation des Acadiens, en 1755, de restaurer le statut de « Français neutres » aux Acadiens, de mettre fin officiellement à la Déportation par une proclamation annulant l'ordre de déportation, et de poser un geste symbolique de bonne foi en érigeant un monument commémorant « la fin de l'exil ». Cette démarche de Warren Perrin a finalement abouti, le 9 décembre 2003, par une Proclamation royale adoptée par le Parlement canadien. Nous la reproduisons à l'annexe 10 du présent volume.

Cette Proclamation royale, qui fut le fruit de l'initiative parlementaire au gouvernement fédéral du Canada du député d'origine acadienne du Bloc Québécois, Stéphane Bergeron, et des démarches de la Société nationale de l'Acadie en ce sens, prit effet le 5 septembre 2004; elle désigna le 28 juillet de chaque année, à compter de 2005, Journée de commémoration du *Grand Dérangement*. Stéphane Bergeron a eu l'amabilité de raconter, dans un texte fort éclairant qui apparaît à l'annexe 9 du présent volume, les étapes difficiles de l'adoption de la Proclamation royale par le Parlement canadien. Euclide Chiasson, président de la Société nationale de l'Acadie de 2000 à 2004, complète, de son côté, « la petite histoire » de l'adoption de la Proclamation royale dans un texte qui apparaît également en annexe du présent volume.

L'infatigable Me Warren Perrin est président, depuis 1994, du *Conseil pour le développement du français en Louisiane (CODOFIL)*. Il est le grand défenseur de la culture acadienne et cadienne, comme son ancêtre Beausoleil Broussard avait été le grand défenseur des Acadiens lors de la période trouble de la Déportation de 1755.

Par l'entremise de l'historien Carl Brasseaux, directeur du *Center for Louisiana Studies*, à Lafayette, nous avons le privilège de publier un inédit important qu'a découvert l'historien français Jean-François Mouhot, de l'Université de Birmingham, la lettre de Jean-Baptiste Semer écrite de la Nouvelle-Orléans à son père au Havre, le 20 avril 1766, qui se trouve à l'annexe 4 du présent volume. Grâce au travail de Stéphan Bujold, de Montréal, j'ai pu retracer au *Centre d'études acadiennes* de l'Université de Moncton la traduction française de Placide Gaudet de la *Pétition des Acadiens déportés à Philadelphie adressée au roi Georges II*, probablement écrite dès l'année 1757, et que nous reproduisons à l'annexe 1. J'ai apporté quelques corrections à la traduction de Placide Gaudet parue dans le journal Le Temps, en septembre 1901.

Dans son Avant-propos à la traduction française du théâtre de Shakespeare, André Gide affirme que « *ce n'est qu'au contact d'une langue étrangère que l'on se rend compte des déficiences de la sienne propre, et le Français qui ne connaît que le français ne s'aperçoit pas de ses manques.* » En s'exerçant à cette œuvre de traduction, qui peut sembler ingrate à certains égards, on prend, en effet, conscience des limites de sa langue et, puis-je ajouter, on acquiert ainsi inévitablement une connaissance plus fine d'icelle. Dans ce travail de traduction du livre de Me Warren Perrin j'ai reçu l'aide inestimable du traducteur professionnel

Guy Thériault, de Québec. Guy a été responsable de la traduction des chapitres 7, 8, 9, 12 et 13; il a aussi relu attentivement la traduction que j'ai faite des autres chapitres et des textes d'introduction : la Préface de William Arceneaux, l'Introduction de Madame Mary Leonise Broussard Perrin, l'Avant-propos à l'édition anglaise de Chris Segura, ainsi que l'Épilogue de Shane K. Bernard, les Remerciements de l'auteur et la présentation de Me Warren Perrin par le Général Curney J. Dronet Sr.

Le livre contient de nombreuses notes de bas de page et une bibliographie assez élaborée; nous n'avons pas reproduit en entier l'abondante bibliographie de l'édition anglaise. Avec l'aide de Stéphan Bujold, j'ai plutôt établi une bibliographie sélective de titres que le lecteur français peut trouver assez facilement. Je ne peux passer sous silence le travail remarquable de révision de l'ensemble de la traduction faite par Madame Rita Cormier de la Garde, de Québec, avec sa générosité habituelle. Les deux traducteurs, qui pensaient leur travail terminé, en ont été confondus... Sans doute que cette pensée de Lao-tseu, parlant du Sage selon son cœur, inspire-t-elle toute sa vie : *Plus elle aide les autres, plus elle possède, plus elle donne aux autres, plus grande est sa richesse.* Yves Fontaine a collaboré à la traduction des chapitres 10 et 11, et Stéphan Bujold a fait de même pour les chapitres 5, 6 et 14, en plus de nous avoir mis sur la piste de la traduction française de la Pétition des Acadiens déportés à Philadelphie, qui se trouvait dans le fonds Placide Gaudet au *Centre d'études acadiennes* de l'Université de Moncton, qui nous a aimablement transmis cette précieuse pièce du dossier. Enfin, il est juste de souligner la généreuse collaboration de l'imprimeur Philippe Andrepont d'Opelousas, en Louisiane, dans l'impression de ce livre et sa diffusion aux États-unis. Enfin, je désire remercier vivement May Waggoner, professeure de français à l'Université de Louisiane, et Karel Roynette, de Lafayette, pour leur révision finale du manuscrit de Me Perrin. De nombreuses erreurs ont pu être ainsi évitées.

S'il reste des imperfections ou même des erreurs dans le présent travail, j'en suis seul responsable. Je prie le lecteur de me les signaler afin qu'en une prochaine édition on puisse les corriger. Comme le répète Me Perrin, *ensemble on est capable.*

Roger Léger
24 janvier 2009

Remerciements

C'est à l'occasion du premier Congrès mondial acadien de 1994 que l'idée m'est venue d'écrire ce livre. Mais c'est en 2003 seulement que je me suis mis à la tâche. J'avais été invité par Sheila Broussard d'Halifax, en Nouvelle-Écosse, à donner, le 11 août 2004, durant le Congrès mondial acadien, une présentation conjointe avec M. Alfred Silver, écrivain néo-écossais de renom, sur Joseph dit *Beausoleil* Broussard ; cette présentation devait coïncider avec la réunion de famille des Broussard au village de Pomquet, dans le comté d'Antigonish, en Nouvelle-Écosse. Pendant que je préparais ma présentation, j'ai constaté que personne n'avait écrit de livre sur la vie de *Beausoleil*, et qu'il y avait plusieurs affirmations contradictoires dans divers articles écrits à son sujet. Après la signature de la Proclamation royale, le 9 décembre 2003, j'ai pensé que ce livre pourrait être une manière de lier cet événement contemporain à l'histoire acadienne.

Comme c'est le cas pour plusieurs livres, celui-ci a demandé un effort conjugué de plusieurs personnes qui ont répondu à mes fréquentes requêtes d'assistance, soit Chris Segura, Ryan Brasseaux, John Mack Faragher, Donald Arceneaux, George Bentley, Shane K. Bernard, Jason Thériot, Earlene Broussard, Maurice Basque, Zachary Richard, Louise McKinney, James Louviere, Brenda Comeaux Trahan, Carl Brasseaux, Sam Broussard, Don Louis Broussard, and Meera Sundram. Mes plus profonds remerciements à chacun d'eux.

Ce projet fut financé en partie par l'*Acadian Heritage and Cultural Foundation*, un organisme sans but lucratif qui gère le Musée acadien d'Érath. Ma gratitude la plus sincère va à tous les membres et administrateurs de la Fondation, aux représentants culturels et aux volontaires, particulièrement au directeur, Kermit Bouillion, à Ron Miguez, directeur des opérations du musée, à Clément Bourgeois, Jr., Simon Broussard, J. N. Broussard, Terry Perrin et Russell Gary.

Les amis du musée qui ont servi sur le conseil sont J. Weldon Granger ; Carl Brasseaux, directeur du Centre d'études louisianaises, à l'Université de la Louisiane à Lafayette ; James H. Dormon, ancien directeur du Département d'histoire, Université de la Louisiane à Lafayette (retraité); le sénateur américain John Breaux; Paul Hardy, lieutenant-gouverneur de la Louisiane (retraité); Michel Doucet, doyen de la Faculté de droit, Université de Moncton; Fernand de Varennes, Murdoc University, Perth, Australie; le sénateur canadien Gérald Comeau; l'honorable Melinda Schegmann, ancienne lieutenant-gouverneure de Louisiane; Richard Dubois, de la Gulf Coast Bank; Claudette Lacour, de l'Association du 4 juillet d'Érath; le sénateur américain George Mitchel, Maine (retraité); Jimmy C. Newman; le révérend Patrick Primeaux, Ph.D., St. John's University; Leon David Ortemond; George Dupuis, Jr., maire d'Érath; le juge Charles L. Porter, de la cour du 16ᵉ district judiciaire; D. L. Ménard; Earl Broussard et Stephen Granger.

Mes remerciements vont aussi aux autres amis du musée: Dr. Mathé Allain, Université de la Louisiane à Lafayette; Barry Ancelet, ancien directeur du Département de langues modernes, Université de la Louisiane à Lafayette; Trent Angers, éditeur, *Acadiana Profile*; le juge Allen Babineaux, du 15ᵉ district judiciaire (retraité); le sénateur Allen Bares (retraité), Alton Broussard II; le père Wayne Duet, Our Lady of Lourdes Catholic Church; Phillip F. Dur, Université de la Louisiane à Lafayette, (retraité); le juge J. Burton Foret, de la Cour d'appel (retraité); Russell R. Gaspard, Vermilion Parish Clerk of Court (retraité); Raymond LaLonde, de la Chambre des représentants de la Louisiane (retraité); Belva LeBlanc; Cecil Picard, surintendant de l'Éducation de la Louisiane; le père Joseph Henry Stemmann; Una Broussard Evans, de la Société d'histoire de Vermillion; Pete Bergeron, KRVS Radio, Université de la Louisiane à Lafayette; Philippe Gustin, du *Centre International de Lafayette;* Daniel Broussard, Vermilion Parish Assessor, (retraité); Yvon Fontaine, recteur de l'Université de Moncton, Canada; Gérard Johnson; A. J. LeBlanc, Lafayette; Robert Vincent, directeur des projets d'histoire; Carey LeBlanc; Earlene Broussard; Mark Poché, président du Vermilion Parish Policy Jury; Allen Simon; Lynn Breaux; Gladys Romero; Shane K. Bernard; Marla LeBlanc Doolin; Mary Leonise Broussard Perrin; Rebecca Perrin Ouellet; Sam Broussard, et Whitney Lynn Broussard, directeur, Collections historiques.

Mes remerciements les plus sincères aux membres du comité exécutif: Tom Angers; Ned Arceneaux; le professeur Christopher Blakesley, du Centre du droit de l'Université d'État de la Louisiane; Léonce et Émilia Blanchard, Canada; l'historien Léon

Thériault, Université de Moncton; Sam Thériot, ancien Vermillion Parish Clerk of Court; Jim Bradshaw; Charles E. Broussard; John C. Broussard, militant acadien; le professeur Jacques Henry, Université de la Louisiane à Lafayette; Jean-Robert Frigault, Nouveau-Brunswick; Thomas E. Guilbeau; Marc W. Judice; Ron Guidry, Dr. Gary Marotta, Buffalo State University; Ray Mouton, Jr.; John L. Olivier; Glen Pitre; Philip Parent, Maine; Virgil C. Reid, Christopher Rose, Gerard Sellers, Michel Tauriac, Mike Thibodeaux, Dudley J. Young et Tommy LeBlanc.

Les personnes suivantes me furent d'un grand secours, Gale Luquette, Shane Landry, le juge Durwood Conque, le juge Herman Clause, le juge Rick Michot, le juge Byron Hébert et George Sfeir.

Les personnes suivantes, maintenant décédées, m'aidèrent beaucoup tout au long de leur carrière: le juge Cleveland J. Frugé, Howard E. Crosby, de la Chambre des communes du Canada, Marcus Broussard III, Frederick M. de la Houssaye, Wilfred Doucette, le juge Bennett Gautreaux, monseigneur J. O. Daigle, M.A., S.T.L., René Babineau, Club international des Acadiens, Richard Baudoin, Lou Ella Menard, Presley LeBlanc, Evelyn G. Boudreaux, Brent Broussard, Relie LeBlanc III, Cleve Thibodeaux et J. Maxie Broussard.

Des remerciements particuliers à Darylin Barousse et Sharon Newman, qui ont dactylographié le manuscrit, et à Terry Perrin, Don Louis Broussard, Bruce Perrin, Mitch Conover, James Louviere, Chère Coen, Earlene Broussard, Brenda Comeaux Trahan, George Bently, Donald Arceneaux, Daniel Paul, historien micmac et militant des droits de l'homme, Maxine Duhon et Jason Thériot, qui ont corrigé les épreuves. Je remercie les avocats qui pratiquent le droit avec moi: Michael F. Thompson, Howard Dennis, Allan A. Durand, et mes associés actuels: Donald D. Landry, Gerald C. deLaunay, Scott A. Dartez et Jean Ouellet.

Merci beaucoup à David Cheramie et à tous les membres du conseil d'administration du Conseil pour le développement du français en Louisiane (CODOFIL), les membres du personnel Elaine Clement et Jennifer Miguez, et mon mentor, le juge Allen M. Babineaux, décédé le 23 août 2004. Mes remerciements à John Hernandez, Jr., John Hernandez III, David Marcantel, le juge Ned Doucet, Dave Johnson, Louis Koerner, Marie Breaux, Val Exnicios, Mark Babineaux, Frank Neuner, Patrick O'Keefe, Chris Goudeau et Wendy Tate, membres du bureau de direction de la section francophone de l'Association des avocats de l'État de la Louisiane.

L'une des choses que j'ai appréciée dans ma recherche historique est qu'il m'a été donné de visiter le Canada, le pays de mes ancêtres. Depuis ma première visite en 1989, je me suis fait de nombreux amis qui m'ont donné une chaleureuse hospitalité et un appui indéfectible, à savoir Jean-Robert Frigault, Pierre Richard, Viola LeBreton Frigault, Charles Gaudet, Marc Belliveau, Maurice Crosby, Jean Gaudet, le Dr. Jean-Douglas Comeau, Dominique Godbout, Gérard Johnson, Michel Cyr, Jean-Luc Chiasson, le député Dominic LeBlanc, le sénateur Gérald Comeau, Guy Richard, Aurora Comeau, Michel Doucet, Yvon Fontaine, Stéphane Bergeron, Maurice Basque, Richard Laurin, Vaughn Madden, Georgette LeBlanc, André Fourcier, Linda Fourcier, Roméo LeBlanc, Valérie Roy, Neil Boucher, Jean-Marie Nadeau, Phil Comeau, Michael Doucette, le juge Michel Bastarache et Paul Surette. *Merci, mes amis.*

Mes parents, Henry Lolly et Ella Mae Broussard Perrin, mon frère Terry et ma sœur Natial, et mes enfants, Rebecca, Andy et Bruce, m'ont toujours appuyé dans mon travail et ma décision d'aller de l'avant avec la Pétition pour obtenir des excuses pour la déportation des Acadiens. Merci beaucoup. Un *grand merci* spécial à Jean-Robert Frigault, ancien directeur des Affaires canadiennes/acadiennes au CODOFIL qui m'a encouragé pendant 13 ans et a facilité une rencontre spéciale avec la Société nationale de l'Acadie, ce qui a mené à une conjugaison de nos efforts. Mais c'est mon épouse, Mary Leonise Broussard Perrin, qui m'a le plus soutenu, a préparé les manuscrits, est demeurée avec les enfants quand j'allais au Canada ou en France, et m'a donné chaque jour cet encouragement dont j'avais besoin. Sans son aide, je n'aurais pu envisager d'écrire ce livre. Avec elle, la vie est magnifique. Je lui serai toujours reconnaissant.

Warren A. Perrin
Lafayette, Louisiane

Préface

T rois ans avant que les Anglais ne fondent la colonie de Jamestown, 16 ans avant que le *Mayflower* ne touche terre à Plymouth Rock, et 17 ans avant que les Hollandais ne fondent la Nouvelle-Amsterdam, des pionniers français fondèrent l'Acadie. C'était en 1604. Si, par un accident de l'histoire, les anciennes colonies britanniques, que sont aujourd'hui le Nouveau-Brunswick, l'Île-du-Prince-Édouard et la Nouvelle-Écosse, s'étaient jointes à leurs congénères des 13 colonies anglo-américaines du sud dans la Guerre pour l'Indépendance américaine, elles feraient probablement aujourd'hui partie des États-Unis d'Amérique. Ainsi, le premier jour de l'Action de Grâce n'aurait pas eu lieu au Massachusetts mais en Nouvelle-Écosse, et les Acadiens auraient remplacé les *Pilgrims*. Les Américains intéressés à leur généalogie diraient que leurs ancêtres étaient venus au Nouveau Monde sur le *Jonas* et non sur le *Mayflower*.

En 2004, les Acadiens partout dans le monde ont célébré le 400e anniversaire de la naissance de notre peuple, de notre culture et de notre histoire en Amérique du Nord. Bien sûr, nos racines acadiennes sont de France, mais ce n'est qu'après 1604 qu'un peuple nommé les Acadiens (et après coup les Cadiens en Louisiane) a émergé dans l'Histoire. Warren Perrin n'aurait pu choisir meilleur moment que cet anniversaire et ces célébrations pour écrire cette excellente monographie d'un grand Acadien, Joseph dit *Beausoleil* Broussard (1702-1765).

On dit que des temps extraordinaires produisent des hommes extraordinaires. C'est certainement le cas de *Beausoleil*. Mais dire que le Grand Dérangement fut un moment extraordinaire de l'histoire moderne est un euphémisme – un gros euphémisme. C'est un des chapitres les plus sombres de l'histoire de l'Amérique du Nord, en ce qu'il représente le premier et peut-être le seul exemple de nettoyage ethnique d'Européens dans l'histoire de ce continent. De 1755 à 1763, l'armée britannique et la milice de la Nouvelle-Angleterre ont éliminé les Acadiens de l'Acadie. Il est impossible d'exprimer par des mots l'agonie, la douleur, les souffrances et les humiliations du peuple acadien durant ces années de déportation, d'exil, de solitude et d'itinérance. Des milliers d'Acadiens sont morts de la petite vérole, de la dysenterie, du scorbut et de malnutrition sur des bateaux anglais surchargés.

Des milliers d'autres furent emprisonnés en Angleterre et en Nouvelle-Écosse. Mais en dépit de forces adverses insurmontables, des Acadiens ont résisté et *Beausoleil* était le chef de ceux qui se sont battus.

Des siècles plus tard, on appellera les tactiques de combat de *Beausoleil* Broussard la guérilla. *Beausoleil*, quant à lui, l'appelait tout simplement la guerre. Il était un homme brave, mais ses combattants, des fermiers, des pêcheurs et des trappeurs – armés d'instruments agricoles, de couteaux artisanaux, d'épées et d'occasionnels fusils - n'étaient pas de taille face à l'armée et à la marine de l'Empire britannique. Sa famille et lui ont passé les dernières années du Grand Dérangement sous étroite surveillance dans une prison d'Halifax. Inspiré peut-être par son amour de la liberté ou par son désir d'échapper à la domination britannique, ou encore par une combinaison de ces deux sentiments, dès la fin de la Guerre de Sept Ans et sa remise en liberté avec sa famille, il conduisit son peuple vers une *nouvelle Acadie*.

William Arcenaux,
Président
La Fondation Codofil

Avant-propos
à l'édition anglaise

Pendant deux siècles, les exilés acadiens ont rêvé collective-ment d'un grand héros, quelqu'un de leur propre tradition culturelle, d'une stature charismatique égale à des résistants légendaires d'autres cultures et traditions. Au début, ces exilés avaient plusieurs héros qu'ils connaissaient personnellement. Mais le temps et la géographie, une continuelle persécution eth-nique accompagnée d'humiliations multiples et l'isolement dans lequel ils se trouvaient, ont effacé de leur mémoire toutes traces de leur histoire. Il y avait aussi, semble-t-il, une grande réticence à se souvenir. Peut-être que le passé était trop douloureux, chaque présent successif trop plein de difficultés et que le seul avenir qui se présentait à eux était la simple et dure survie. Quelle qu'en soit la cause, en Louisiane, où un très grand nombre de déportés s'établirent, la pauvreté des traces orales et écrites, et même des chansons populaires émanant des années qui ont suivi le Grand Dérangement, est étonnante.

Mais dans les années 1940, un bouleversement global encore plus grand que celui qui avait mené à la dispersion de leurs ancêtres aux quatre coins de deux hémisphères, a conduit de manière inattendue plusieurs d'entre eux dans une patrie au moins deux fois perdue. Il s'agit de la Deuxième Guerre mon-diale et du retour des Cadiens en France. Là, ils découvrirent une nouvelle richesse dans quelque chose qu'ils possédaient depuis longtemps, quelque chose de fondamental pour la survie de toute culture, et que toute puissance occupante se doit d'abolir pour créer une domination durable. C'était leur langue ; ils parlaient toujours français.

Les Américains – il était toujours de mise en Louisiane de diffé-rencier ceux qui parlaient français de ceux qui parlaient seule-ment anglais et qui étaient des Américains d'une mouture diffé-rente, une élite dirigeante – les Américains en avaient besoin maintenant pour communiquer avec un peuple qu'ils libéraient. Ironiquement, la langue vouée à la disparition en Amérique fai-sait d'eux soudainement un élément vital dans la guerre outre-mer. Les Cadiens découvrirent aussi que leur idiome familier n'était pas d'aussi mauvaise qualité que ce qu'on leur avait fait accroire. Ce fut l'origine de la Renaissance acadienne. Ce fut la manifestation d'une fierté perdue depuis longtemps.

Deux décennies plus tard, avec la création du *Conseil pour le Développement du Français en Louisiane (CODOFIL)*, un feu de forêt culturel balayait le sud-ouest de la Louisiane. Des contacts furent établis avec des cousins depuis longtemps oubliés dans des pays lointains ainsi qu'avec leurs gouvernements respectifs. Des programmes spéciaux furent lancés à tous les niveaux de l'enseignement pour faire connaître une langue et une histoire qui étaient auparavant au mieux ignorées et ridiculisées et au pire condamnées et méprisées. Plus ils étudiaient plus ils voulaient savoir. La quête d'un grand héros avait commencé.

Parmi leurs cousins du Canada, où des ancêtres avaient réussi à demeurer, l'histoire était cependant très différente. Après des décennies de cache-cache et de harcèlement par leurs oppresseurs, les Acadiens ont finalement obtenu la permission de s'établir à nouveau. En grande partie grâce au militantisme de leurs voisins séparatistes québécois, les gouvernements successifs acceptèrent le bilinguisme et acquiescèrent à leur quête passionnée d'une identité culturelle. Les Acadiens du Canada avaient toujours connu leur grand héros. Son nom était Joseph dit *Beausoleil* Broussard. Il aurait été difficile de l'oublier, en partie parce qu'il était encore vilipendé comme un bandit et une brute sanguinaire par l'élite dirigeante canadienne, une situation semblable à la mémoire d'Emiliano Zapata, au Mexique.

Cette redécouverte de la vraie nature de ce héros singulier posait plusieurs problèmes. Le premier et le plus évident était que les descendants dispersés des exilés n'étaient pas en communication les uns avec les autres. Cela prendra fin avec la création du CODOFIL, en 1968. Le deuxième et plus durable problème était le fait que le héros n'avait laissé aucun document écrit sur lui-même. On a beaucoup écrit, et les rumeurs furent nombreuses à son sujet ; on continue d'écrire et les rumeurs ne cessent de circuler sur ses exploits, mais non sur sa pensée, sur ses sentiments et sur ce qu'étaient ses valeurs personnelles. Sans doute, ce manque s'explique-t-il par le fait qu'il était un homme d'action et non de plume. Pendant que certains parlaient, il était, lui, sur le pied de guerre et maniait le mousquet.

Sans mémoires personnels, il y a comme une invitation irrésistible à spéculer sur les motifs, sur l'espoir d'une victoire, sur la croyance d'un succès possible opposée à l'échec, sur la stratégie sous-jacente aux tactiques de guerre ou même sur les qualités de base de l'individu, sa moralité ou son apparence physique. Bref, il y a une tendance à glorifier davantage les personnes d'action que les penseurs, parce qu'il y a peu de choses sur lesquelles on puisse se baser. Il y a une grande page blanche sur laquelle on peut écrire. Alors les rumeurs et les inventions apparaissent dans le domaine de l'imprimé.

Un bon exemple de ce processus est la description de *Beausoleil* qu'en a faite la québécoise et acadienne Antonine Maillet dans son excellent, drôle, triste et généralement beau roman *Pélagie-la-charrette*. Ce roman raconte l'odyssée d'un petit groupe d'exilés acadiens, renforcé par d'autres recueillis en route, lors de son retour de la Géorgie vers le Canada, quelques années après les déportations du milieu du XVIIIe siècle. Le fameux combattant de la liberté fait une brève apparition dans le roman et Maillet lui enlève au moins 20 ans d'âge, passe sous silence l'épouse et les nombreux enfants du héros, lui redonne la virilité sexuelle de ses 20 ans et en fait l'amant perdu de la protagoniste. C'est toujours ainsi que naissent les légendes à travers les âges.

Il y a telle chose que la licence poétique (dans ce cas-ci romanesque). Dans le royaume des arts tout va et c'est bien ainsi. Le problème commence quand on prend la création littéraire ou artistique pour la réalité. Les mythes peuvent être plaisants, mais ils cachent la réalité. Broussard est le héros acadien par excellence et donc un terreau fertile pour l'imaginaire. Mais dans le cas qui nous occupe, les faits de sa vie n'ont pas besoin de beaucoup d'élaboration pour donner le coup d'envoi à l'imagination. Et ils ne sont pas toujours aussi beaux que ses admirateurs le voudraient.

Quiconque lira le compte rendu de la vie de l'ancêtre de Warren Perrin, ses exploits et son influence durable, comprendra immédiatement pourquoi. Mais à moins que le lecteur n'ait examiné quelques-unes des représentations romanesques de ce vaillant, violent, infatigable combattant de la résistance acadienne, ou encore n'ait prêté attention à quelques-unes des histoires populaires et folkloriques à son sujet, il peut ne pas comprendre pleinement l'énorme fascination pour ce héros chez les Acadiens et les non-Acadiens, admirateurs de la nourriture, de la musique et de la joie de vivre cadien à travers le monde. Les Cadiens rient, chantent et dansent, non pas parce qu'ils ne connaissent rien d'autre, mais parce qu'ils ont appris de dures leçons sur la valeur de vivre simplement et pleinement et ils ont payé cher le droit de se réjouir de la vie. « Lâche pas la patate », disent-ils. La vie peut être une patate chaude mais ils pensent qu'ils ne doivent pas lâcher la patate parce qu'il peut arriver que ce soit la seule chose qu'ils aient à manger.

Beausoleil a eu bien des occasions d'apprendre cette leçon. Il a été – et continue d'être dans l'imaginaire culturel – l'exemple d'un homme qui a perdu une guerre, une patrie, une grande partie de sa nombreuse famille par la séparation et la mort, et il fut littéralement détruit physiquement par l'exil. Il fut contraint de vivre dans un environnement où il fut en contact avec la fièvre jaune, une maladie inexistante dans sa patrie d'origine, et contre laquelle il ne possédait aucune résistance naturelle. Périodiquement la maladie frappait les campagnes louisianaises de la faucille de la mort. Et c'était une mort horrible. Les victimes vomissaient une substance noire, leur sang se coagulait et leurs yeux pleuraient littéralement des larmes de sang. Mais malgré toutes ces souffrances et ces morts, d'une certaine manière à travers ses descendants, il a été finalement victorieux.

Warren Perrin est l'un de ces descendants. En réalité, il est un descendant direct de *Beausoleil* à la fois par son père et par sa mère. Il aime dire que cette concentration génétique fait de lui un *double trouble,* un « double fauteur de troubles ». Les Anglais connaissaient cette probable propension génétique à la confrontation chez *Beausoleil* et ils ont dû y faire face à nouveau avec Warren Perrin. Après une longue campagne, Warren a réussi à arracher des excuses à la Couronne britannique pour toutes les déportations que les Acadiens ont subies au XVIIIe siècle.

La force de ce compte rendu, présenté avec des documents nouvellement découverts sur les exploits de *Beausoleil*, réside dans le fait que Perrin ne se complaît pas dans la spéculation ou l'élaboration gratuite. Si vous voulez vous faire une idée sur l'homme *Beausoleil* par opposition au grand héros qu'il fut, vous devriez étudier quelques-uns de ses descendants. C'est une méthode qui en vaut bien d'autres et qui, ma foi, pourrait s'avérer meilleure que la plupart.

Chris Segura
romancier, journaliste
et descendant de *Beausoleil*

Introduction

L e premier objectif de ce livre est fondamentalement un examen de la vie d'un héros mythique pour les gens de descendance acadienne, tant en Acadie que dans le sud de la Louisiane :
Joseph dit *Beausoleil* Broussard. *Beausoleil* était d'origine française et vit le jour en Acadie en 1702, une région qui est l'actuelle
province canadienne de la Nouvelle-Écosse. Selon les livres
d'histoire et la tradition orale et populaire, il semble avoir été un
être haut en couleurs, énigmatique et charismatique, un révolutionnaire que les Anglais caractérisaient comme un criminel et
un hors-la-loi. Dans sa jeunesse, *Beausoleil* fréquentait les Micmacs de la région, avec qui il avait d'excellents rapports, bien
que cela fût expressément défendu par la loi anglaise. Dans la
jeune vingtaine il fut accusé d'être le père d'un enfant illégitime,
et il fut impliqué dans plusieurs autres causes civiles. Plus tard,
il s'engagea dans des vraies batailles contre des voisins au sujet
de la propriété d'un certain lopin de terre.

Mais les Acadiens d'hier et d'aujourd'hui révèrent *Beausoleil*
comme un grand patriote. Contrairement à beaucoup d'autres Acadiens qui acceptèrent leur destin, celui d'un exil forcé, *Beausoleil,*
qui avait beaucoup appris de ses bons amis les Micmacs à propos
des tactiques de guerre amérindiennes, décida de se battre.

En 1763, après la déportation de la grande majorité des Acadiens,
le gouverneur Wilmot offrit aux Acadiens qui n'avaient pas été
déportés, y compris *Beausoleil* et ses inquiétants combattants de
la résistance en guenilles, la possibilité de demeurer et de devenir des « bons sujets de sa Majesté », à condition de prêter un
serment d'allégeance à la Couronne britannique. La plupart
acceptèrent l'offre, mais *Beausoleil* la refusa. Pourquoi ? Peut-
être en partie en raison de sa personnalité rebelle, peut-être en
raison de son apprentissage de la guérilla avec ses amis micmacs,
mais peut-être surtout à cause de sa passion pour son héritage
acadien. *Beausoleil* était un descendant des premiers Européens
qui avaient laissé derrière eux une société féodale et l'oppression
qui y était inhérente pour se forger un espace de liberté et une
identité propre dans cette terre d'Acadie. Cette identité héritée
de ses ancêtres représentait les années de lutte que ceux-ci
avaient connues pour donner à *Beausoleil* et aux siens la possibilité de vivre sur une terre libre de la servitude de gouverne-

ments tyranniques, là où ils pourraient vivre en paix et pratiquer leur religion. Nous ne pourrons jamais connaître avec certitude ses motifs, mais nous savons que le résultat de ses efforts a permis à la culture acadienne de continuer à se développer dans un nouvel environnement. À la fin de sa lutte contre les Anglais, *Beausoleil* a conduit une bonne partie de son peuple dans la terre des bayous en Louisiane, permettant ainsi à ces Acadiens de vivre de nouveau ensemble en paix et de préserver leur identité culturelle. Cette identité a continué d'évoluer pour former aujourd'hui une part vibrante de la mosaïque américaine.

De même, Warren Perrin, mon mari et un descendant de *Beausoleil*, est un homme ayant l'heur de posséder une ténacité inébranlable et une passion profonde pour la défense de son peuple acadien. Utilisant sa plume et sa formation de juriste comme armes de guerre, Warren a décidé de mener à son terme le travail que *Beausoleil* avait commencé deux siècles plus tôt. Sa pétition pour corriger les déformations de l'histoire acadienne – et pour blanchir le nom de *Beausoleil* – a eu comme résultat la Proclamation royale, une reconnaissance par la reine Élizabeth II des torts faits au peuple acadien durant la période de la Déportation. La Proclamation tient lieu de *réhabilitation* pour le peuple acadien, et pour *Beausoleil* en particulier.

Beausoleil et Warren faisaient face à des temps exceptionnels et des défis presque surhumains, qu'ils ont choisi de relever : pour *Beausoleil,* il fallait faire la guerre aux Anglais pour protéger son peuple avec toute la ruse et la force dont il était capable ; pour Warren, il a fallu mener une guerre juridique contre l'Angleterre avec toute l'intelligence et la diplomatie dont il était capable pour corriger les déformations de l'histoire à propos du peuple acadien, et mettre enfin un terme juridique à l'exil.

Après avoir étudié l'histoire acadienne, Warren a constaté qu'il existait des procédures juridiques dont il pourrait se servir pour corriger le dossier historique de ses ancêtres. Il n'était ni artiste, ni écrivain, ni musicien, ni militaire ; il était avocat. C'est pourquoi il a utilisé ses habilités acquises et sa profession pour attaquer, certains diront avec une grande combativité, ces conceptions historiques concernant les Acadiens qui étaient devenues « des certitudes absolues ». En prenant le risque de défier l'histoire à l'exemple de *Beausoleil*, Warren n'a pas manqué l'occasion de donner à ses propres descendants une occasion d'être fiers de partager cet héritage chèrement gagné qu'on appelle la culture acadienne.

Au début de son entreprise, j'ai demandé à mon mari pourquoi il voulait écrire ce livre. Pourquoi un livre sur *Beausoleil*? Il me répondit qu'il mettait en doute la justesse de la conclusion des historiens probritanniques qui affirmaient que les Acadiens dans leur ensemble étaient un peuple rebelle, querelleur et belliqueux durant la période précédant la Déportation, alors qu'ils étaient censés être des sujets britanniques. Si les Anglais déclaraient les Acadiens rebelles ou ennemis de l'État, ils pouvaient, selon la loi anglaise, les dépouiller de leurs droits et les déporter en toute légalité. En gardant ces considérations à l'esprit, Warren a décidé de jeter un coup d'œil critique, détaillé et objectif sur l'histoire acadienne pour voir si les interprétations officielles justifiant la Déportation acadienne demeuraient toujours valables après un examen approfondi.

Il voulait aussi faire une recherche sur la vie de *Beausoleil*, l'homme qui avait toujours été considéré comme le leader ou le voyou de l'insurrection, pour voir quelle rôle il avait joué dans ces événements. Bien que ce dernier fût notoirement anti-anglais et qu'il eût un caractère contestataire et militant, le simple nombre des descendants acadiens en Louisiane aujourd'hui permet de conclure que l'ultime combat de sa vie lui mérite, à la fin, la distinction d'être le plus grand champion de la culture acadienne. Bien sûr, on doit aussi apprendre et comprendre que comme être humain *Beausoleil* n'était pas un être parfait. De plus, comme beaucoup d'autres figures historiques, il voulut accomplir une chose et finit par en réaliser une autre encore plus importante. Ce livre étudie à la fois les actions positives et négatives de *Beausoleil* et conclut que son vrai caractère réside quelque part entre ces deux pôles: il n'était pas nécessairement toujours vertueux, un pilier exemplaire de la société acadienne, mais il n'était pas non plus la canaille meurtrière que les Anglais ont fait de lui.

L'autre question sur laquelle je me rappelle avoir réfléchi est celle-ci: de notre perspective privilégiée du XXIᵉ siècle, qu'est-ce que *Beausoleil* a vraiment accompli? À quel prix? Et comment et pourquoi est-il devenu un tel héros populaire? À la lumière des faits et gestes de sa vie, il est évident que *Beausoleil* était capable de prendre de mauvaises décisions. Il semble bien que la vengeance était sa motivation au début quand il a lancé son mouvement de résistance contre les Anglais. La vengeance peut, en certaines occasions, être une réaction humaine naturelle à certaines situations, mais ce n'est pas une motivation positive. À cause de son opiniâtreté, plusieurs de ses décisions ont causé la mort de plusieurs membres de sa famille et de ses compagnons d'armes. Ce n'est qu'à la fin de son combat contre les Anglais, quand il a dû constater l'inutilité de prolonger la résistance – alors que la France elle-même avait abandonné la lutte – qu'il entreprit d'unir les familles acadiennes et de préparer leur départ de la patrie bien-aimée pour une terre où, espérait-il, une vie meilleure pourrait être vécue dans une *nouvelle Acadie.*

Beausoleil et Warren cherchaient une solution – et peut-être les deux l'ont-ils finalement trouvée : *Beausoleil*, dans sa nouvelle patrie en Louisiane, Warren, au Canada avec la Proclamation royale. *Beausoleil* aurait été fier de ce que Warren a accompli.

La première partie de cet ouvrage décrit la société dans laquelle *Beausoleil* est né et relate les événements de la première partie de sa vie et de ses combats contre les Anglais qui voulaient depuis des années mettre la main sur les terres riches et prospères des Acadiens. Les chapitres subséquents racontent l'odyssée durant laquelle *Beausoleil* a mené 193 Acadiens en Louisiane, une *nouvelle Acadie*, dans l'espoir que sa culture acadienne tant aimée pourrait survivre. La deuxième partie du livre fait état des conséquences lointaines de la vie mouvementée de *Beausoleil* qui ont ultimement conduit Warren Perrin, un descendant de la huitième génération de *Beausoleil,* à lancer une procédure juridique qu'on appelle une pétition. Cette pétition a eu comme heureuse conclusion la signature de la Proclamation royale, le 9 décembre 2003.

Mary Leonise Broussard Perrin

Une saga acadienne

Beausoleil, tableau de l'artiste louisianais Robert Dafford,
en montre au Musée acadien d'Érath.

1

Le premier Broussard en Acadie

Trois décennies avant qu'il ne devienne le père du plus fameux et, selon certains, du plus féroce résistant de la Nouvelle-France, François Brossard avait acheté d'une veuve les habits de son mari noyé, René Bonnin, un trappeur. Ce fut un moment obscur mais poignant dans l'histoire de cette colonie qui peinait pour survivre et qui était connue à l'époque sous le nom d'Acadie. Rien ne pouvait être gaspillé alors dans cette colonie naissante. Le sentiment cédait devant les nécessités de la vie. Une mort soudaine était chose commune. La survie était la récompense ultime et elle était accordée au plus fort, au plus chanceux, au plus habile et, par-dessus tout, au plus déterminé. L'achat des habits du trappeur décédé est documenté par le généalogiste acadien Stephen White, du Centre d'études acadiennes de l'Université de Moncton, au Nouveau-Brunswick. Cette transaction confirme que François résidait en Acadie au moins aussi tôt que le 3 février 1672.

C'était une époque et un mode de vie semblables à ceux de l'État de New York, tels que décrits par Fenimore Cooper dans le *Dernier des Mohicans*. En très peu de temps, mesuré à l'échelle de l'histoire, l'Acadie allait être emportée dans la tourmente du même conflit international que celui décrit dans ce roman historique. Cependant, l'histoire acadienne allait se terminer d'une façon incroyablement plus tragique. L'Acadie n'existait que depuis 67 ans quand Brossard fit l'acquisition des habits d'un homme mort. Malgré les nombreux conflits qui opposaient la colonie acadienne aux colonies anglaises, François Brossard n'avait aucun moyen de prévoir que la société qui était la sienne allait connaître une fin tragique quelques 84 ans plus tard. Encore moins pouvait-il entrevoir la célébrité éventuelle des fils qu'il aurait d'un éventuel mariage, ni les événements qui forceraient sa descendance à s'expatrier à l'autre bout de l'Amérique du Nord pour prendre sa place dans l'histoire et la légende.

Le 26 juin 1604, Pierre Dugua, Samuel de Champlain et 77 hommes étaient arrivés à cette île fatale de Sainte-Croix (maintenant à la frontière canado-américaine du Maine) pour créer le premier établissement français en Amérique du Nord. Dugua, un noble connu sous le nom de sieur de Mons, est reconnu pour avoir devancé les Anglais dans l'établissement d'une colonie en Amérique du Nord[1]. Dugua pénétra avec deux galions dans la baie de Passamaquoddy et remonta une rivière jusqu'à une île qui paraissait défendable et bien située pour son projet d'établissement. Muni d'une autorisation du roi de France, il avait pour mission de coloniser le territoire et d'apporter le christianisme à ses habitants. Dugua nomma l'île « Sainte-Croix » parce qu'elle était près de la confluence de rivières ressemblant aux bras d'une croix.

Les colons nettoyèrent une clairière, construisirent des habitations, une cuisine, un entrepôt, une forge et une chapelle et firent des jardins. Au début d'octobre 1604, peu de temps après le retour de l'historique voyage de Champlain à l'île du Mont-Désert, la première neige tombait ; prélude à un hiver rigoureux. Dès Noël, la rivière était couverte de glaces flottantes coupant l'accès à la terre ferme. Les colons manquèrent d'eau potable, de nourriture fraîche et de bois de chauffage. Ils développèrent le scorbut et survécurent de conserves, de vin et de neige fondue. Trente-cinq hommes moururent et furent enterrés dans l'île. Après l'arrivée d'un vaisseau de ravitaillement, en juin 1605, Dugua démantela l'établissement et le déménagea en Nouvelle-Écosse à un endroit que Champlain nomma Port-Royal.

Ces colons français avaient été envoyés en Acadie par ordre du roi de France, Henri IV. Cet établissement de 1604 était créé trois ans avant que des colons anglais ne débarquent à Jamestown et 16 ans avant que les *Pilgrims* sur le *Mayflower* ne fassent de même à Plymouth, au Massachusetts. Les colons français commencèrent par s'établir et cultiver la terre pour créer le premier établissement français en Amérique du Nord. Bien que la colonie de l'Acadie eût été de petite dimension, elle était stratégiquement importante, à cause de sa proximité à la Nouvelle-Angleterre, à l'embouchure du fleuve Saint-Laurent et aux bancs de poissons de l'Atlantique Nord[2]. En 1632, le cardinal Richelieu, ministre de Louis XIII, organisa le départ vers l'Acadie de familles françaises de diverses origines et professions.

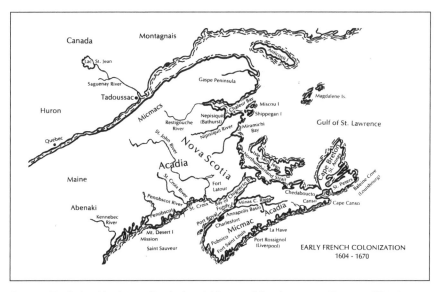

Source : Trenholm, Nordem et Trenholm, *A History of Fort Lawrence*, Sherwood Printing Ltd, 1985

En 1678, François Brossard, le premier Brossard connu en Acadie, épousait Catherine Richard, fille de Michel et de Madeleine Blanchard, et accompagnait son ami Pierre Thibaudot dans la fondation de la colonie de Chipoudie (aujourd'hui Hopewell Hill au Nouveau-Brunswick) dans ce qui était alors l'Acadie, près de la rivière Petitcoudiac[3]. Onze enfants naquirent de ce mariage[4] : Madeleine (née en 1681, mariée à Pierre Landry) ; Pierre (né en 1683, marié à Marguerite Bourg) ; Marie-Anne (née en 1686, mariée à René Doucet) ; Catherine (née en 1690, mariée à Charles Landry) ; Élisabeth (née en 1693, mariée à Pierre Bourg) ; François (né en 1695) ; Claude (né en 1697, marié à Anne Babin) ; Françoise (née en 1698) ; Alexandre (né en 1699, marié à Marguerite Thibodeau) ; Joseph dit *Beausoleil* (né en 1702, marié à Agnès Thibodeau) et Jean-Baptiste (né en 1705, marié à Cécile Babin)[5].

Plus tard, la famille retourna vivre à Port-Royal. Cependant, deux fils, Joseph dit *Beausoleil* et Alexandre, demeurèrent à Chipoudie et y établirent leur résidence sur des terres qu'avaient reçues en héritage leurs épouses, les petites-filles de Pierre Thibaudot (ou Thibodeau). Alexandre s'établira éventuellement à Petitcoudiac, un village fondé par Guillaume Blanchard. *Beausoleil*, quant à lui, s'établira plus au nord, au Cran (aujourd'hui Stoney Creek), au Nouveau-Brunswick.

Comme les communautés acadiennes prospéraient, les colons vendaient le surplus de leurs récoltes aux colons anglais de la Nouvelle-Angleterre voisine en échange de produits manufacturés dont ils avaient grand besoin[6]. Ils devaient souvent avoir recours à la contrebande afin d'éviter de provoquer les autorités françaises et anglaises qui exigeaient leur totale loyauté. Les Acadiens étaient connus comme des fermiers attachés à leur famille qui menaient une vie pastorale dans une existence relativement isolée.

Les Acadiens s'entendaient bien avec les peuples autochtones, particulièrement avec les Micmacs[7]. Ces derniers apprirent aux colons acadiens les rudiments de la survie dans ce nouveau pays qui était désormais le leur, et ils jouèrent un rôle crucial dans l'établissement de l'Acadie en terre d'Amérique[8]. Ils montrèrent aux Acadiens où chasser et les initièrent aux plantes comestibles et médicinales. Sans l'aide et l'amitié des Micmacs, les Acadiens aurait eu peu d'espoir de survivre en cette terre étrangère.

Le nom de la colonie, selon plusieurs linguistes, proviendrait du mot micmac, « cadique », signifiant « un bon endroit pour camper ou s'établir ». Un fait remarquable veut qu'un hiver, les Micmacs aient sauvé les colons de la famine en les invitant à vivre parmi eux. Les deux peuples ont maintenu un commerce de fourrures vigoureux et florissant, qui était à la base de l'économie de la colonie naissante. Les Micmacs et les Acadiens ont créé des liens entre eux par des mariages, une mutuelle admiration et des alliances par lesquelles ils se protégeaient les uns les autres[9].

Très tôt, François Brossard a été connu des Anglais comme un dissident. Vers 1713, immédiatement après que l'Acadie fut devenue une possession anglaise, il fut emprisonné avec quatre autres Acadiens de Port-Royal. Ce geste était une réaction des autorités britanniques récemment établies à la capture d'un soldat anglais par un Acadien nommé Abraham Gaudet. Bien que François eût été libéré de prison rapidement, il demeura très anti-anglais le reste de ses jours. Son militantisme et sa haine des Anglais ont profondément influencé ses enfants et *Beausoleil* plus particulièrement.

Selon les registres paroissiaux, François Brossard est mort subitement le 31 décembre 1716, sans recevoir les derniers sacrements. Bien qu'il n'y ait aucun document pour le prouver, on croit que son épouse Catherine Richard est morte à la fin des années 1750, à un âge très avancé, pendant la période tumultueuse qu'on appelle le *Grand Dérangement,* ou la Déportation acadienne, qui avait commencé en 1755[10].

Notes

1. The Associated Press, *Maine Celebrating French Connection,* CNN. com, June 23, 2004. Le 26 juin 2004, des dignitaires de France, du Canada et des États-Unis ont souligné le 400e anniversaire de l'île Sainte-Croix dans le Maine. On estime à 18 millions le nombre de personnes de descendance française qui vivent aujourd'hui sur le continent nord-américain, y inclus ceux qui descendent des colons acadiens expulsés par les Anglais en 1755. Cependant, même si elles ne participent pas à l'événement, les Premières Nations de Passamaquoddy voient l'arrivée des Blancs comme un moment charnière de leur histoire qui a provoqué une tragédie pour elles.

2. Geoffrey Plank, *An Unsettled Conquest,* University of Pennsylvania Press, Philadelphia, Pennsylvania, 2001, p. 19.

3. Clément Cormier, *François Brossard (Broussard), in Dictionnaire biographique du Canada,* vol. III (10 volumes. Québec, 1974), où il est décrit comme un « laboureur et fermier. » On y écrit que son nom était François et qu'il avait navigué sur le vaisseau *l'Orange* à partir de La Rochelle, en France, en 1671 avec 50 autres colons français ; toutefois, l'éminent généalogiste acadien Stephen White, a découvert que cela n'était pas exact. Son nom était François, non Jean-François, comme il est affirmé en plusieurs endroits, et il n'est pas venu en Acadie sur *l'Orange,* mais était plutôt né en Acadie.

4. Vita B. Reaux and John R. Reaux, *Jean-François Broussard and Catherine Richard,* Attakapas Gazette, 6 mars 1971, p. 4-18.

5. Une généalogie fournie par Mitch Conover, membre de la Famille *Beausoleil* et un généalogiste reconnu de Lafayette, Louisiane. L'historiographie à la base du blason des Broussard affirme : le nom Broussard semble être très caractéristique de son origine et il est associé au mot français signifiant avoir les cheveux en broussailles.

6. Andrew Hill Clark, *Acadia : The Geography of Early Nova Scotia to 1760,* University of Wisconsin Press, 1968.

7. Daniel N. Paul, *We Were Not Savages : A Micmac Perspective on the Collision of European and Aboriginal Civilizations,* Nimbus Publishing, Ltd., 1993 ; et Daniel N. Paul, *Mi'Kmaq, Acadians : friends then and now, The Halifax Herald,* 9 juin 2004, p. 1. Il est à noter que l'épellation

du mot utilisé dans le texte pour parler de la population aborigène est Mi'Kmaq et non Micmac.

8. *Ibid.*, chapitre 3, note 2, p. 68-105.

9. La sénatrice acadienne Viola Léger, dans un discours au Sénat, *News From the Senate*, vol. 1, n° 3, juin 2004.

10. Emery J. Broussard and Lorraine Broussard Campbell, *Jean-François Broussard and Joseph dit Beausoleil Broussard,* in *History of Vermilion Parish, Louisiana,* vol. II, Vermilion Historical Society, Dallas, Taylor Publishing Co., 2003, p. 43-44.

2

Les premières années : la colonisation

D urant les 150 premières années de son existence, l'Acadie a été le théâtre de plusieurs campagnes militaires. La colonie a changé de main au moins huit fois entre les Anglais et les Français durant cette période. La première attaque anglaise eut lieu en juillet 1613, suivie d'une autre en 1629. Les Anglais, qui dominaient la région, avaient leurs bases d'opération dans ce qu'on appelle aujourd'hui l'État de Virginie. En 1654, les colons britanniques menèrent une autre attaque contre la colonie acadienne. Constatant que l'Acadie représentait une région stratégique à l'entrée du fleuve Saint-Laurent – que l'on considérait d'une importance capitale pour la création d'un empire en Amérique du Nord – le gouvernement anglais avait envisagé dès 1650 la déportation des Acadiens.

Les frères Brossard, Alexandre et Joseph, étaient tous deux souvent appelés *Beausoleil* – d'après le nom de leur petit hameau près de Port-Royal. Certains prétendent que le nom se réfère à la manière dont la lumière se reflétait sur les eaux d'un ruisseau tout proche. Puisque les deux frères jouèrent un rôle prépondérant dans les efforts pour éviter la déportation des Acadiens par les Anglais, les exploits de chacun des deux frères sont parfois confondus à cause de leur surnom commun[1].

Le cheminement du nom Brossard pour arriver à Broussard est semblable à celui d'une rivière sinueuse. Plusieurs noms acadiens ont subi d'étonnants changements au cours des siècles depuis les débuts de l'histoire acadienne. Très souvent ces changements sont nés de la plume d'administrateurs étrangers à la culture acadienne. Les Anglais ont changé le nom de Brossard à Brussard puis à Broussard selon la fantaisie du scribe. Ce nom survit aujourd'hui en Louisiane sous la forme de Broussard, et c'est ainsi qu'il sera écrit désormais dans cet ouvrage, sauf quand une citation historique exigera une épellation différente.

Joseph dit *Beausoleil* Broussard est né en 1702 à Port-Royal (Annapolis Royal, en Nouvelle-Écosse). Le 11 septembre 1725, à Port-Royal, Broussard épousait Agnès, fille de Michel Thibodeau et d'Agnès Dugas, une des familles acadiennes parmi les plus influentes de l'époque. En 1727, le couple s'établissait à Chipoudie au Nouveau-Brunswick[2] avec le frère de Joseph, Alexandre, qui avait épousé la sœur d'Agnès, Marguerite, en 1724.

Pendant une trentaine d'années ils vécurent une vie relativement paisible dans la région de ce qui est aujourd'hui la ville de Moncton, au Nouveau-Brunswick, sur la rivière Petitcoudiac. Joseph et Agnès eurent 11 enfants: Victor-Grégoire, Raphaël, Claude, Timothée, Isabelle, Joseph-Grégoire, Amand, Jean-Grégoire, Marguerite, Françoise et François.

Comme beaucoup d'Acadiens, ils utilisaient une méthode largement répandue à l'époque pour réclamer la terre à la mer, c'est-à-dire l'assèchement des marais et la construction de digues qu'ils appelaient des aboiteaux. Sur la rivière Petitcoudiac, cette façon de faire particulière aux Acadiens consistait à emprisonner les sédiments du fond de la rivière dans des endroits marécageux. Tirant avantage de ce que les scientifiques disent être les marées les plus hautes du monde, les Acadiens construisaient par intervalles des digues dotées d'écluses à sens unique qui retenaient les eaux boueuses à marée haute et laissaient s'écouler l'eau à marée basse. De cette manière, ils ont créé des terres agricoles très fertiles. Par une ironie de l'histoire, les Acadiens ont créé des terres agricoles que les Anglais ont suffisamment convoitées pour concevoir leur déportation. En un sens, l'ingéniosité acadienne pour survivre a mené à leur destruction. C'est sur la rivière Petitcoudiac, qui est une rivière à marée, que cela s'est produit. Un soldat britannique (Thomas Pichon, note du traducteur) décrit ainsi l'établissement de *Beausoleil* sur la rivière Petitcoudiac:

> « La rivière s'étend loin au nord dans des terres inhabitées et, par le moyen de quelques portages, jusqu'au Québec, une distance d'à peu près 160 lieues. L'embouchure de la rivière est à 30 lieues d'ici, mais la distance peut être réduite par voie de terre. C'est à Petkoudiac [sic], où les *Beausoleil* demeurent, que ces derniers se sont enrichis, dit-on, des dépouilles prises aux Anglais durant la dernière guerre. Ils se comportent comme les Indiens, avec qui ils sont en très bon terme[3]. »

Beausoleil commerçait avec les Micmacs, et il était devenu très proche des peuples autochtones[4]. Il a appris leur langue et plusieurs d'entre eux apprirent la sienne. Les Britanniques devinrent vraiment paranoïaques à propos de ces relations que les Acadiens entretenaient avec les Micmacs. En 1722, les Britanniques émirent une proclamation prohibant toute relation entre les Acadiens et les Micmacs. Le capitaine Hussey, un officier britannique, (Thomas Pichon, note du traducteur) écrivait :

> « Il y a deux familles sur la rivière Petkoudiac [sic], nommées *Beausoleil*, qui bien que n'étant pas des Indiens vivent comme eux. Moïse leur a enjoint de surveiller les déplacements des Anglais. Ces *Beausoleil* se sont enrichis durant les récents désordres, et se vantent d'avoir fait beaucoup de dommages aux Anglais à qui ils ont pris des objets de valeur et beaucoup de bétails. Ils parlent la langue des Indiens et obtiennent d'eux toutes les peaux de castor que Moïse vend[5]. »

Les premières années que *Beausoleil* et Agnès vécurent ensemble furent une époque de calme relatif, ponctuée des difficultés et des tribulations de la vie coloniale. Elles ont été en totale opposition avec les années tumultueuses qui allaient suivre.

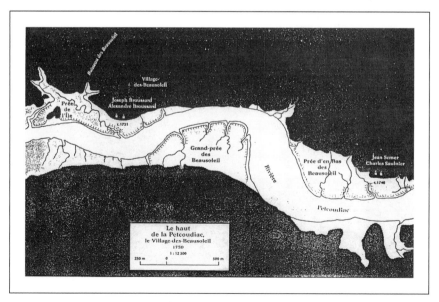

Source : Paul Surette, *La prée de l'Île et le Village-des-Beausoleil*, Atlas de l'établissement des Acadiens, 1660-1785

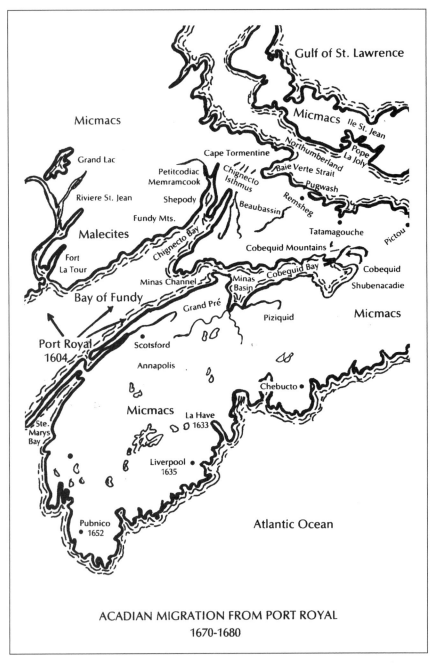

ACADIAN MIGRATION FROM PORT ROYAL
1670-1680

Source : Trenholm, Norden et Trenholm, *A History of Fort Lawrence*, Sherwood Printing Ltd, 1985.

Notes

1. Dudley J. LeBlanc, *The True Story of the Acadians,* l'auteur, Lafayette, Louisiana, 1937.

2. C. J. d'Entremont, *Joseph Brossard (Broussard) dit Beausoleil,* in Dictionnaire biographique du Canada, vol. III, De 1741 à 1770 (Toronto, 1974), p. 93. Voir aussi Glenn Conrad, editor, *A Dictionary of Louisiana Biography,* Joseph dit *Beausoleil* Broussard, *Louisiana Historical Association and Center for Louisiana Studies,* University of Southwestern Louisiana, Lafayette, Louisiana, 1988, vol. I, p. 115.

3. J. C. Webster, *The Life of Thomas Pichon.*

4. Daniel N. Paul, *The Confrontation of Micmac and European Civilizations,* Truro, 1993.

5. *J. C. Webster, The Life of Thomas Pichon,* note 6, p. 77.

3

Les quatre causes civiles
de *Beausoleil*

Les registres coloniaux montrent amplement que les Acadiens eurent de nombreuses disputes civiles. Cela est clairement illustré par les quatre poursuites judiciaires contre *Beausoleil* avant qu'il ait atteint l'âge de 25 ans : assaut et voie de fait, association avec les Amérindiens, contestation de terrain et une réclamation de paternité. Ces querelles avec ses compatriotes et les autorités britanniques nous éclairent sur son caractère. Encore jeune, *Beausoleil* était un homme qui suscitait la controverse mais qui pouvait aussi être accommodant. Il deviendra au fil des ans le type de personne qui pourra tenir tête éventuellement à l'armée anglaise, la plus puissante force militaire au monde à l'époque.

L'historien John B. Brebner constate que les poursuites judiciaires étaient parfois une forme de divertissement pour les Acadiens : « *Les coûts de justice pour les sociétés de pionniers sont peu élevés et contester en cours est souvent une sorte de distraction sociale[1].* » Le plus souvent, cependant, les contestations étaient réglées hors cour par consensus au sein de la communauté. Les Acadiens avaient établi une forte cohésion sociale. Selon Maurice Basque, *« Un clan, un regroupement de personnes s'unissait par des liens du sang, des croyances communes et des buts communs pour le groupe dans son ensemble[2]... »*

On peut illustrer la solidarité des premiers colons acadiens par le fait suivant : un nouveau venu dans la communauté, Louis Thibault, porta contre *Beausoleil* des accusations de harcèlement et de menaces. Comme Thibault ne faisait pas partie de la communauté acadienne déjà établie, mais était un immigrant nouvellement arrivé et un étranger, il ne suivit pas la filière normale de conciliation à l'intérieur de la famille. Il enregistra plutôt une plainte auprès des autorités britanniques qui sommèrent *Beausoleil* de venir devant elles pour répondre des accusations « *de mauvais traitement et d'avoir abusé [de Thibault] injustement* ». Cette accusation a été enregistrée à la Cour générale d'Annapolis Royal. Le 10 août 1724, le lieutenant-gouverneur Doucett ordonna à *Beausoleil* de comparaître ; mais celui-ci refusa même d'accepter l'ordre écrit qui lui avait été signifié expressément ; et il est censé avoir physiquement brutalisé le porteur de l'avis de comparaître : « *Et cela étant dit que Tibeau [Thibault] ait de nouveau retourné et jura que lorsqu'il est allé délivrer l'ordre de comparaître, qu'il ne l'a pas seulement battu, mais qu'il a pris l'avis et l'a jeté dédaigneusement par terre.* »

Beausoleil fit défaut de comparaître devant la cour. Le 12 août Doucett émit un nouveau mandat et ajouta, cette fois-ci, des accusations d'association avec les Micmacs qui avaient attaqué la garnison britannique d'Annapolis Royal. *Beausoleil* comparut finalement pour répondre à toutes les accusations. Cependant, il chercha à obtenir un pardon : « *Il remit [à Doucett] une pétition pour son pardon et avoua qu'il avait caché cette dernière affaire des Indiens.* » Après l'interrogatoire de Beausoleil, il fut arrêté et emprisonné : « *Pour avoir maltraité Louis Tibeau [Thibault] et pour cause de mépris de cour, il a été emprisonné sous bonne garde.* » Les autorités britanniques n'ayant pas suffisamment de forces policières pour garder les Acadiens « *dans la soumission requise* », on arriva donc à un compromis : « *Il fut jugé opportun de répondre aux représentants que le Gouverneur et le Conseil, en considération du fait que les représentants avaient fait leur devoir en les [les accusés] amenant devant le Gouverneur, et ne doutant pas que, fidèles à leurs promesses, ils ne trahiraient pas la confiance des représentants, et que par leur vigilance ils préviendraient dans l'avenir de tels désordres dans le gouvernement...* »

Beausoleil fut aussi accusé par les autorités britanniques de s'être associé avec les Amérindiens et de ne pas avoir dévoilé aux autorités les activités des Micmacs dans la région.

L'affaire Broussard démontre que la société acadienne, ou au moins les familles acadiennes depuis longtemps établies, protégeaient leurs compatriotes au détriment des nouveaux venus. En 1724, Louis Thibault n'a pas été en mesure de montrer qu'il faisait partie de la communauté acadienne établie en ces terres et donc n'a pu obtenir tous les résultats escomptés par sa poursuite. Cependant, il a obtenu un succès partiel du fait que Broussard fut emprisonné pendant une courte période de temps et humilié devant sa communauté. Par la suite, Broussard fut considéré par les Anglais comme « un individu suspect ».

Document manuscrit du certificat de baptême
de Marguerite Thibodeau, fille de Michel Thibodeau
et de Agnès Dugas. Suit la transcription dactylographiée

Ce seizième de may de l'année mil sept cent six moy soussigné faisant les fonctions curiales ay fayte les cérémonies de baptême à Marguerite Thibodeau Fille de Michel Thibodeau et de Agnès Dugas légitimement conjoints, elle est née le 22 décembre et elle a été ondoyée par Jeanne LeBreton parce que la rayson de froid l'a empêchée d'être emmenée à l'église.

Elle a eu pour parrain Claude Thibodeau et pour marraine Françoise Comeau. En foy de quoi j'ai signé avec le parrain et la marraine le même jour et an que dessus.

S / Clode Thibodeau   x marque de la marraine

S / F. Justinien Durant Récollet   Missionnaire.

Certificat de baptême de Marguerite Thibodeau (1706).

Certificat de mariage
de
Joseph Broussard et Agnès Thibaudeau

Le 11 septembre 1725, après la publication des trois avis du présent mariage le 26 août, les 7 et 8 septembre de la présente année et aucun empêchement n'ayant été présenté, après s'être assuré du consentement mutuel des deux parties, j'ai donné la bénédiction nuptiale à Joseph Broussard, âgé de 23 ans, fils du défunt François Broussard et de Catherine Richard d'une part, et à Agnès Thibaudeau, âgée de 19 ans, fille de Michel Thibaudeau et d'Agnès Dugast.
Ce mariage se fit en présence de Jean Broussard, frère du marié, de Louis Finnard, fils d'Alexandre Finnard, de Michel Thibaudeau, père de la mariée, de Claude Thibaudeau et de quelques parents et amis, tous de Port-Royal, qui, ayant déclaré à la veuve des (frères) Michel et Claude Thibeaudeau n'avoir reçu aucune somme d'argent, ont signé avec moi.

Michel Thibeaudeaux

Claude Thibeaudeau

R. C. de B.

En 1725, alors que le clan Thibodeau tentait de se réinstaller à Chipoudie, les maris des deux plus vieilles filles de Michel Thibaudeau, les frères Broussard, Alexandre et *Beausoleil*, étaient déterminés à régler définitivement les limites territoriales dans la région appelée Anse des Demoiselles, où les deux fils de Jacques Léger et d'autres avaient entrepris des travaux pour s'y établir[3]. Les frères Broussard firent valoir leurs droits sur le territoire par le fait que leur beau-père était un des premiers, sinon le premier, à réclamer les marais à cet endroit. Les frères Broussard mirent en garde quiconque de tenter d'envahir « la réserve Thibaudeau ». Ils amenèrent leurs jeunes familles dans la région contestée durant l'automne 1727. Quelque temps après, Jean Léger et Étienne Saulnier, qui étaient fiancés aux filles d'Abraham Comeau, continuèrent les travaux qu'ils avaient commencés près de la région revendiquée par les frères Broussard. Ces derniers encore une fois s'opposèrent fortement à la présence des Saulnier sur « leurs terres » et menacèrent d'utiliser la force pour s'assurer que l'on se tienne à l'écart des terres contestées.

Dans une troisième querelle, les frères Broussard revendiquaient aussi la partie nord de la rivière où les Saulnier avaient établi leur camp. Ils prirent des mesures énergiques en abandonnant leurs terres, donnant la responsabilité de les défendre au fils aîné de René Blanchard, et en revendiquant leurs droits face aux Saulnier. Ils réclamaient la propriété de tous les marais situés dans la partie nord des camps micmacs, approximativement douze lieues plus loin. Pour l'époque, c'était un geste très audacieux dans la communauté acadienne.

La quatrième cause civile majeure impliquant *Beausoleil* eut lieu en 1726. Ce dernier, qui s'était récemment marié, fut accusé d'être le père d'un enfant illégitime[4]. Bien qu'il eût rejeté l'accusation, il fut emprisonné d'avoir refusé de subvenir aux besoins de l'enfant. Le cas est le suivant : le 12 mai 1726, le Conseil de sa Majesté, siégeant à Annapolis Royal dans la maison du lieutenant-gouverneur John Doucett, accueillit une cause concernant la « paternité » d'un enfant illégitime. Marie Daigle, épouse de Jacques Goutille, demanda au Conseil de déclarer un homme marié, Joseph Broussard dit *Beausoleil*, mari d'Agnès Thibodeau, comme le père biologique de l'enfant de sa fille Marie. Madame Daigle accusa *Beausoleil* d'avoir « *forniqué avec sa fille Marie qui, ayant accouché d'une fille, porta la même accusation contre ledit Beausoleil et lui refusant de subvenir au bien-être de l'enfant et niant qu'il* » *en était le père, elle demande réparation[5] ». Beausoleil*, qui assurait sa propre défense, parut devant le Conseil et répondit qu'il était *« tout à fait innocent et n'était pas le père, n'ayant jamais eu de relations charnelles avec elle[6] ».*

Madame Daigle agissait comme représentante de sa fille devant le Conseil du lieutenant-gouverneur de la Nouvelle-Écosse, représenté par John Doucett. La sage-femme prêta serment et certifia que lorsque la fille était dans les douleurs de l'accouchement elle avait déclaré que Joseph Broussard était le vrai père de son enfant. Le Conseil statua en faveur de Madame Daigle et ordonna à *Beausoleil* de payer pour le soutien de l'enfant la somme de trois shillings et trois sous par semaine jusqu'à ce que l'enfant ait atteint l'âge de huit ans. La cour a aussi ordonné qu'il donne immédiatement des assurances solides pour sa soumission fidèle à l'ordonnance ou qu'il soit emprisonné jusqu'à ce qu'il trouve des garanties à offrir. Abraham Bourg, un des adjoints, et Guillaume Bourgeois, un résident local, se sont engagés chacun pour une garantie de 100 livres afin d'assurer la soumission ponctuelle de la part de *Beausoleil* à la décision du Conseil.

Deux mois après le verdict, la mère de *Beausoleil*, Catherine Richard, comparut avec succès devant le Conseil pour demander une réduction à cinq shillings par mois de l'allocation de soutien pour l'enfant de Marie Daigle. Chose surprenante, Jeanne Dupuis, l'épouse de Guillaume Blanchard, se porta volontaire pour s'occuper de l'enfant pour cinq shillings par mois. Encore plus étonnant, Marie Daigle – face à la possibilité de perdre la garde de son enfant – choisit de garder l'enfant sans pension alimentaire de la part de *Beausoleil*. Charles Landry, beau-frère de *Beausoleil*, offrit alors de s'occuper de l'enfant et de donner un toit à la mère pour une période d'un an. L'offre de Landry fut acceptée par tous.

L'historien et biographe de *Beausoleil*, Ronnie-Gilles LeBlanc, émet l'hypothèse que les deux poursuites civiles portées contre *Beausoleil* en 1724 et 1726 furent probablement à l'origine de sa décision de laisser son hameau natal et de reloger sa jeune famille à Chipoudie sur les terres qui avaient été réclamées par la famille de son épouse (Thibodeau). Il n'y a, en effet, que des évidences circonstancielles pour expliquer la relocalisation de sa famille.

La poursuite civile offre un aperçu unique du système qui existait à l'époque pour régler les conflits entre Acadiens. L'implication de tant de personnes dans une cause civile privée, et la solution pratique qui semble avoir satisfait tous ceux concernés par l'affaire, démontrent la cohésion qui existait dans la communauté acadienne au début du xviiie siècle. Enfin, elle montre aussi l'influence et le prestige que les femmes avaient en Acadie à cette époque : l'intervention de la mère de *Beausoleil*, Catherine Richard, ainsi que de Marie Daigle et de Jeanne Dupuis, suggère fortement que dans le contexte de l'Acadie des xviie et xviiie siècles, les femmes jouaient un rôle majeur dans tous les aspects de la vie acadienne : sociale, politique et juridique.

L'implication de *Beausoleil* dans de si nombreuses poursuites juridiques à un si jeune âge annonçait déjà le caractère d'un homme qui deviendra, du point de vue britannique, un hors-la-loi, un pirate et un meurtrier et, du point de vue acadien, un patriote et le « père d'une nouvelle Acadie » en Louisiane.

Quoique ses faits et gestes fussent des plus irritants pour les Britanniques, *Beausoleil* ne pouvait pas demeurer passif et laisser les gens en autorité faire ce qu'ils voulaient du peuple acadien et de sa patrie acadienne. Il était un homme d'action, qui pensait que la liberté était une composante de la nature humaine, et qui haïssait l'oppression. À cet égard, il pourrait être comparé à d'autres figures contemporaines en Amérique du Nord, comme Thomas Jefferson qui, semble-t-il, lui aussi eut un enfant en dehors des liens du mariage et qui, fatigué de l'oppression britannique, conduisit les colonies britanniques dans une révolution contre ce gouvernement avec une armée pauvrement entraînée et équipée. Les deux hommes partageaient les qualités de personnes passionnées, d'hommes quelque peu insaisissables et d'une grande complexité intérieure, et dont les actions agressives ont reçu des réprimandes formelles des autorités britanniques. Les deux hommes étaient des révolutionnaires qui devinrent des modèles culturels hors du commun.

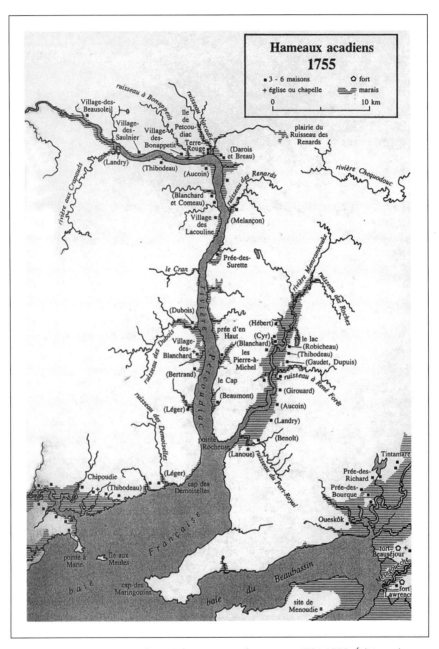

Source : Paul Surette, Petcoudiac : *Colonisation et destruction*, 1731-1755, Éditions de
l'Acadie, 1988. Le village-des-Beausoleil, en haut à gauche.

Notes

1. John B. Brebner, *New England's Outpost: Acadia Before the Conquest of Canada*, Columbia University Press, New York, 1927, p. 41.

2. Maurice Basque, *Conflits et Solidarités familiales dans l'ancienne Acadie, l'Affaire Broussard de 1724*, in La Société historique acadienne, Les Cahiers, vol. 20, n° 2, avril-juin 1989, p. 60-68.

3. Paul Surette, *Atlas de L'Établissement des Acadiens aux Trois Rivières du Chignectou, 1660-1785*, Éditions d'Acadie, Moncton, 1996, p. 234.

4. Maurice Basque, *Genre et gestion du pouvoir communautaire à Annapolis Royal au 18ᵉ siècle*, Dalhousie Law Journal, vol. 17, n° 2, automne 1994, p. 498-508.

5. *Procès verbaux du Conseil de Sa Majesté à Annapolis Royal, 1720-1739*, édités par A. M. Mac Mehan, Halifax, Public Archives of Nova Scotia, 1908, p. 113.

6. *Ibid.*, p. 113.

4

La résistance

L'isolement géographique des Acadiens vivant sur la rivière Petitcoudiac les laissait relativement libres de la domination britannique. Ils devinrent très indépendants et autonomes sinon autarciques. Cette situation favorisa le développement d'une société dont la culture était particulière. Les seuls étrangers en qui ils avaient confiance étaient les Micmacs. Ce ne fut donc pas une surprise que ces Acadiens habitués à une totale liberté aient ignoré l'ordre de déportation qui venait de la part des Britanniques. Les insurgés étaient rudimentairement armés et avaient peu de chance de vaincre les armées britanniques. Mais ils résistèrent, alors même que la victoire semblait impossible.

Comme son père, *Beausoleil*, dès sa prime jeunesse, était reconnu par les Britanniques comme un dissident. Il n'était âgé que de 21 ans quand lui et Jacques Michel furent avertis par le Conseil de la Nouvelle-Écosse d'éviter toute association avec « les Indiens belliqueux » et les missionnaires français subversifs. Vers 1740, les Broussard avaient établi le hameau qui portait le nom de Village-des-Beausoleil, et qui ne comprenait qu'une seule famille, près de Boundary Creek (aujourd'hui le village de Salisbury) sur la rive nord de la rivière Petitcoudiac, à dix milles de Moncton au Nouveau-Brunswick. À l'époque de la bataille des Mines, au début de 1747, *Beausoleil* aida les troupes de Nicolas-Antoine Coulon de Villiers qui guerroyaient contre les Anglais[1]. En conséquence de ces activités militaires, le gouverneur William Shirley, du Massachusetts, déclara « hors-la-loi » *Beausoleil* et 11 autres Acadiens pour avoir approvisionné les armées françaises. Une récompense de 50 livres sterling fut offerte par les Britanniques « pour la capture de chacune de ces personnes ».

Ce qui suit est un survol des événements qui conduisirent à la Déportation des Acadiens. Après que le traité d'Utrecht eût cédé l'Acadie à l'Angleterre en 1713, les Acadiens étaient généralement appelés des « Français neutres » par les Britanniques. Jusqu'en 1755, les Acadiens furent constamment menacés de déportation pour leur refus de prêter un serment inconditionnel d'allégeance à la couronne britannique. Ils n'acceptaient qu'un serment qui les exempterait de prendre les armes en cas de conflit avec la France. En même temps, ils étaient pressés par les Français de la forteresse de Louisbourg de prêter un serment d'allégeance au roi de France. Dans une telle situation, les Acadiens vivaient sous une menace constante d'expulsion par les Anglais et de châtiment de la part des activistes français, tel le prêtre français l'abbé Jean-Louis Le Loutre[2].

Les tensions entre la France et l'Angleterre s'intensifièrent en 1755 et le lieutenant-gouverneur de la Nouvelle-Écosse, Charles Lawrence, tendit un piège aux Acadiens. En juillet 1755, une délégation des représentants de la société acadienne vint à Halifax faire une demande au Conseil du Gouverneur. Elle apportait des pétitions qui expliquaient la position des Acadiens contre la signature d'un serment inconditionnel, et qui donnaient des assurances qu'ils demeureraient fidèles à leur serment conditionnel et neutres dans tout conflit qui surviendrait dans l'avenir. Leurs démarches échouèrent parce que le gouverneur Lawrence avait déjà pris la décision de déporter les Acadiens, quelle que fût leur décision. La délégation acadienne fut emprisonnée dans les hangars de l'île Georges à Halifax. Les représentants acadiens constatèrent alors que la menace de déportation qui planait sur leur tête depuis longtemps allait très bientôt devenir une réalité. À la fin du mois d'août, il y avait près de 70 délégués et prêtres prisonniers des Anglais dont le triste destin allait se régler en moins de deux mois. Un ordre fut émis qui stipulait que les Acadiens en quelque endroit de la Province qu'ils se trouvaient devaient être faits prisonniers – même ceux qui avaient prêté un serment inconditionnel d'allégeance.

En 1755, le colonel John Winslow était l'officier britannique responsable de la déportation à Grand-Pré, l'établissement le plus grand et le plus prospère de l'Acadie. En octobre 1755, il écrivait une lettre à un ami à Boston sur les événements de l'expulsion des Acadiens[3]. La lettre décrit l'emprisonnement de quelque 1500 Acadiens à Grand-Pré, « sans désordres notoires », et mentionne aussi la mort de deux jeunes Acadiens qui selon toute vraisemblance avaient résisté aux Britanniques. Selon la lettre de Winslow, ses troupes avaient commencé à brûler les maisons des Acadiens afin de dissuader ceux-ci de revenir.

Des historiens et des écrivains ont attribué le texte suivant au colonel John Winslow :

« Nous sommes à réaliser le noble et grand projet de bannir les Français neutres de cette province ; ils ont toujours été nos ennemis secrets et ont encouragé les Indiens à nous couper la gorge. Si nous pouvons réaliser cette expulsion, elle aura été l'un des plus grands exploits que les Anglais aient accompli en Amérique ; car parmi bien d'autres considérations, la partie du pays qu'ils occupent est l'une des meilleures terres au monde et, dans cette conjoncture, nous pourrions installer de bons colons sur leurs fermes. »

L'énoncé précédent – l'annonce de ce grand et noble projet – a été publié dans la presse coloniale. Il était alors, et demeure aujourd'hui, une définition-type du nettoyage ethnique. C'est un modèle de nettoyage ethnique du point de vue de celui qui commet ce crime. Selon l'historien de l'Université Yale, John Mack Faragher, directeur du *Howard R. Lamar Center for Study of Frontiers and Borders*, cet énoncé ne fut probablement pas écrit par Winslow parce qu'il exprime dans son journal des regrets sur les opérations militaires qu'il avait ordre d'entreprendre. Le professeur Faragher pense qu'il aurait été plus vraisemblablement écrit par un membre du Conseil du Gouverneur qui avait des liens étroits avec Boston où il a été publié pour la première fois.

En septembre 1755, Winslow rassembla tous les Acadiens mâles de la région de Grand-Pré, âgés de plus de 10 ans. Ils furent enfermés à l'intérieur de l'église et on leur annonça que « *leurs terres et leurs habitations, leurs bêtes à cornes et leurs animaux de tout genre sont confisqués par la Couronne avec tous leurs effets sauf leur argent et leurs biens personnels, et vous-mêmes serez expulsés de cette... Province[4]* ». Les bateaux de transport étaient arrivés le 30 août, à Grand-Pré et, le 10 septembre, Winslow commença l'embarquement des hommes. Le reste des bateaux de transport n'arrivèrent qu'en octobre, moment où les familles furent embarquées. Il écrivait dans son journal : « *Les habitants, avec tristesse et grande douleur, abandonnèrent leurs foyers. Les femmes, avec grande angoisse, portaient dans leurs bras leurs nouveau-nés ou leurs plus jeunes enfants. D'autres tiraient des chariots avec leurs effets personnels et leurs parents infirmes. C'était une scène de confusion, de désespoir et de désolation.* »

Le rôle de *Beausoleil* dans la direction de l'insurrection des résistants acadiens est légendaire. Suit une description détaillée. Bien que l'armée française eût été présente à Québec et à Louisbourg (sur l'île du Cap-Breton), elle ne pouvait donner qu'une faible assistance aux Acadiens qui résistaient à la déportation. Conduits par les frères Broussard, les combattants acadiens connurent quelques succès, ainsi qu'en fait foi un témoignage de l'époque : «*Pendant des temps difficiles sur lesquels ils avaient peu de prise, ils ont défendu ce qu'ils pensaient devoir défendre, quelquefois avec une ruse de renard, quelquefois ouvertement comme Beausoleil Broussard ou ces Acadiens inconnus qui battirent les soldats britanniques à Bridgetown en 1757, dans la fameuse bataille de Bloody Creek[5].*» Le cours d'eau en Nouvelle-Écosse connue sous le nom de «Bloody Creek» tire son nom du sang anglais qui coula à flot lors de l'attaque surprise des insurgés.

En juin 1755, les Britanniques, qui disputaient la possession de l'isthme de Chignectou aux Français, assiégèrent le fort Beauséjour (près de Sackville au Nouveau-Brunswick). *Beausoleil* mena des escarmouches contre les Britanniques et lors d'une sortie captura un officier britannique. En relatant cet incident, l'officier français Louis-Thomas Jacau de Fiedmont assura que *Beausoleil* avait été reconnu comme l'un des plus braves et des plus entreprenants des Acadiens :

> «Les Britanniques capturèrent un prisonnier lors de cette escarmouche. Le même jour l'Acadien Brossard (connu également sous le nom de *Beausoleil*) et sa bande de colons étaient à l'extérieur du fort harcelant les Britanniques, quand ils capturèrent l'enseigne Hay du régiment Hopson. L'enseigne Hay retournait au camp Butte à Mirande après avoir rendu visite à sa femme au fort Lawrence. Un porte-drapeau de trêve de Beauséjour informa le camp britannique de sa capture et qu'il se portait bien[6].»

Le 16 juin 1755, le jour même où le fort Beauséjour capitulait, *Beausoleil* porta l'audace jusqu'à attaquer le camp britannique avec 60 hommes, des Français et des Micmacs. Il ne perdit qu'un seul homme. Muni d'un sauf-conduit, il alla voir le colonel Robert Monckton deux jours plus tard pour proposer sa médiation entre les Britanniques et les peuples indigènes (les Micmacs et les Malécites) afin d'obtenir une amnistie. Monckton accepta cet arrangement, sujet toutefois à l'approbation ultérieure du lieutenant-gouverneur Charles Lawrence. La citation suivante raconte ce qui arriva :

> « Joseph Brossard, nommé Beausoleil, arriva avec un sauf-conduit pour négocier la paix avec les Indiens si le Général consentait à lui accorder une amnistie. M. Monckton le reçut avec chaleur et lui donna son pardon, mais conditionnellement, sujet à l'approbation du gouvernement. Jacob Maurice et quelques colons de la Baie Verte vinrent aussi avec des propositions[7]. »

Beausoleil, un remarquable tireur d'élite, fut reconnu par les Britanniques comme le leader de la résistance. Selon une source, sa résistance fut si efficace que les troupes britanniques au fort Cumberland craignaient parfois de s'éloigner de ses murs. Le récit suivant raconte la guérilla autour du fort Cumberland :

> « L'expulsion des Acadiens de la Nouvelle-Écosse n'apporta pas la paix et la sécurité dans l'isthme de Chignectou. Les Acadiens qui avaient échappé à la déportation ont continué avec leurs alliés indiens à harceler les Britanniques à toutes les occasions possibles. Quelques-uns étaient conduits par Brossard (Beausoleil), mais la plupart par Charles de Champs Boishébert. Ils maraudaient autour des forts de l'isthme, tuant les soldats qui s'aventuraient au-delà de la sûreté des postes et ils étaient toujours prêts à attaquer les patrouilles d'approvisionnement. Les groupes de guérilla se déplaçaient rapidement d'un endroit à un autre, gardant les Britanniques dans un état d'incertitude sur le lieu de la prochaine attaque. Boishébert était expert à échapper à la capture britannique. Quelquefois, quand les soldats arrivaient à l'endroit où il était censé être, ils ne trouvaient que les cendres encore chaudes de leur feu de camp mais leur proie s'était envolée[8]. »

Le compte rendu britannique suivant par McCreath et Leefe montre comment *Beausoleil* pouvait terroriser les Britanniques en utilisant des tactiques brutales de guérilla, comme de scalper des soldats ennemis :

> « Au printemps 1754 eut lieu un autre geste pour fonder un nouvel établissement, celui-ci à quelque 10 milles à l'est de Dartmouth. 20 000 acres avaient été donnés à 20 demandeurs qui promirent fidèlement de fournir 20 colons pour la communauté projetée qui, avec justesse, fut nommée Lawrencetown. En mai, les colons y furent envoyés sous la protection de 200 réguliers et rangers. Malgré la construction rapide d'un blockhaus et d'une palissade, l'établissement connut tôt des jours sombres. Lors d'une attaque par des Indiens, quatre colons et trois soldats furent scalpés. Les maraudeurs étaient conduits par Joseph Broussard, un Acadien qui, peut-être, est mieux connu sous le nom de Beausoleil, un infatigable ennemi des Britanniques[9]. »

Manifestement frustré par cette résistance opiniâtre, le lieutenant-gouverneur Charles Lawrence suggéra, dans une de ses dépêches à Londres, que la question acadienne soit réglée de la manière suivante :

> « Je suis d'avis qu'il serait d'un grand avantage, pour eux comme pour nous, que cette question soit clarifiée d'une façon ou d'une autre et le plus tôt possible ; [les Acadiens] une fois assurés de la situation dans laquelle ils seraient sûrs de demeurer, adopteraient un état d'esprit d'amélioration de leur condition, dont ils verraient rapidement les avantages, et qu'ils deviendraient ainsi plus attachés à un gouvernement britannique qu'ils ne l'ont été jusqu'ici[10]. »

Broussard égala ses succès sur terre avec ses raids sur le transport côtier[11]. Il dirigeait un groupe de corsaires, dont on parle dans les *Mémoires sur les Acadiens* que l'on trouve aux *Archives nationales* à Paris[12].

Après avoir pris la décision de déporter les Acadiens, les Britanniques, dans une attaque préventive, confinèrent les Acadiens les plus belliqueux au fort Lawrence. La plupart des Acadiens cependant réussirent à s'évader du fort. La manière dont l'évasion eut lieu a évidemment rehaussé la réputation de *Beausoleil* comme un patriote acadien inventif. À l'aube du 1ᵉʳ octobre 1755, sous le couvert d'un violent orage, *Beausoleil* et un groupe de 85 insurgés prisonniers du fort Lawrence réussirent l'exploit de s'évader en perçant un tunnel sous les murs de la prison[13]. Puis, ils rejoignirent rapidement leurs familles et fuirent dans les bois d'où ils combattirent les Anglais jusqu'en 1759. L'historien de Yale, John Mack Faragher, décrit cette fuite dans son livre *A Great and Noble Scheme : The Expulsion of the French Acadians* :

> « Se servant de cuillères, de couteaux, et d'autres outils introduits en prison par leurs épouses et leurs mères, qui les fournissaient en nourriture et en vêtements, ils creusèrent un tunnel sous les murs du fort. Selon une tradition acadienne, les hommes sortirent les uns après les autres par ordre de grosseur, du plus petit au plus gros, chaque évadé successif élargissant le passage pour le suivant. Le dernier à fuir fut René Richard dit le Petit René – le plus corpulent de tous les prisonniers. Les évadés – Joseph Broussard dit Beausoleil et plusieurs de ses fils et neveux, sauf son fils Victor et son frère Alexandre, qui demeurèrent prisonniers au fort Cumberland – rejoignirent immédiatement les forces de la résistance acadienne[14]. »

Alexandre Broussard et d'autres insurgés acadiens avaient été confinés au fort Cumberland par les Britanniques[15]. Après l'évasion spectaculaire de *Beausoleil*, les Britanniques furent si inquiets qu'ils emprisonnèrent Alexandre et 21 autres sur la canonnière *Syren* sous bonne garde. Le 15 novembre 1755, la canonnière escorta quatre bateaux transportant des exilés acadiens de la baie de Fundy à Charleston en Caroline du Sud. Leur destination ultime devait être les colonies lointaines de Caroline et de Géorgie, Lawrence ayant ordonné que ces militants acadiens de Chignectou « soient envoyés à la plus grande distance possible ». De plus, Alexandre et ses compagnons prisonniers furent mis aux fers dans l'île Sullivan et étiquetés « prisonniers spéciaux ». Le fils de *Beausoleil*, Victoire-Grégoire, était au nombre de ces prisonniers. L'entreprenant Alexandre, malgré la constante surveillance de ses geôliers à Charleston, réussit à s'enfuir. Le journal local, le *South Carolina Gazette*, relata l'évasion et parla d'Alexandre comme du « général des Indiens qui se sont enfuis par un marais et ont traversé la rivière au Maxwell Bluff

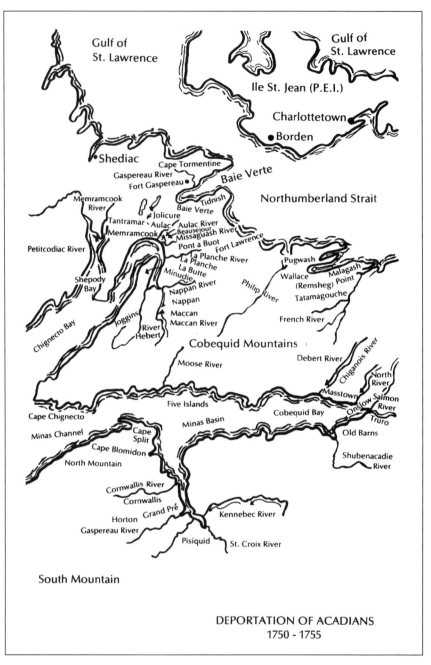

DEPORTATION OF ACADIANS
1750 - 1755

Source : Geoffrey Plank, *An Unsettled Conquest*, University of Pensylvania Press, Pennsylvanie, 2001.

sur une barque faite de billots». Lui et son groupe de quatre fuyards, incluant Michel et Pierre Bastarache, se procurèrent des provisions en pénétrant dans la maison d'un planteur absent et prirent ce dont ils avaient besoin pour leur voyage de retour en Acadie. Ils firent le chemin à pied jusqu'à ce qui est aujourd'hui le Nouveau-Brunswick, où ils rejoignirent *Beausoleil* et ses partisans qui utilisaient Chipoudie comme base d'opération.

Le reste des prisonniers spéciaux à Charleston fut envoyé à Londres sans autres considérations. Les Acadiens furent les premiers à faire la guérilla pour combattre les Anglais, et furent considérés comme les premiers Européens à se servir de telles méthodes en Amérique du Nord[16]. Après leur évasion, *Beausoleil* et ses compatriotes, Jean Basque et Simon Martin, menèrent avec succès plusieurs attaques contre les Britanniques.

Bien que *Beausoleil* eût assumé le leadership de la milice acadienne, Alexandre était considéré son égal. Ils avaient sept fils qui étaient leurs lieutenants immédiats. Il y avait tout un clan d'insurgés Broussard sur le territoire à l'ouest de la baie de Chipoudie. Certains récits suggèrent qu'Alexandre était le leader principal, mais la légende semble fusionner tous les exploits du clan Broussard en une seule histoire appelée simplement *Beausoleil*. Une chose est certaine : leur résistance coûta très cher aux frères Broussard. Ils souffrirent affreusement et les deux frères perdirent leurs fils aînés au cours de ces combats. *Beausoleil* a aussi perdu sa mère, son épouse et la plupart de ses enfants. En novembre 1758, sous la conduite du major George Scott, une patrouille anglaise détruisit le hameau des Broussard, le village Beausoleil.

Ce qui suit montre les précautions extrêmes prises par les Britanniques pour ne pas être surpris par les insurgés :

> «Alors que les plaisirs étaient rares, la guerre et le danger étaient constants. En février 1756, des rapports parvinrent au colonel Scott que Boishébert et sa bande étaient à Shédiac. Le colonel Scott y conduisit un détachement, espérant attaquer la bande et même capturer Boishébert lui-même. Quand la patrouille arriva à Shédiac, elle ne put trouver ni le chef ni la bande. Les Britanniques entreprirent leur retour au fort Cumberland, seulement pour être attaqués par Boishébert et ses hommes. Dans la bataille, deux soldats furent tués.

Peu après cet événement, Boishébert envoya un groupe de ses Amérindiens et Acadiens à Baie Verte. Ils y brûlèrent une goélette de 100 tonneaux sur cales et une autre ancrée tout près. Durant cette action ils tuèrent sept Anglais et firent un prisonnier. Les détachements partis à leur recherche souffrirent du froid intense qui sévissait. Ils craignaient d'allumer des feux de peur que les Indiens et les Acadiens ne les découvrent ; plusieurs ont eu les pieds gelés[17]. »

Beausoleil commandait un bateau corsaire qui opérait dans la baie de Fundy et sur la rivière Petitcoudiac. Aidé de ses quatre fils et de la milice acadienne qui s'était réfugiée le long de la rivière, il possédait des lettres de marque de Vaudreuil, gouverneur de la Nouvelle-France[18], et il harcelait continuellement les forces britanniques. Dans une lettre à Amherst, le commandant d'Halifax écrivait :

« Le capitaine Mackenzie, commandant du fort Cumberland, me fait savoir qu'il a reçu certains renseignements que plusieurs Acadiens qui ne se sont pas soumis ont l'intention de voler du bétail à nos colons pour leur subsistance d'hiver, dans laquelle entreprise ils seront grandement aidés par les bateaux qu'ils possèdent de par l'indulgence du commandant de la marine de sa Majesté envoyé cette année à la baie des Chaleurs qui, à ce qu'il semble, leur a donné des permis pour aller le long des côtes comme il leur plaira, ce qui, je suppose, a dû être obtenu sous le prétexte qu'ils se rendraient à quelque garnison de sa Majesté ... Ces gens sont entretenus dans leur opiniâtreté par un dénommé Beausoleil, un Acadien, et deux ou trois autres qui se sont déjà rendus odieux aux Anglais et qui savent le traitement qui les attend s'ils tombent entre nos mains ; si les patrouilles du capitaine Mackenzie pouvaient les neutraliser, le reste se soumettrait rapidement[19]. »

C'est probablement durant l'une de ces escarmouches avec les troupes anglaises, commandées par George Scott, que *Beausoleil* fut grièvement blessé. En novembre 1758, Scott ordonna à ses troupes de nettoyer la région de Petitcoudiac. Les Britanniques brûlèrent tous les hameaux acadiens. En retour d'une récompense par le gouvernement, plusieurs Acadiens, incluant femmes et enfants, furent tués et même scalpés. Un engagement s'ensuivit; *Beausoleil* fut blessé sérieusement à un pied et fut obligé de se réfugier à la rivière Miramichi pour se remettre. Ce qui suit montre clairement la brutalité des moyens utilisés contre la résistance:

> «Danks et 75 hommes mirent pied à terre et se cachèrent dans les bois, pendant que le sloop remontait la rivière pour découvrir l'ennemi. Aux alentours de midi, 30 combattants ennemis commencèrent à faire feu sur le bateau. C'est alors que Danks et ses hommes surgirent de la forêt et les encerclèrent. Les Britanniques tuèrent et scalpèrent trois hommes, firent neuf prisonniers et en envoyèrent 14 dans la rivière. Danks, réputé pour sa brutalité, ordonna à ses hommes de tirer sur les Acadiens et les Indiens qui avaient choisi de faire face aux eaux tourbillonnantes de la rivière plutôt que de se faire capturer. 10 d'entre eux se sont noyés ou ont été tués par balles, le reste des hommes s'échappèrent. Le jour suivant, Danks remonta la rivière avec son sloop et les Acadiens tirèrent sur lui des deux cotés de la rivière. Un détachement des hommes de Danks mit pied à terre, se rendit à un village voisin et le brûla, emmenant des meubles et des animaux de ferme. Les soldats fouillèrent les rives de la rivière et ne trouvèrent rien; puis ils retournèrent au fort Cumberland sans avoir subi aucune perte de vie[20].»

On pense que les Britanniques tentèrent à plusieurs reprises de tuer ou de capturer *Beausoleil*, mais ils ne réussirent jamais. Le capitaine Mackenzie écrivait au colonel Foster:

> «Plusieurs de ces Acadiens, ai-je pu apprendre, qui piratent depuis qu'ils ont envoyé des délégués pour se soumettre au colonel Frye sont emprisonnés selon vos ordres. Un ou deux de ces délégués et tous les principaux qui restent sont de ce nombre, si bien qu'il ne reste maintenant sur les côtes qu'un seul de quelque importance (Beausoleil) qui vit éloigné du reste à 30 lieues dans les bois ayant

des renseignements à notre sujet ; cet individu, je pense, pourrait peut-être être pris cet hiver ou ce printemps par un éclaireur sur raquette ; je suis prêt à le faire si vous croyez cet individu d'une telle importance[21]. »

En juillet 1758, la forteresse de Louisbourg fut prise par les Britanniques ; ceci mit fin à la possibilité pour les insurgés d'acquérir des armes et des munitions. Considérant les conditions dramatiques dans lesquelles ils se trouvaient, les insurgés acadiens conclurent que tout espoir de vaincre était perdu. Plusieurs des prisonniers moururent de froid et de faim. La gravité de la situation peut être clairement comprise en connaissant la dureté des hivers en Acadie :

« Dans la dernière partie de mars, les provisions devinrent rares, les soldats comme les officiers durent être rationnés. Le 29 mars, un sloop qui avait été gelé tout l'hiver dans le Bassin réussit à se rendre à travers les glaces jusqu'à Boston pour y chercher des approvisionnements. En avril, des volées d'oiseaux sauvages étaient revenues à leurs lieux de ponte dans les marais, apportant un supplément de viande fraîche. Le printemps amène aussi un petit nombre d'Indiens et d'Acadiens près du fort[22]. »

En octobre 1759, le général Edward Whitmore, gouverneur britannique de Louisbourg, rendit publique une proclamation offrant une « branche d'olivier » aux insurgés acadiens. Le prêtre missionnaire Jacques Manach fut choisi par les Acadiens pour négocier avec le Gouverneur. Le 16 novembre 1759, deux mois après la chute de Québec, et dans une réponse évidente à l'offre anglaise d'amnistie, *Beausoleil* et Alexandre allèrent au fort Cumberland (fort Beauséjour) présenter une proposition pour leur soumission à condition qu'ils puissent demeurer dans la province et pratiquer leur religion[23]. De la part de 200 partisans acadiens, un document fut présenté par *Beausoleil* au major Frye, le commandant britannique. L'historien John Mack Faragher croit que *Beausoleil* laissa Alexandre comme otage et retourna pour rassembler les insurgés, mais s'aperçut que les Britanniques préparaient un piège pour déporter tout le monde, alors il ne se rendit pas. *Beausoleil,* de concert avec les quelques insurgés qui restaient, monta vers le nord au camp de Boishébert à Petit-

Rochelle d'où ils se rendirent finalement aux forces expéditionnaires anglaises en juillet 1760, à l'embouchure de la rivière Restigouche. Un second groupe de 700 partisans conduit par le maquisard Pierre II Surette et ses amis, Jean et Michel Bourque, se rendit également :

> « En novembre 1759, quatre délégués, Alexandre Brussard, Simon Martin, Jean Bass et Joseph Brussard sont arrivés au fort Cumberland, agissant comme porte-parole pour 190 Acadiens des alentours de Memramcook et Petitcodiac. Ils demandèrent au colonel Frye, commandant du fort Cumberland, de la nourriture et un asile. Le colonel Frye accepta de les aider autant qu'il le pouvait et leur permit d'occuper les bâtiments abandonnés autour du fort. Deux jours plus tard, des délégués représentant 700 Acadiens des régions de Miramichi, Richibouctou et Bouctouche, arrivèrent au fort pour offrir leur reddition et demander de l'aide. On accueillit au fort Cumberland autant de monde qu'il fut possible[24]. »

En 1760, presque tous les insurgés acadiens (estimés à 900) furent emprisonnés par les Britanniques au fort Cumberland. Selon Faragher, l'offre d'amnistie par les Britanniques n'était qu'un leurre fait au nom de la Couronne parce que le général Edward Whitmore écrivait à Lawrence lui disant qu'en dépit de la promesse qu'il avait faite, il était en faveur d'expédier les incendiaires en Angleterre. Conformément à ces recommandations, les réfugiés furent envoyés à Halifax, où ils furent emprisonnés à l'intérieur des palissades de l'île Georges.

Bien que la grande majorité de la milice acadienne fût faite prisonnière ou se soit rendue aux Britanniques dès 1760, le frère de *Beausoleil*, Jean-Baptiste Broussard, refusa de se rendre[25]. En octobre 1759, ayant à passer un cinquième hiver éprouvant en forêt, la résistance acadienne se mourait de faim. Jean-Baptiste jura de ne jamais se rendre. Lui et sa famille partirent à pied et traversèrent tout ce qui est maintenant le Nouveau-Brunswick, au Canada, en plein hiver, rejoignant Québec et la résistance française, en mai 1760. Son opiniâtreté causa de terribles souffrances à sa famille. Seuls une fille et un fils survécurent à cette épreuve. Le long de cette route sont semées les tombes de son épouse, de deux de ses enfants et de sa belle-mère. Fidèle à sa parole, Jean-Baptiste ne se rendit jamais et retourna éventuellement à Québec, amenant avec lui son fils et sa fille qui avaient survécu au voyage.

Qu'est-ce qui motivait *Beausoleil* et ses frères à résister si férocement ? Pour trouver la réponse, on devrait examiner son effort à se définir lui-même : son occupation, ses activités, son caractère personnel, ses relations avec son environnement et ses loisirs, mais parce que l'on sait peu de chose sur lui, on ne peut que spéculer. Tous s'entendent sur une chose : il était un homme déterminé, connu pour avoir un objectif fixe, allié à une ferme et inébranlable résolution de sauver sa culture acadienne. Comme les Britanniques de son époque, il était engagé dans des actions brutales qui lui ont valu un châtiment et, à sa famille, des souffrances innombrables. On lui accorde le crédit d'avoir pris le leadership de l'utilisation par ces descendants européens des tactiques de guérilla. Ces Acadiens rudimentairement armés ont appris ces tactiques des Micmacs et elles furent souvent couronnées de succès. Durant la résistance, *Beausoleil* s'est souvent engagé dans des batailles avec l'aide des Micmacs. On pense qu'il a aussi appris d'eux beaucoup de valeurs, comme le sens de l'honneur.

De toute évidence, vu les actions des Britanniques, la méfiance que *Beausoleil* entretenait sur la sincérité de l'offre d'amnistie du général Edward Whitmore était fondée. *Beausoleil* semblait avoir, aux yeux des Britanniques, un sixième sens. Il se gagna le respect et la crainte des Britanniques par son étrange habileté à anticiper et à comprendre leurs motifs. Les Britanniques craignaient *Beausoleil* parce qu'il a démontré par ses actions qu'il était déterminé à faire ce qui était nécessaire pour empêcher l'assimilation acadienne à la civilisation britannique qu'il haïssait.

Notes

1. Ronnie-Gilles LeBlanc, *Joseph Broussard dit Beausoleil*, Cahiers de la Société historique acadienne, 1986, vol. 17, n° 2, p. 52.

2. Jean Ségalen, *Acadie en résistance*, Skal Vreigh-Montroules/Morlaix, France, 2002.

3. Jim Bradshaw, « UL Lafayette Acquires 1755 Letter, » *The Daily Advertiser*, 20 octobre 2001. Le 2 octobre 2001, grâce à la collaboration de Zachary Richard, qui apprenait que la lettre était à vendre, et de Carl

A. Brasseaux, l'Université de la Louisiane à Lafayette annonçait l'acquisition de cette lettre d'importance historique de Winslow.

4. John Winslow, «Winslow's Journals», *Collections of the Nova Scotia Historical Society*, Boston, Massachusetts.

5. Henri-Dominique Paratte, *Acadians*, Collection «Peoples of the Maritimes», Halifax, Nimbus Publishing, 1998, p. 42.

6. Gladys Trenholm, Miep Norden et Josephine Trenholm, *A History of Fort Lawrence*, Sherwood Printing Ltd., Edmonton, Alberta, Canada, 1985, p. 78.

7. *Ibid.*, note 6, p. 105.

8. *Ibid.*, note 27, p. 87.

9. Peter L. McCreath et John G. Leefe, *History of Early Nova Scotia*, Four East Publishing, Tantallon, Nova Scotia, 1982.

10. *Ibid.*, le 8 août 1755, Lawrence adressait une lettre au colonel Monckton qui semblait indiquer qu'il était plus intéressé au bétail des Acadiens qu'à préserver la vie des habitants qui ne se doutaient de rien, «...Je prendrai grand soin de préserver les bestiaux et les récoltes...», Archives du Canada, 1905, vol. II, appendice B, p. 8 (1905).

11. James Hannay, *The History of Acadia*, J.&A. McMillan, St. John, New Brunswick, 1879, p. 411.

12. Jim Bradshaw, "Broussard Led Acadians to Attakapas Area," *The Daily Advertiser, Supplement: History of Acadiana*, 20 mars 1999, p. 18.

13. Paul Surette, «*Petcoudiac*», Les Éditions d'Acadie, Moncton, Nouveau-Brunswick, 1988. «Sur la question de savoir si Joseph Beausoleil Broussard s'est évadé du Fort Lawrence, voici: Nous savons qu'il fut arrêté – Thomas Pichon du moins (ce fonctionnaire français au Fort Beauséjour espion des Anglais) l'affirme. (Pichon à Bulkeley ou Henshelwood, le 26 septembre 1755: «J'ai empêché les Brossard (Broussard), appelés Beausoleil, dont les familles sont nombreuses, ainsi que d'autres habitants de la Petkoudiac du côté de la rivière Saint-Jean, d'abandonner leurs possessions pour rejoindre les Malécites et les Abénakis, qui les considèrent leurs frères les plus braves. Ces Beausoleil ont été depuis mis sous arrêt» (Collection de documents inédits 2:127-131) Nous savons que déjà à l'automne 1755 Joseph Beausoleil Broussard était un leader de la résistance acadienne. Les Britanniques ne l'ont certes pas volontairement libéré. Nous savons également qu'un groupe d'Acadiens se sont évadés du Fort Lawrence le soir du 1er octobre 1755. Joseph Beausoleil Broussard n'est pas mentionné dans les documents d'époque comme étant du nombre des évadés, mais aucun nom précis des évadés n'est mentionné. C'est le mieux que je puisse faire. Nous savons que Joseph Beausoleil Broussard a été arrêté et incarcéré avec son frère Alexandre, et probablement tous leurs enfants mâles. Nous savons qu'Alexandre

et d'autres Broussard furent exilés à Charles Town, C. S., d'où lui et un des fils de Joseph se sont évadés et revinrent en Acadie. Nous savons qu'il rejoignit son frère Joseph, leader de la résistance. Donc, je conclus que Joseph a dû s'évader de la prison anglaise, probablement le 1er octobre 1755, qui est la seule évasion mentionnée dans les documents d'époque.» Le professeur John Mack Faragher, courriel à l'auteur, 7 septembre 2004.

14. John Mack Faragher, *A Great and Noble Scheme : The Expulsion of the French Acadians*, New York : W.W. Norton, 2005.

15. Alton E. Broussard, *Were Early Acadian Men Really the Docile Type ?*, The Daily Advertiser, novembre 1977.

16. Angela Simmoneaux, *All in the Family, The Sunday Advocate*, Bâton-Rouge, Louisiane, 28 février 1999. Selon le Dr John Mack Faragher, l'Américain Benjamin Church utilisait déjà de telles méthodes de combat dès la fin du XVIIe siècle, de même que d'autres habitants de la Nouvelle-Angleterre lors d'escarmouches avec les Abénakis.

17. *Ibid.*, note 27, p. 90 ; souligné par l'auteur.

18. Carl A. Brasseaux, *Quest for the Promised Land,* University of Southwestern Louisiana Center for Louisiana Studies, 1989, note n° 10, p. 4.

19. R. Brun, «*Amherst Papers*», Cahiers de la Société historique acadienne, Moncton, Nouveau-Brunswick, 1970, p. 304.

20. *Ibid.*, note 27, p. 93.

21. *Ibid.*, note 40, p. 307.

22. *Ibid.*, note 27, p. 94.

23. L'un des combattants qui a déposé les armes au fort Cumberland était un nommé Joseph Broussard ; aussi la plupart des historiens ont présumé qu'il s'agissait de *Beausoleil*. Voir Arsenault, *Histoire des Acadiens*, p. 160. Toutefois, selon Maureen G. Arceneaux, à la note 12 de *Acadian to Cajun : Population, Family and Wealth in Southwest Louisiana, 1765-1854*, dissertation présentée au département d'histoire de Brigham Young University, en avril 1982, (*The Historical New Orleans Collection*, Nouvelle-Orléans, La.), les *Amherst Papers* indiquent clairement que *Beausoleil* était encore actif en décembre 1761. Selon Brun, *Amherst Papers*, p. 307, Alexandre avait un fils nommé Joseph, qui était déjà adulte en ce temps-là et qui aurait pu accompagner son père au fort anglais parce que la veuve de ce fils était à Halifax avec Alexandre en 1763. De plus, selon les *Amherst Papers*, p. 300, en juillet 1761, *Beausoleil* est cité dans un recensement comme habitant près de la rivière Miramichi.

24. *Ibid.*, note 27, p. 94.

25. Janet Jen, *Acadiana Genealogy Exchange*, 863 Wayman Branch Road, Covington, Kentucky, Newsletter, vol. XXVI, avril/juillet 1997, p. 49.

5

La solution finale au problème acadien

Après la Guerre de Sept Ans, le *problème acadien* auquel étaient confrontées les autorités britanniques semblait insurmontable : l'Acadie, naguère une région de la Nouvelle-France, n'avait plus d'existence autre que dans la mémoire historique. Malgré cela, les Acadiens ne se considéraient pas des sujets français ou britanniques. Au fil des ans, par leur résistance à l'assimilation à la société britannique, les Acadiens avaient développé une identité ethnique distincte.

Charles Lawrence, l'architecte de la Déportation des Acadiens, mourut à Halifax en octobre 1760 et y fut inhumé sous l'église Saint-Paul. Il était évidemment méprisé des Acadiens, mais aussi, chose surprenante, de ses compatriotes. En 1757, ses subalternes le décrivaient comme ayant un « esprit malfaisant » et une « personnalité oppressive et tyrannique ».

Lawrence fut remplacé par le gouverneur Jonathan Belcher, un membre du Conseil de la Nouvelle-Écosse qui avait ordonné la déportation des Acadiens. Belcher était aussi l'auteur de l'avis juridique justifiant la déportation dans le cadre des lois britanniques. C'est pourquoi il craignait pour sa vie. Il soupçonnait les prisonniers acadiens d'Halifax de planifier une évasion et son assassinat. Conséquemment, il tenta d'obtenir la déportation de *Beausoleil* et des autres militants acadiens. En dépit de ses requêtes aux lords du *Board of Trade and Plantations* pour l'autoriser à procéder à cette nouvelle déportation, il lui fut fortement recommandé de permettre au reste des Acadiens de demeurer dans la province.

Suite à la prise de Saint-Jean de Terre-Neuve par les Français en juin 1762, Belcher redoutait un soulèvement sanglant des Acadiens. Il demanda au général Amherst la permission de déporter les Acadiens toujours sous son autorité. Les lords du *Board of Trade and Plantations* ne furent pas consultés. Avec la seule approbation du général Amherst, le Conseil de la Nouvelle-Écosse proclama la loi martiale, le 13 juillet 1762, et dépêcha la milice à travers la province pour rassembler le plus possible d'Acadiens et les conduire tambour battant à Halifax[1]. Probablement parce qu'il redoutait sa présence à Halifax, Belcher fit emprisonner *Beausoleil*, son fils Joseph et son neveu Anselme, le fils d'Alexandre, au fort Edward de Pisiguit (Windsor), qui était à bonne distance d'Halifax. D'autres membres de la famille Broussard demeurèrent prisonniers à l'île Georges. Pour des raisons de sécurité, le gouverneur Belcher trouva judicieux de ne pas permettre aux membres du clan Broussard d'être détenus ensemble.

Dès la fin de juillet 1762, la situation empira : des Acadiens menacèrent de trancher la gorge des nouveaux propriétaires de leurs terres. Même s'il n'existe aucune preuve historique pour confirmer ce fait, les autorités britanniques croyaient que *Beausoleil* avait mené l'attaque de 1751 contre Dartmouth, un village en face d'Halifax. Par conséquent, tous les prisonniers acadiens furent transportés et incarcérés à l'île Georges.

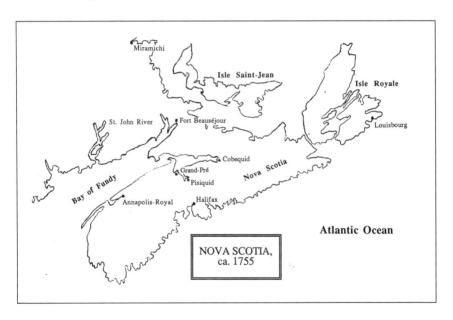

Belcher était déterminé à débarrasser définitivement la province du problème acadien. En août 1762, plus de 1200 prisonniers acadiens furent embarqués sur des navires à destination de Boston. Mais le Conseil du Massachusetts, déjà au fait des problèmes et des dépenses engendrés par la présence des déportés acadiens, refusa de les accueillir et les retourna à Halifax. Étant donné son incapacité à gérer le problème acadien et pour donner suite à plusieurs critiques concernant son administration, Belcher fut remplacé par Montague Wilmot. Le *Board of Trade and Plantations* en était venu à la conclusion que les déportations devaient prendre fin, mais Wilmot ne partageait pas ce point de vue. Même s'il n'avait aucunement l'intention de relâcher les combattants ennemis et ce, en dépit des ordres reçus, Wilmot ne reconnut qu'à contrecœur que les prisonniers acadiens avaient des droits.

Au printemps de 1763, *Beausoleil* était toujours emprisonné au fort Edward. Les Britanniques découvrirent qu'il était en possession d'une lettre de l'ambassadeur de France enjoignant les Acadiens à quitter la Nouvelle-Écosse pour la France. Il est fort probable que *Beausoleil* avait l'intention de remettre cette lettre à Joseph LeBlanc dit Le Maigre, un Acadien loyal à la France. Wilmot considéra cette lettre comme la preuve de son pressentiment que *Beausoleil*, où qu'il fût emprisonné dans la province, continuerait d'être une menace à la paix et à la sécurité de la Nouvelle-Écosse. Le Gouverneur craignait surtout qu'il suscite une nouvelle insurrection armée des partisans acadiens. *Beausoleil* fut conduit derechef à l'île Georges où il fut détenu sous haute surveillance. Suite à l'arrivée de 900 insurgés acadiens, la sécurité de cette prison avait été augmentée de manière draconienne, surtout que l'un d'eux s'appelait *Beausoleil*, le plus redouté des partisans acadiens [2].

Les conditions de vie des prisonniers acadiens détenus derrière les palissades de l'île Georges étaient extrêmement difficiles. Leurs vêtements chauds avaient été confisqués et plusieurs tombèrent malades à cause du froid et de la malnutrition. Mis à part les dirigeants de la résistance, les prisonniers furent, soit déportés de nouveau, soit engagés pour travailler sur les fermes qui étaient auparavant les leurs. Les colons à qui les Britanniques concédèrent les terres acadiennes ne connaissaient rien au système d'assèchement des marais par les digues et aboiteaux développés par les Acadiens. Les colons demandèrent donc au gouvernement la permission d'engager des Acadiens pour les aider à réparer les digues sombrées en décrépitude pendant la guerre. Suite à ces requêtes, le gouvernement autorisa les Acadiens à toucher des gages qui leur permettraient d'augmenter leurs maigres rations quotidiennes et de recouvrer ainsi les forces nécessaires pour procéder au dur travail de réfection des digues.

Mais pour *Beausoleil* et ses partisans, la situation resta fort différente. Broussard, Surette, les frères Bourque et les membres de leurs familles respectives ne furent pas autorisés à jouir de cette liberté restreinte. Les présumant assoiffés de vengeance, les autorités britanniques étaient d'avis qu'ils représentaient une menace pour les fonctionnaires et officiers du gouvernement. *Beausoleil* et son groupe restèrent donc prisonniers sur l'île Georges.

Malgré des conditions difficiles et inhospitalières, certains Acadiens réussirent à maintenir un semblant de vie normale grâce aux mariages célébrés, faute de prêtres catholiques, par des membres du clergé protestant. Plus tard, lorsqu'ils parvinrent en Louisiane, plusieurs couples acadiens régularisèrent leurs mariages et firent baptiser leurs enfants par des prêtres catholiques. En 1763, Élisabeth Isabelle Broussard, petite-fille de *Beausoleil*, vit le jour dans la prison de l'île Georges où plusieurs familles avaient été détenues. Joseph Grégoire Broussard, fils aîné d'Alexandre Broussard, mourut, laissant sa femme, Ursule Trahan, et leurs trois enfants sous la protection de son père.

Henri-Dominique Paratte résume ainsi la situation:

> «Les milices acadiennes n'ont pas été suffisamment utilisées par les Français contre les autorités britanniques qui considéraient les Acadiens comme des prisonniers de guerre même en temps de paix. L'histoire ne peut pas être réécrite et il serait vain de refaire aujourd'hui sur papier les batailles du passé. Il n'en reste pas moins important de considérer les Acadiens non pas comme des paysans passifs attendant d'être déportés, mais plutôt comme une communauté débrouillarde et bien organisée. Une telle vision procure aux Acadiens, et à nous tous, une meilleure compréhension de ce qu'étaient véritablement ces pionniers. Ils n'étaient ni des traîtres, ni des froussards. Dans des circonstances difficiles sur lesquelles ils n'avaient aucun contrôle, ils ont défendu ce qu'ils croyaient devoir défendre, souvent avec la ruse du renard, parfois ouvertement à l'exemple de Beausoleil Broussard[3]. »

L'incarcération brutale de *Beausoleil* a souvent été relatée par les historiens comme une simple période de détention. Grâce aux

excellentes recherches de Dianne Marshall, nous savons maintenant la vérité : la crainte britannique de représailles acadiennes
causa de nombreuses souffrances aux 1000 Acadiens toujours en
Nouvelle-Écosse, en 1764. L'homme responsable avant tout de
cette paranoïa britannique était sans contredit *Beausoleil*. Ironiquement, ses tactiques qui lui ont tant servi durant sa guérilla et
sa détermination à défendre sa patrie ont ultimement changé
l'image des Acadiens et ont attaché à tout jamais ses descendants
à son Acadie bien aimée.

Notes

1. Dianne Marshall, *George Island - The Keep of Halifax Harbour* (Nimbus
   Publishing, Halifax, 2003), p. 91-109 ; voir aussi Jeannot Doiron, « *Le
   pays de « la Cadie* » (communication de l'auteur, 2004).

2. *Ibid.*

3. *Ibid.*, note 26, p. 47.

6

Vers une vie nouvelle

Les Acadiens ont toujours été d'habiles négociateurs avec les Britanniques. On ne sait trop comment ils obtinrent des autorités la permission de quitter la Nouvelle-Écosse, en 1764. Il n'y a que de maigres indices qui peuvent nous guider sur certains détails. Leur réputation de résistants refusant d'accepter une autorité inutile posait un défi de taille au gouverneur Wilmot, qui imagina une proposition qui s'avérerait inacceptable aux Acadiens. Même en face de dangers qu'ils ne connaissaient que trop bien, les Acadiens décidèrent de refaire leurs vies ailleurs plutôt que de se plier aux exigences britanniques.

Le 10 février 1763, la Guerre de Sept Ans prenait fin avec la signature du traité de Paris. D'après une liste d'Acadiens désirant se réfugier dans un territoire français, ils étaient 1019 en Nouvelle-Écosse à la fin des hostilités[1]. Cette information nous est donnée dans une lettre écrite par *Beausoleil* et présentée au Conseil d'Halifax, le 18 août 1763. L'année suivante, le gouverneur Wilmot fit une ultime tentative afin de régler le problème acadien. Il proposa que le reste des prisonniers acadiens soient envoyés aux Indes occidentales françaises. Même si l'Angleterre n'était plus en guerre avec la France, il argumenta fortement qu'il serait trop dangereux pour les colons britanniques de permettre aux Acadiens de s'établir à nouveau dans la province. Le *Board of Trade and Plantations* de Londres ne fut, cependant, pas convaincu de changer sa politique. Son président, lord Halifax, renouvela son ordre à Wilmot de permettre aux Acadiens de demeurer dans la province « la paix publique et la sécurité le permettant », ce qui, de toute nécessité, exigeait de la part des Acadiens de prêter un serment d'allégeance au roi d'Angleterre.

Avec l'appui de son Conseil et dans le but de contourner la directive claire du *Board of Trade and Plantations*, Wilmot promulgua un décret visant à dissuader les Acadiens de demeurer dans la province. Ils ne pourraient s'établir que par groupes de 10 personnes tout au plus et à bonne distance les uns des autres, et ils devraient prêter un serment irréconciliable avec la foi catholique. Les Acadiens, et pour cause, en avaient assez des souffrances et des luttes incessantes. À contrecœur, quelques Acadiens acceptèrent ces conditions tandis que beaucoup d'autres quittèrent pour Québec. Cependant, pour des raisons de sécurité, cette option ne fut pas offerte à *Beausoleil* et à ses partisans parce que les autorités britanniques étaient convaincues qu'à si peu de distance de la Nouvelle-Écosse, il serait en mesure de fomenter une rébellion pour assouvir sa vengeance.

Ces partisans acadiens considérèrent que leur seul espoir de préserver leur culture et d'éviter l'assimilation à la société britannique était de quitter la province. Avec l'argent amassé en travaillant à la réfection des aboiteaux et en vendant le peu de biens qui leur restaient, ils réussirent à affréter un navire pour Saint-Domingue (Haïti) aux Indes occidentales françaises.

Sous la direction de *Beausoleil*, deux groupes de plus de 600 Acadiens quittèrent Halifax à destination de Saint-Domingue en décembre 1764 et au printemps de 1765. Parmi eux, se trouvaient la plupart des membres encore vivants des familles de *Beausoleil* et de son frère Alexandre. Arrivés à Saint-Domingue, plusieurs Acadiens moururent de maladies tropicales et de la chaleur, pour eux, insupportable. Il est probable qu'Agnès Thibodeau, la femme de *Beausoleil*, fut au nombre des victimes. Carl Brasseaux décrit ainsi le départ :

> « Libres de mettre leur plan à exécution, environ 600 Acadiens, conduits par Joseph Broussard dit Beausoleil, affrétèrent des vaisseaux et, vers la fin de novembre ou au début de décembre 1764, entreprirent la première partie de leur voyage vers les Illinois. Incapables de compléter les préparatifs de départ avant l'hiver, beaucoup d'autres Acadiens « encore plus nombreux, de différentes régions de la province, » partirent pour « la même destination » au début du printemps 1765[2]. »

Le 28 février 1765, 193 Acadiens conduits par *Beausoleil* arrivèrent à la Nouvelle-Orléans. L'ancienne colonie française de la Louisiane avait été cédée secrètement à l'Espagne. Quand la nouvelle parvint au gouvernement dirigé par le commissaire-ordonnateur Nicolas Foucault, il s'inquiéta de voir un si grand nombre d'Acadiens arrivés dans une colonie en difficulté. *Beausoleil* fut néanmoins reçu comme un héros français. Les autorités coloniales françaises rédigèrent un « compte rendu des monnaies de papier en possession des Acadiens ». Dans le rapport, les autorités reconnaissaient *Beausoleil* comme le chef du premier groupe d'Acadiens arrivés d'Halifax :

> « À savoir, du nommé Broussard, chef du premier groupe (d'Acadiens) à atteindre cette colonie et comprenant 58 familles, la somme de 33395 livres 18 sols répartie inégalement parmi les 58 familles. Le grand livre dudit montant a été envoyé en France comme preuve, attaché aux papiers qu'il représente[3]. »

Les dirigeants de la colonie voulaient que les Acadiens s'établissent sur la rive droite du Mississippi, non loin de la Nouvelle-Orléans. Mais le lieu proposé était souvent inondé et aurait nécessité beaucoup de travaux, car il était recouvert d'une épaisse forêt de bois franc. Quelques Acadiens allèrent rejoindre d'autres exilés établis dans la paroisse Saint-Jacques, en amont de la rivière. Les négociations durèrent environ deux mois et la plupart des Acadiens, dont *Beausoleil* et Alexandre, reçurent finalement l'autorisation de s'installer au Poste des Attakapas près de l'actuelle Saint-Martinville, une localité du sud-ouest de la Louisiane.

Brasseaux croit que *Beausoleil* avait l'intention de remonter le Mississippi pour s'établir dans la région des Illinois. Étant donné l'accueil somme toute chaleureux et l'ouverture des autorités de la Nouvelle-Orléans, le groupe décida d'accepter l'offre de s'établir en Louisiane. Il explique :

> « De telles espérances étaient chèrement entretenues par les anciens membres exilés de la résistance acadienne. Sous la direction de Joseph Broussard dit Beausoleil, 193 Acadiens quittèrent la capitale néo-écossaise tard en novembre. Ils changèrent de bateau à Saint-Domingue et parvinrent à la Nouvelle-Orléans à la fin de février 1765. Le dénuement des immigrants suscita une compassion spontanée chez les hauts dirigeants de la Louisiane. Même si Choiseul, ministre français de la Marine, n'avait autorisé le gouvernement intérimaire à n'effectuer que les dépenses essentielles, le commissaire-ordonnateur Denis-Nicolas Foucault, chef de l'administration civile, procura aux immigrants, dont le nombre s'élevait à 231 en avril

1765, des vivres, des outils, des mousquets et des matériaux de construction pour une valeur de 15500 livres[4]. »

Brasseaux estime qu'au début de la déportation, il y avait environ 15000 Acadiens en Acadie[5]. Environ le tiers de ceux-ci périt ou fut tué par les Britanniques. Un autre tiers émigra ailleurs dans le monde et le dernier tiers échappa à la déportation ou retourna s'établir dans les provinces actuelles du Nouveau-Brunswick et de la Nouvelle-Écosse. Ce nettoyage ethnique perpétré par les Britanniques fut l'un des premiers à être commis en Amérique du Nord. Grâce aux efforts héroïques de *Beausoleil*, à son fidèle lieutenant Alexandre et sa milice, et à d'autres insurgés, les Britanniques ont échoué dans leurs entreprises et la culture acadienne a survécu[6]. Brasseaux décrit ainsi la migration en Louisiane des Acadiens d'Halifax :

> « L'exode de centaines de « survivants » acadiens de la Nouvelle-Écosse post-déportation a marqué non pas la fin d'une culture dispersée à travers les frontières, mais le commencement d'une grande expérience de transplantation culturelle. Ne voulant pas abandonner leur identité ethnique pour le privilège de devenir de vrais sujets britanniques protestants et demeurer dans une servitude continuelle à un régime colonial oppressif, la plupart des Acadiens capturés pendant la Guerre de Sept Ans a préféré se bâtir une vie nouvelle dans un pays étranger plutôt que de faire face à la mort insidieuse de l'assimilation. Sans se laisser décourager par l'ampleur du défi, les émigrés firent face résolument à la tâche de reconstruire leurs vies et de réunir leurs familles élargies dans un environnement francophone stable[7]. »

Chaque génération d'Acadiens a ajouté sa propre touche à la narration toujours racontée du malheur des Acadiens, mais le fond de l'histoire de l'exode est resté intact : globalement, ils étaient un peuple opprimé et non les pirates sanguinaires qu'imaginaient les dirigeants britanniques. Le plan élaboré par Wilmot pour débarrasser la Nouvelle-Écosse de *Beausoleil* et des insurgés a réussi, mais, ironiquement, il fut la cause de la continuation de la culture acadienne en Louisiane, qui fut appelée l'Acadie du Sud par les Acadiens.

Notes

1. Alphonse Deveau, *Two Beginnings: A brief Acadian History*, Lescarbot Publications, Canada, 1980, p. 111. «Quelques Acadiens sont demeurés en Nouvelle-Écosse ou sont revenus plus tard s'établir dans des régions éloignées. La région [de la Baie-Sainte-Marie], connue officiellement comme la Municipalité de Clare, a la plus grande concentration d'Acadiens en Nouvelle-Écosse, près de 10000 habitants, soit le quart de la population acadienne de Nouvelle-Écosse. Clare a accueilli le 31 juillet 2004 les cérémonies d'ouverture du IIIᵉ CMA sur le campus de l'Université Sainte-Anne, seule université francophone de la province, ainsi que 12 réunions de familles, dont les Comeau et les Leblanc qui ont attiré des milliers de personnes, ainsi que de plus petites rencontres de familles comme celles des familles Robichaud et Dugas entre autres.» Ron Thibodeaux, «Acadian Homecoming», *The Times-Picayune*, 22 août 2004, p. A20.

2. Carl A., Brasseaux *The Founding of New Acadia*, Louisiana State University Press, Bâton-Rouge, 1987, p. 34.

3. *Ibid.*, note 39, p. 54.

4. *Ibid.*, note 51, p. 74.

5. Carl A. Brasseaux, *Scattered to the Wind: Dispersal and Wanderings of the Acadians, 1755-1809*, University of Southwestern Louisiana, Center for Louisiana Studies, Lafayette, Louisiana, 1991, p. 2.

6. Naomi E.S. Griffiths, *The Acadians: Creation of a People*, McGraw-Hill Ryerson Ltd, Canada, 1973. Il y a plusieurs parallèles à faire entre la vie de *Beausoleil* et celle du résistant polonais Antoni Chrusciel, le vénéré chef de l'insurrection avortée de 1944 contre l'occupation nazie. Il était le chef à Varsovie de l'Armée de l'Intérieur, force de résistance à l'occupation nazie, et il dirigea l'insurrection de Varsovie en 1944. Il résista pendant 63 jours avant que les insurgés ne tombent devant l'armée nazie beaucoup mieux armée. 20000 résistants trouvèrent la mort pendant l'insurrection et la ville fut transformée en ruines. Il fut capturé et détenu dans un camp en Allemagne jusqu'à ce qu'il soit libéré par les troupes américaines. Comme *Beausoleil*, quoique retourné dans son pays après la guerre, il vécut en exil en Angleterre et s'installa aux États-Unis en 1956. Il décéda en 1960 à l'âge de 65 ans. Le 30 juillet 2004, ses restes furent rapatriés en Pologne et ensevelis à Varsovie à l'occasion d'une cérémonie commémorant le 60ᵉ anniversaire de l'insurrection de 1944. Associated Press, *Daily Advertiser*, «Poland brings home hero of 1944 revolt», 31 juillet 2004.

7. *Ibid.*, note 51, p. 34.

7

L'établissement d'une
Nouvelle Acadie

L'établissement d'une « nouvelle Acadie » dans le sud-ouest de la Louisiane a rendu possible la mise en place de conditions permettant le développement de la culture cadienne. Au recensement américain de 1990, 668 000 personnes se réclamaient d'une ascendance acadienne. L'ethnie cadienne demeure forte et positive. Pourquoi cette culture cadienne persiste-t-elle ? La réponse à cette question exige l'analyse des facteurs sociaux et historiques des émigrés originaux. À ce jour, *Beausoleil* demeure le chef symbolique et il est compréhensible qu'on essaie de reconstituer sa vie dans la littérature, la musique, les arts, l'archéologie et les réunions de famille. Cette tendance assure la continuation de la « Nouvelle Acadie ».

Beausoleil et les autres chefs acadiens devaient trouver le moyen de survivre dans leur nouvelle patrie d'adoption. Par le traité de Paris, les terres françaises à l'est du fleuve Mississipi avaient été cédées à la Grande-Bretagne. Or, c'était ces terres qui, jusque là, avaient fourni la boucherie à la Nouvelle-Orléans. Les Acadiens avaient élevé du bétail à Chipoudie ; aussi, *Beausoleil*, en apprenant que la Nouvelle-Orléans devait trouver une nouvelle source d'approvisionnement en boucherie pour sa population en croissance, entama des négociations avec des Français, le sieur Antoine Bernard d'Hauterive et André Masse. Le 3 mars 1765, ces Français consentirent à céder les titres de leurs terres situées dans l'Attakapas, ce qui permit la signature d'un pacte, le 4 avril 1765, avec le sieur Antoine Bernard d'Hauterive, un capitaine retraité de l'armée française. Ce contrat aux termes duquel toutes les parties hypothéquaient toutes leurs propriétés, accordait aux Acadiens le bétail nécessaire à l'élevage. Chaque Acadien devait recevoir un lot de terre, cinq vaches, leurs veaux et un taureau pendant six années consécutives. Comme dans une sorte de métayage, après six ans, ils devaient remettre un lot d'animaux égal à celui initialement reçu et la moitié de la progéniture en paiement de leur contrat.

Les Acadiens qui étaient liés par ce contrat, appelé l'Accord d'Hauterive (voir le document à l'annexe 2), étaient *Beausoleil*, Pierre Arceneaud, Alexandre Broussard, Jean-Baptiste Broussard, Victor Broussard, Jean Dugas, Joseph Guilbeau et Olivier Thibodeau[1]. Il est précisé dans le document que « les Acadiens déclarent ne pas savoir signer ». Ce contrat est à l'origine de l'industrie acadienne de l'élevage du bétail en Louisiane. Les parties contractantes incluaient Victor Broussard, l'un des fils de Beausoleil, et Jean-Baptiste Broussard, le fils d'Alexandre. Le 30 avril 1765, le Gouverneur signalait que 231 Acadiens (environ 58 ou 60 familles) étaient partis de la Nouvelle-Orléans pour s'établir dans les districts d'Attakapas et d'Opelousas. Ils étaient munis de provisions, de marchandises, de 71 mousquets, de grenadier et de munitions. Plus tard, ces Acadiens conduisirent leur bétail à la Nouvelle-Orléans pour le vendre, tout comme leurs ancêtres avaient fourni du bétail aux postes acadiens de la baie de Chignectou, à Boston et à Louisbourg.

Selon les historiens locaux Donald Arceneaux et George Bentley, André Masse traitait avec les Indiens Attakapas bien avant les années 1750. En 1763, Masse demanda aux autorités françaises de lui concéder des terres sises à l'ouest de Saint-Martinville entre les bayous Tortue et Vermillon. Dans sa requête, il déclarait exploiter un ranch d'élevage dans les Attakapas depuis 1747. On peut considérer que Masse, ses esclaves et les personnes libres d'origine africaine qui vivaient avec lui étaient les premiers colons non indigènes du district des Attakapas. Masse était parrain au baptême d'un enfant acadien dans les Attakapas en 1765, et il a plus tard signé le registre de baptême d'un autre enfant acadien. Dès 1765, Masse était partenaire d'Antoine d'Hauterive pour les mêmes lots de terre que Masse avait demandés en 1763. Quant à d'Hauterive, il semble avoir réclamé les terres longeant la rivière Tèche de Saint-Martinville jusqu'au bayou Tortue. Mais il n'a jamais vécu en permanence sur ses terres aux Attakapas. Il exploitait un autre ranch d'élevage et une plantation sur le fleuve Mississippi en face du bayou Manchac. Il fit l'entretien d'une route ou plus probablement d'une piste entre le fleuve Mississippi et la rivière Atchafalaya et de là jusqu'aux Attakapas pour conduire ses bestiaux au marché de la Nouvelle-Orléans.

Les Acadiens sont devenus rapidement prospères dans leur nouvelle patrie. Dès la décennie 1780, les concessions de terre des Broussard s'étendaient de Saint-Martinville jusqu'au bayou Vermillon. 235 marques de bestiaux ont été enregistrées au nom des Broussard. Plusieurs descendants directs de *Beausoleil* continuent encore l'élevage de bestiaux dans la paroisse de Vermillon.

L'apogée de la vie de *Beausoleil* s'est produite en Louisiane lorsque, le 8 avril 1765, le gouverneur espagnol Charles Aubry émit une commission spéciale nommant *Beausoleil* capitaine de la milice et commandant des Acadiens des Attakapas[2]. Après avoir mené son peuple à travers de grandes épreuves, il recevait finalement la reconnaissance officielle de ce que tout le monde acceptait comme un fait : il était nommé chef des Acadiens dans le district des Attakapas. Jamais de son vivant, il ne se rapprocherait davantage d'une réhabilitation complète.

La prairie dénudée du district des Attakapas s'étendait sur le territoire des paroisses actuelles de Saint-Martin, Lafayette, Vermillon, Ibérie et Sainte-Marie. Il était facile de s'établir sur ces grandes étendues puisqu'il n'y avait que des troupeaux libres en pâturage. Même si quelques Acadiens s'étaient établis plus tôt dans les environs de la paroisse Saint-Jacques, entremêlés avec des familles de différentes ethnies européennes, les Acadiens de *Beausoleil* furent les premiers à s'établir dans le district des Attakapas et à y instaurer une dominance culturelle identifiable. D'autres avaient refusé de s'y établir par peur des Attakapas qui y résidaient depuis longtemps et étaient supposément « cannibales ». Mais les Acadiens, étroitement alliés aux indigènes, particulièrement aux Micmacs en Acadie, acceptèrent sans hésitation les offres de concessions de terres du gouvernement espagnol. Le groupe de *Beausoleil* était composé des familles étendues des clans Broussard, Trahan, Thibodeaux et Guilbeaux qui avaient émigré depuis les rivières Petitcoudiac et Miramichi. Peu après la signature de l'Accord d'Hauterive, quelques-uns des Acadiens se déplacèrent vers le secteur de Fausse-Pointe sur les collines à l'est du bayou Tèche.

Peu après leur arrivée à Fausse-Pointe, une grande épidémie éclata et causa probablement la mort des frères Broussard. De juillet à novembre 1765, 39 services funéraires furent célébrés. Le lieu de sépulture des frères Broussard est inconnu ; cependant, les cousins Donald Arceneaux, né à Lafayette, et George Bentley, né à New Iberia, tous deux descendants des frères

Broussard, croient que leurs tombes sont situées près de Loreauville sur la rive est du bayou Tèche. Des témoignages indiquent que *Beausoleil* est probablement enterré au tournant de Fausse-Pointe du bayou Tèche, dans le secteur de Loreauville. Les cousins croient aussi qu'Alexandre est enterré à Belle-Place au sud de Loreauville, puisque l'on sait qu'en 1765, trois des fils d'Alexandre et son gendre, Jean Trahan, occupaient des terres dans ce secteur et que des membres immédiats de la famille d'Alexandre, y compris son épouse, sont enterrés au « dernier camp d'en bas ». Sous la direction de Mark A. Rees, professeur d'anthropologie à l'Université de la Louisiane à Lafayette, une équipe d'archéologues a fouillé le site original de la maison d'Armand Broussard maintenant située à Vermilionville, un parc historique de Lafayette. Divers artéfacts y ont été retrouvés incluant surtout des pièces de céramique datant de la fin du XVIIIe et du début XIXe siècles. D'autres études sur le terrain sont planifiées pour localiser les sites possibles des camps de la première génération d'Acadiens dans la région (le camp d'en bas, le dernier camp d'en bas et le camp Beausoleil) ainsi que le lieu de sépulture de *Beausoleil* et de 16 autres émigrés qui sont morts dans la région, en 1765, probablement des suites d'une épidémie de fièvre jaune. La firme *Real-Time Thermal Imaging* de Kenner, en Louisiane, spécialisée en localisation d'anciens sites de sépulture, a consenti à participer aux travaux. Selon le professeur Rees, la première phase du projet est maintenant terminée.

Il subsiste un degré d'incertitude quant à la date de la mort de *Beausoleil* : les archives de l'église de Saint-Martinville indiquent qu'un dénommé Joseph Broussard est décédé le 4 septembre 1765[3]. Cependant, c'est le 20 octobre 1765 que le capucin prêtre missionnaire Jean-François de Civray a effectué les rites de sépulture de Joseph dit *Beausoleil* Broussard. Le document a été inscrit le 25 novembre 1765. Par coïncidence, Alexandre est décédé le 18 septembre 1765. Le document trouvé dans les archives de l'église se lit comme suit :

> « …. L'an mil sept cent soixante-cinq, le sept septembre, je, prêtre capucin missionnaire apostolique curé de la Nouvelle-Acadie soussigné certifie que les corps de Margueritte Thibodeaux, épouse d'Alexandre Broussard, et celui de Joseph Broussard ont été inhumés le cinq du présent, décédés la veille[4], … »

C'est Donald Joseph Arceneaux qui a compilé la plus grande partie des informations au sujet de la mort de *Beausoleil*. Il a produit une liste détaillée des personnes inhumées dans les différents lieux de sépulture du district des Attakapas de la Louisiane espagnole entre le 26 juillet et le 2 novembre 1765. Voici ce que Arceneaux affirme :

> « Je crois que le nommé Joseph Broussard décédé le 4 septembre 1765 et inhumé le 5 septembre au dernier camp d'en bas est très probablement un différent Joseph Broussard que le Joseph Broussard dit Beausoleil qui, lui, a été inhumé le 20 octobre au camp Beausoleil. Marguerite Broussard, épouse d'Alexandre, est décédée pendant l'épidémie et a été inhumée aussi le 5 septembre au dernier camp d'en bas. Le père François a inscrit les deux sépultures du 5 septembre le 7 septembre, et il a inscrit l'inhumation de Joseph dit Beausoleil Broussard le 25 novembre. Pourquoi aurait-il fait deux inscriptions différentes au registre, l'une en septembre et l'autre en novembre, avec des dates d'inhumation différentes à des endroits différents si les deux Joseph Broussard étaient la même personne ? Je tends à penser que deux Joseph Broussard sont décédés pendant l'épidémie, dont l'un était peut-être le petit-fils soit de Beausoleil soit de son frère Alexandre. »

Il n'est donc pas absolument certain si les archives référaient à *Beausoleil* ou à une autre personne nommée Joseph Broussard. En 1796, le père Michel Bernard Barrière a créé un registre à partir des documents originaux dont certains étaient reliés et d'autres pas[5]. En 2002, Arceneaux a numéroté chacun de ces documents et y a ajouté des informations généalogiques utiles ; appuyant ainsi l'idée que *Beausoleil* n'est pas décédé le 4 septembre, mais à une date inconnue, avant le 20 octobre 1765. Le document n° 36, inscrit le 25 novembre, traite de *Beausoleil* et se lit ainsi : « *Broussard, Joseph dit Beausoleil, capitaine commandant des Acadiens aux Attakapas inhumé le 20 oct. au camp appellé (sic) Beausoleil.* »

8

Sep. Joseph
Belle Fontaine)) Le deux Septembre le corps de feu Joseph Belle Fontaine a été inhumé en premier Camp d'en bas, en foy de quoy j'ay signé aux Atakapas les jours et an que dessus et est signé F. Jean Francois Curé.

Sep. Margueritte
Thibodeaux
epouse
d'Alexandre
Broussard,
Sep. Joseph
Broussard))))))) L'an mil sept cent soixante cinq, le sept Septembre je, pretre Capucin Missionaire Apostolique Curé de la Nlle [Nouvelle] Acadie soussigné certifie que les corps de Margueritte Thibodeaux épouse vivante d'Alexandre Broussard, et celui de Joseph Broussard ont été inhumés le cinq du présent, décèdés la veille, au dernier Camp d'en bas, en foy de quoy j'ay signé les jours et an que dessus et est, signé F. Jean Francois Curé qui signa.

Sep. Alexandre
Broussard)) L'an mil sept cent soixante cinq, le vingt-deux Septembre, je, pretre Capucin Missionaire Apostolique Curé de la Nlle [Nouvelle] Acadie soussigné certifie que le dix huit du courant le corps de feu Alexandre Broussard a été inhumé au Camp d'en bas, en foy de quoy j'ay signé aux Atakapas.

Sep. Jean Dugas
et Francois
Arsenaud ou
Arsenaux)))) L'an mil sept cent soixante cinq, le vingt-deux septembre, je pretre Capucin Missionaire Apostolique, Curé de la Nlle [Nouvelle] Acadie soussigné certifie que le dix-neuf du courant ont été inhumés au premier Camp d'en bas les corps de feu Jean Dugas et de Francois Arsenaud agé d'environ un an en foy de quoy j'ay signé aux Atakapas les jours et an que dessus et est signé F. Jean Francois, Curé.

Sep. Joseph
Dugas)) L'an mil sept cent soixante cinq, le 8, je, pretre Capucin Missionaire Apostolique, soussigné certifie que le six du présent mois a été inhumé au premier Camp d'en bas le corps de feu Joseph Dugas, en foy de quoy j'ai signé aux Atakapas le jour et an que dessus et est signé F. Jean Francois, Curé.

Sep. Magdelene
Dugas)) L'an Mil sept cent soixante cinq, je, pretre Capucin Missionaire Apostolique, Curé de la Nlle Acadie, certifie que le six du present mois a été inhumé le corps de feu Magdelene Dugas.

Certificat des décès d'Alexandre Broussard et d'un Joseph Broussard.

Source: registres de la paroisse catholique de Saint-Martin-de-Tours, 4 septembre 1765.

En juillet 1765, Grevemberg dit Flamm, un des premiers colons de la période antérieure, a déposé une plainte contre des Acadiens qui squattaient sur ses terres. Il semble que l'épidémie de 1765 ait poussé certains des Acadiens de *Beausoleil* à retourner à la paroisse de Saint-Jacques sur le fleuve Mississippi où on les retrouve au recensement d'avril 1766. Au début de la décennie 1770, les Acadiens qui étaient restés aux Attakapas s'étaient dispersés hors de leurs établissements autour de ce qui est aujourd'hui Loreauville au nord du Saint-Martinville actuel[6]. Plus tard, certaines familles se sont relocalisées à la Côte-Gelée, près du Broussard actuel, au sud du bayou Tortue et aussi à l'ouest de Pont-Breaux sur la rivière Vermillon. Au milieu de la même décennie, elles s'étendaient de l'Abbeville actuel jusqu'au nord de Lafayette, un secteur appelé la « prairie de Vermillon ».

Même après la mort de *Beausoleil*, des Acadiens qui étaient restés en Nouvelle-Écosse ou aux îles Saint-Pierre et Miquelon ont continué d'affluer en Louisiane. Ainsi, en date du 18 novembre 1766, le commissaire-ordonnateur Nicolas Foucault écrit de la Nouvelle-Orléans : « *Il nous est arrivé, il y a un mois, 216 personnes acadiennes venant de Halifax sur un bateau anglais qu'elles avaient loué à leurs frais[7].* » Carl A. Brasseaux croit quant à lui que ces réfugiés ne provenaient pas de Halifax, mais du Maryland.

À cette période, l'épellation des mots était très personnelle et non normalisée comme aujourd'hui ; on essayait plutôt d'en faire une transcription phonétique. Toutefois, en Louisiane en 1820, on fit un effort de normalisation qui a eu des répercussions jusqu'à aujourd'hui sur l'épellation des noms acadiens finissant avec le son 'O'. Cette année-là, le juge Paul Briant, responsable du recensement américain en Louisiane, décida arbitrairement d'utiliser la terminaison 'eaux' maintenant commune pour les noms tels que Boudreaux, Thibodeaux et Breaux (en Acadie, ce dernier nom était couramment épelé Braud).

Ironiquement, le juge qui dirigeait le recensement en Louisiane était lui-même de descendance française et avait été lui aussi victime d'éviction violente à la suite de la rébellion des esclaves sur l'île de Saint-Domingue, maintenant appelée Haïti. Bien qu'il y ait en français une douzaine de façons différentes de rendre la terminaison phonétique en O, c'est ce juge qui a imposé la lettre X en finale de plusieurs noms. Cette décision eut des répercussions culturelles. Pendant la période des humiliations

ethniques en Louisiane, les Acadiens ou Cadiens étaient convaincus que le X à la fin de leur nom indiquait que leurs ancêtres
illettrés avait apposé la marque X à la fin de leur nom sur les
documents officiels. S'il est vrai que, par comparaison avec la
période actuelle, il y avait un haut degré d'analphabétisme aux
frontières du Canada et de la Louisiane, le degré d'alphabétisa-
tion n'était pas moindre que dans les colonies anglaises où l'incidence des altérations de noms était moindre. Tragiquement,
l'idée reçue que le X à la fin des noms acadiens indique un degré
moindre d'éducation (et même de quotient intellectuel) chez les
ancêtres acadiens persiste encore.

En 2003, en honneur de la consécration de la « *Croix de la Dispersion* » au Monument acadien de Saint-Martinville, en Louisiane, James Louvière a écrit pour sa chanson « O ! O ! Acadie ! »
le poème suivant qui traduit les sentiments des Acadiens à leur
arrivée dans la nouvelle Acadie :

> « Alors que tombent les ténèbres de la nuit,
> Éclatent les battements des tambours étrangers.
> Ils peuvent nous disperser,
> Mais ils ne peuvent arrêter le cœur
> De ton peuple, chère Acadie !
> Aurons-nous un nouveau foyer, O Acadie,
> Une fois dispersés au-delà des mers ?
> Y aura-t-il jamais encore
> Une place au soleil
> Où nos cœurs libres battront, O Acadie ? »

Et le dénouement :

> « Acadie ! Acadie ! Acadie !
> Notre longue, terrible nuit n'est plus !
> Notre fol espoir s'est réalisé !
> Ici nous sommes, ici nous resterons,
> Pour toujours et à jamais....
> Dans notre nouvelle Acadie ! »

Hey, Hey Beausoleil!

*Pièce dédiée à Joseph Broussard, chef de la résistance à l'invasion britannique
de l'Acadie, maintenant appelée Nouvelle-Écosse.*

*Vif ; avec un peu de musique militaire, tambour, trompette ou flûte (un peu
comme Yankee Doodle ou comme un Sousa avec le picolo)*

« Way-way back in his-t'ry there was a man
Who lead his faithful people to a pro-mised Land
He led his brave mi-li-tia on both land and seas,
Then he led them all to safety in new A-ca-die!

Hey, Hey, Beausoleil,
They shot him and they jailed him
But he got away,
Oh, Oh! Great, Beausoleil,
We'll ne'va ne'va let yo' mem'ry fade away!

His wife and kids and brother and their fighting friends
Sailed along the Eastern Coast to Journey's end;
His people settled down around the Cote Gelee
And he led his people out of all their misery!

Hey, Hey, Beausoleil,
They shot him and they jailed him
But he got away,
Oh, Oh! Great, Beausoleil,
We'll ne'va ne'va let yo' mem'ry fade away!

When the Cajuns were deported from their own sweet land,
There were a certain few with him who took a stand
They battled in the forests and they battled on the sea
And their family names are ringing, Living History!

Hey, Hey, Beausoleil,
They shot him and they jailed him
But he got away,
Oh, Oh! Great, Beausoleil,
We'll ne'va ne'va let yo' mem'ry fade away!

The winters were ferocious and the British foes were cruel
But Beausoleil's militia made 'em look like fools,
Until one final winter came with deep, deep snow,
He said, « Y'all get on my schooner, and away we go! »

They landed on an island where a fever struck,
So they sailed to Lou'siana and they had some luck
They ate some alligators and they caught nice fish
An' before you blink yo' eye they all appeared quite rich!

Their treasure wasn't money but deep in their hearts
They had the kind of lovin' that's still in these parts,
They had some real good families and some fin' ol' songs
And the good times, they still roll along, real loud and long!

Hey, Hey, Beausoleil,
They shot him and they jailed him
But he got away,
Oh, Oh! Great, Beausoleil,
We'll ne'va ne'va let yo' mem'ry fade away!

We'll ne'va ne'va let yo' mem'ry fade away! »

(*solennel ; le chœur fredonne la mélodie ; une voix adulte déclare …*)
« So all you little chil-dren who born and reared
Here in A-ca-di-an-a, where this man ap-peared,
Always keep these heroes in your memory,
Proudly claim the title "Cajun- from old A-ca-die! » »

(*des enfants chantent*)
« Oh! We are proud, we come from Cajuns from old A-ca-die!
Yes! We're – proud we come from Cajuns from old
A-ca-die! »

Tous :
« *Hey, Hey, Beausoleil,*
We'll keep yo' mem'ry cook-in'
Till the judgment day!

We'll keep yo' mem'ry cook-in'
Till the judgment day! »

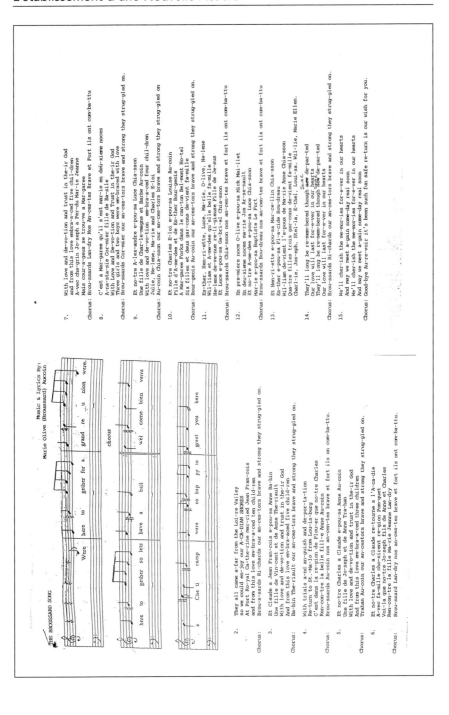

Notes

1. Grover Rees, traduction de «l'Accord d'Hauterive : fondement de l'industrie de l'élevage du bétail», in *Attakapas Gazette* 11, été 1976, p. 91.

2. William Henry Perrin, *Southwest Louisiana Biographical and Historical*, The Gulf Publishing Co., 1891, réimprimé par Claitor's Publishing Division, Bâton-Rouge, La. 1971, p. 189. Dans ce document, le prénom de Beausoleil, Joseph, fut donné incorrectement comme «Gaurhept».

3. Église catholique de Saint-Martin-de-Tours, *Copie d'un vieux registre*, Archives de Saint-Martinville, Louisiane, p. 8. Voir aussi *ibid.*, note de bas de page 39, p. 34.

4. *Ibid.*, p. 8.

5. Révérend Donald J. Hébert, in *Southwest Louisiana Records*, Hébert Publications, Louisiane, vol. 1A, p. 137.

6. Carl A. Brasseaux, *Lafayette*, Windsor Publications Inc., 1990, p. 10. Selon George Bentley, Jean-Baptiste Broussard, fils d'Alexandre, a été inhumé au cimetière de la cathédrale de Saint-Jean à Lafayette, en Louisiane. Jean-Baptiste Broussard a eu une vie bien remplie : il est né en Acadie vers 1732, a participé et a survécu à la résistance acadienne contre les Britanniques ; il a ensuite émigré à la Nouvelle-Orléans avec Beausoleil où il a signé l'Accord d'Hauterive ; puis il a acquis une concession initiale de terre des Espagnols dans le secteur de Parks, en Louisiane. L'inscription de sa pierre tombale se litainsi : « *Jean-Baptiste Broussard, Guerre d'indépendance, 1727-1825* ».

7. Bona Arsenault, *Histoire des Acadiens*, 4ᵉ édition revue et augmentée, Éditions Fides 2004, p. 314. «*Peu après, d'autres exilés commencèrent à arriver séparément en Louisiane, ancienne colonie française, où le gouvernement espagnol était heureux d'offrir des concessions de terre aux pionniers de la frontière. Environ 3000 Acadiens atteignirent éventuellement la Louisiane où ils s'adaptèrent aux moustiques et à la chaleur et posèrent les fondations de ce qui deviendra la culture cadjun de l'État.* » Ron Thibodeaux, «Acadian Homecoming», in *The Times-Picayune*, 22 août 2004, p. A1.

8

L'héritage

L'impact culturel de *Beausoleil* sur les Cadiens d'aujourd'hui est impressionnant. Les traits positifs de son caractère sont immortalisés dans la musique, l'art, la poésie, les romans et le folklore.

Beausoleil émerge de l'expulsion acadienne comme le seul véritable héros populaire acadien. Les historiens probritanniques ont parlé de Broussard comme d'un « ennemi infatigable ». Pour démontrer son admiration, la Canadienne Marie Olive Broussard Aucoin, née à Chéticamp, en Nouvelle-Écosse, a composé « la chanson des Broussard ».

Le thème principal exposé dans la salle acadienne du Musée acadien d'Érath s'intitule « *Beausoleil*, chef des Acadiens ». Le clou de l'exposition est un tableau de trois pieds sur cinq pieds intitulé « *Beausoleil* ». Joseph « Jimmie » Hébert fut le modèle utilisé par le célèbre fresquiste Robert Dafford pour ce tableau qui fut offert au Musée acadien par les filles d'Hébert, Térésa Hébert Vincent et Patricia Hébert Marks. Un artiste originaire de Mamou, en Louisiane et demeurant maintenant à Lafayette, Lucius Fontenot, a dessiné l'image d'un jeune *Beausoleil* (voir la couverture de ce volume), qu'on a imprimée, pour plaire à la jeune génération, sur des T-shirts maintenant vendus pour soutenir le Musée acadien d'Érath[1].

Le musicien et poète bien connu Zachary Richard a fait référence à *Beausoleil* dans son hymne « *Réveille* », écrit en 1973. La pièce fut enregistrée la première fois en 1976 dans l'album *Bayou des Mystères*. Réenregistrée en l'an 2000 dans l'album *Cœur fidèle*, elle fut utilisée dans le film oscarisé *Against the Tide* de Pat Mire :

> « J'ai entendu parler
> De monter avec Beausoleil.
> Pour prendre le fusil

ACADIAN MUSEUM
MUSÉE ACADIEN

ERATH, LOUISIANA

Open Monday through Friday
du lundi au vendredi
1:00 p.m. - 4:00 p.m.
13h à 16h
Bus Tours by Appointment
chatte-partie sur rendez-vous

Historical:

★	Maps	*cartes*
★	Books	*livres*
★	Models	*modèles*
★	Exhibits	*expositions*
★	Drawings	*dessins*
★	Artifacts	*artefacts*
★	Photographs	*photographies*
★	Genealogies	*généalogies*
		historiques

ACADIAN HERITAGE & CULTURE FOUNDATION, INC.

FONDATION CULTURELLE DU PATRIMOINE ACADIEN, INC.

203 South Broadway
Erath, Louisiana 70533
(318) 233-5832   (318) 937-5468
Fax (318) 235-4382
acadianmuseum.com

Erath

For information about the area, contact
Pour renseignements
Erath City Hall at (318) 937-8401

BIENVENUE!

La Fondation culturelle du patrimoine acadien, un organisme à but non lucratif qui fonctionne grâce au bénévolat des Acadiens et de leurs amis à travers le monde, est vouée à préserver l'histoire et la culture Acadienne.

La culture cadienne, comme la culture amérindienne et créole s'est développée totalement en Amérique du Nord.

Les Cadiens d'aujourd'hui s'identifient pleinement à leurs ancêtres francophones qui sont venus peupler l'Acadie à partir de 1604. Expulsés de leur domaine qui, en 1755, était gouverné par l'Angleterre, les Acadiens ont enduré des tourments affreux pour conserver leur identité sous un régime hostile. Des milliers sont morts au cours du "Grand Dérangement" (c'est ainsi qu'on appelle leur diaspora) qui a séparé les familles et désorganisé la culture. L'oppression, cependant, n'a pu éliminer ce peuple tenace. Arrivés en Louisiane en 1765, les Acadiens ont trouvé une terre d'accueil et la liberté de recommencer. Aujourd'hui, les Cadiens réussissent dans tous les domaines tout en gardant un héritage culturel qui est passé par le creuset des 400 ans.

> Battre les sacrés maudits.
> J'ai entendu parler
> D'aller dans la Louisiane
> Pour trouver de la bonne paix
> Là-bas dans la Louisiane. »

En 1978, Richard a aussi enregistré « *La ballade de Beausoleil* » dans son album *Migration* :

> « La lune est pleine, on monte ce soir avec Beausoleil.
> Il fera clair au fond du grand bois.
> Déjà les hommes ils sont fatigués,
> L'hiver passé on n'était pas capable de se loger.
> De plus en plus on parle de la Louisiane.
> Ce n'était rien qu'un rêve qu'on appelait l'Acadie. »

Dans son album acclamé *Cap Enragé*, Richard a composé la chanson « *Petit Codiac* » qui est inspirée d'un poème écrit par Yves Chiasson. Les paroles en sont : « *Crazy Horse, Beausoleil, Louis Riel, Jackie Vautour, Asteur c'est mon tour* ». Yves Chiasson y présente *Beausoleil* sur le même pied que les autres figures historiques importantes.

Selon Mme Brenda Comeaux Trahan, curatrice du Monument acadien, quand celui-ci fut dévoilé à Saint-Martinville le 29 avril 1996, l'événement fut souligné par une interprétation dramatique de *Beausoleil* par l'acteur francophone Shirley Savoy dont le monologue avait été composé par Barry Ancelet, ancien directeur du département des Langues modernes, à l'Université de la Louisiane à Lafayette. De nos jours, Richard Landry joue ce rôle. L'un des attraits principaux du Monument acadien est une fresque de 12 pieds sur 30 pieds peinte par Robert Dafford, intitulée « L'arrivée des Acadiens en Louisiane ». Le caractère principal de cette murale est *Beausoleil*.

La *Louisiana Cajun Band* sous la direction de Michael Doucet, gagnant d'un Grammy en 1997, s'est approprié le nom de *Beausoleil*. Le nom de notre rebelle apparaît aussi dans plusieurs romans historiques tels que *Le feu du mauvais temps* (1989) de Claude LeBouthillier, *Le chef des Acadiens*[2] (1980) de J. Alphonse Devau et *Pélagie-la-Charrette* (1970) d'Antonine Maillet. L'ancien combattant de la liberté est devenu une figure envoûtante de l'histoire acadienne.

"THE ARRIVAL OF THE ACADIANS IN LOUISIANA"©

THE ACADIAN MEMORIAL
A monument to Louisiana's Acadian legacy
EVANGELINE OAK PARK
ST. MARTINVILLE, LOUISIANA

Dans *Pélagie-la-Charrette* de Mme Maillet, un roman qui a été acclamé dans les années 1970, *Beausoleil* est dépeint comme le capitaine du navire *La Grand' Goule* sur lequel sont transportés les Acadiens qui veulent être réunis à leurs familles. Le livre est une fusion de l'imaginaire et du folklore. C'est aussi un exemple des expressions et des attitudes des Acadiens de cette époque[3]. Madame Maillet écrit :

> « Il était vivant, le capitaine Broussard, Broussard dit Beausoleil, maître d'un quatre-mâts anglais rebaptisé la Grand' Goule et de son équipage de rescapés ... si fait, Bélonie, des rescapés, rescapés en plein océan, arrachés à la mer en furie et à leurs geôliers impitoyables par nul autre que Beausoleil, déporté lui aussi d'Acadie. Et Beausoleil Broussard lui-même, vivant corps et âme, saute sur le quai aux pieds de Pélagie et présente son bâtiment à la charrette. L'un après l'autre, les matelots débarquent et s'en viennent secouer les épaules de leurs compatriotes, voisins et cousins ... »

Tout comme le *Beausoleil* fictif de madame Maillet a œuvré pour réunir les Acadiens au Canada, ses vrais descendants en Louisiane ont créé l'Association de la Famille Beausoleil pour réunir plus de 10 000 Broussard pendant le Congrès mondial acadien tenu en 1999, à Broussard, en Louisiane[4]. De plus, sous la direction du président Brian Comeaux, plus de 90 autres familles acadiennes se sont réunies à l'occasion de ce Congrès mondial acadien.

Dans le poème de Bliss Carman « *La vengeance de Noël Brassard – Le conte de l'expulsion acadienne* », Beausoleil est filé par le « Marcheur des neiges » :

> « Oh ! Beausoleil, devant toi s'étend
> La forêt sauvage ; et à tes côtés
> Se tient le mystérieux Marcheur des neiges,
> Pour te suivre, pas à pas,
> Au fond des vallées enneigées[5] ! »

La dernière œuvre littéraire traitant de *Beausoleil* est le roman historique *Three Hills Home,* du romancier à succès Alfred Silver de la Nouvelle-Écosse. Dans ses notes préliminaires, Silver écrit : « Le seul caractère principal qui ne soit pas une création

fusionnée est *Beausoleil.* » Dès les premières lignes du roman,
Beausoleil est présenté de façon dramatique :

> « Dans une ville du sud de la Louisiane se dresse
> un monument de granit au grain de sang, érigé en
> honneur d'un homme mort il y a 200 ans et qui
> avait vécu presque toute sa vie un millier de milles
> plus au nord. Les Britanniques de son époque le
> traitaient de brigand, de criminel et de pirate. Les
> Français le reconnaissaient comme un patriote et
> comme le fondateur de la Nouvelle Acadie. Mais
> aucun de ses amis ou de ses ennemis ne l'appelait
> par son nom de baptême, Joseph Brossard ; tous
> l'appelaient Beausoleil[6]. »

Selon Vaughn Madden, directrice générale du Congrès mondial
acadien 2004, il y eut une journée *Beausoleil* le 5 août 2004, au
Festival Fourchu 2004 de Yarmouth, en Nouvelle-Écosse, comme
partie intégrante des activités du Congrès. L'organisateur du Festival, Reg LeBlanc, a déclaré que l'événement annuel avait été
organisé pour honorer l'homme qui « avait été un combattant de
la liberté des Acadiens ».

Beausoleil a mené beaucoup d'Acadiens vers la « Nouvelle Acadie », mais il est mort avant de récolter les fruits de son combat
et de sa persévérance. Cependant, il est révéré aujourd'hui encore,
particulièrement par les Acadiens de la Louisiane[7], pour qui il
est devenu une figure légendaire pour sa bravoure comme chef
de la résistance acadienne en Nouvelle-Écosse et comme chef du
clan Broussard en Louisiane.

Dans le film de Glen Pitre, *Bélizaire – le Cajun*, réalisé en 1985,
Bélizaire, joué par l'acteur Armand Assante, pose comme un
homme sage et un traiteur. Ironiquement, Bélizaire est toujours
en difficulté. La question posée par le film semble être celle-ci :
Si Bélizaire est si malin, pourquoi est-il toujours en de si grandes
difficultés ? Ce thème évoque la complexité de *Beausoleil*. Les
archives historiques nous révèlent plus sur lui que sur tout autre
Acadien. On peut croire que tout ce qui a été dit ou écrit sur lui,
que ce soit bon ou mauvais, contient une part de vérité. Il a été
tour à tour médiateur et militant ; fascinant et exaspérant ; domi-
nateur et conciliant ; admirable et blâmable.

Certains ont élevé *Beausoleil* au statut de mythe. Si l'on repasse
sa vie, on découvre en fait un homme plus vrai que nature, un

homme authentique marqué par son temps et sa patrie et qui a vécu des événements brutaux et humiliants ayant mis à l'épreuve son courage, sa persévérance et son aptitude à survivre. Il avait acquis une réputation de tireur d'élite, mais il était également connu en temps de paix comme une tête brûlée, portée à la violence. Plus tard, il s'est retrouvé dans un milieu sans foi ni loi où la violence engendrait la violence. De là est né le mythe de notre héros. Les Britanniques l'ont trouvé infâme en certaines occasions et conciliant en d'autres. Mais tous sont d'accord pour dire qu'il ne renonça jamais à son but d'empêcher l'assimilation de la culture acadienne par la culture britannique. À cette fin, il poursuivit son engagement jusqu'au bout.

A-t-il atteint son but? Face au choix de demeurer en Nouvelle-Écosse en acceptant l'assimilation à la culture britannique, il prit une décision courageuse et audacieuse: l'expatriation volontaire. En tant qu'émigré, il vit l'occasion de perpétuer la culture acadienne dans un milieu politique plus hospitalier, bien que physiquement plus difficile: la Louisiane. Aujourd'hui, sa mémoire et sa vision perdurent. Il fut véritablement une icône complexe et paradoxale.

La détermination de *Beausoleil* d'empêcher l'assimilation culturelle se retrouve chez ses descendants qui, aujourd'hui encore, continuent d'œuvrer pour préserver la langue française en Louisiane. Il importe de préserver la langue des minorités parce que l'histoire des peuples est toujours codée dans la langue qu'ils parlent. Des éléments tels que la tradition, le folklore, la vision du monde, les croyances religieuses, la généalogie, les méthodes d'agriculture et la gestion des terres sont intégrés dans le français cadien et dans ses expressions familières et idiomatiques. Le français parlé dans le sud de la Louisiane révèle que ces francophones ont vécu à proximité de plusieurs autres ethnies: les premiers colons espagnols de la région, les populations autochtones, les créoles francophones et finalement, les derniers arrivants, les Américains anglophones. Certaines expressions idiomatiques viennent du fait qu'il était possible autrefois d'obtenir des concessions de terre du gouvernement espagnol en Louisiane, et que la chasse, le trappage, l'agriculture et la pêche étaient des occupations importantes. En outre, la cuisine du sud de la Louisiane inclut des plats succulents aux noms indiens ou africains. Si nous perdons la langue française en Louisiane, nous perdrons les trésors de notre histoire.

Il est à espérer que les descendants de *Beausoleil* tiendront compte de l'avertissement donné par Shane K. Bernard dans la conclusion de son récent ouvrage, *Les Cadiens – L'américanisation d'un peuple* :

> « Finalement, l'avenir du peuple cadien demeure incertain. Il peut succomber entièrement au processus d'américanisation ou agoniser indéfiniment aux limites de l'extinction, ou encore renaître à l'épanouissement de l'Âge de l'ethnicité. À tout le moins, l'aptitude instinctive des Cadiens à nager dans le sens du courant va assurer leur survie pour au moins quelques autres générations. Indépendamment de leur langue, de leur culture ou de leur milieu de vie, il est à espérer que les nouvelles générations tiendront compte de l'inscription qui se trouve près de la flamme éternelle du Monument acadien : Un peuple sans passé est un peuple sans avenir[8]. »

Beausoleil était un guerrier provocant à l'esprit indomptable. Les mythes à son sujet abondent : il ne pouvait pas, dit-on, entendre prononcer un nom Yankee sans tomber en frénésie. Il faisait fièrement une marque sur la crosse de son fusil quand il avait tué un soldat britannique ; à sa mort, il y avait 28 marques sur son fusil. Tous ses exploits, toutefois, ne sont pas enregistrés dans les archives[9].

En 2005, les Acadiens vont commémorer le 250e anniversaire de la Déportation des Acadiens. M. Karl J. Hakla, directeur de l'unité acadienne de la Réserve et Parc national Jean Lafitte, au Centre culturel acadien de Lafayette, en Louisiane, est en train d'organiser divers événements. À sa demande, Madame Georgette LeBlanc, une Acadienne de la Nouvelle-Écosse qui est doctorante aux Études francophones à l'Université de la Louisiane à Lafayette, a écrit une pièce dont l'un des personnages principaux est *Beausoleil*. Madame LeBlanc présente ainsi son projet, qui décrit parfaitement la culture acadienne en Louisiane :

> « La déportation acadienne a séparé les familles nombreuses, les amis et les amants. Comme le dit si bien Carl Brasseaux, les Acadiens ont été dispersés tels « des semences au vent ». Si nous pouvons commémorer la déportation à Lafayette, en Louisiane, en août 2005, 250 ans plus tard, c'est

justement parce que des milliers de ces semences ont pris racine dans les bayous de la Louisiane. Ces semences ont grandi pour devenir ce qui est maintenant reconnu de par le monde comme la culture cadienne, une culture vibrante et musicale en plus. »

Que faudra-t-il faire pour maintenir la culture cadienne forte et vivante à l'avenir? Les Acadiens et les Micmacs ont formé une amitié et une alliance durables en Acadie. On peut encore apprendre beaucoup de cette expérience avec les Micmacs, particulièrement à propos de l'assimilation. Aujourd'hui, le peuple L'sitkuk

Leurs mains se touchèrent.

Source : J. Alphonse Deveau, *Le Chef des Acadiens*, Lescarbot, Yarthmouth, Nouvelle-Écosse, 1980, p. 119.

fait partie de la Première Nation micmacque et on les appelle les Micmacs de Bear River. Ils ont vécu dans les comtés de Digby et d'Annapolis en Nouvelle-Écosse depuis des millénaires. Les perturbations causées par les colons européens ont profondément marqué les premiers Micmacs qui ont eu un contact continu avec les Européens. Établie près des sources de Bear River, cette petite communauté autochtone ravive aujourd'hui sa culture, sa langue et son identité. Comme par le passé, les Acadiens et les Micmacs continuent d'aspirer à l'autonomie culturelle. Le défi est fièrement résumé par le chef actuel des L'sitkuk, Frank Meuse Jr, sur la couverture du livre *Lisitkuk – The story of the Bear River Mi'Kmaw Community* écrit par Darlene A. Ricker : « Nous avons enduré l'esclavage, la famine, le génocide et les guerres, mais l'esprit de notre peuple a survécu. Nous avons une dernière bataille à gagner – celle qui nous oppose à nous-mêmes. »

ACADIAN GUERRILLAS — Under the leadership of the two "Beausoleils," Alexandre and Joseph Broussard, a small band of Acadians conducted guerrilla warfare against the British after the dispersal of the Acadians. The British soldiers confiscated the farms, homes and other property of the Acadians, who refused to swear allegiance to the English king. (Drawing by Mary Lenny Perrin)

Source : Mary B. Perrin, *Were Early Acadian Men Really the Docile Type?*, The Daily Advertiser, novembre 1977.

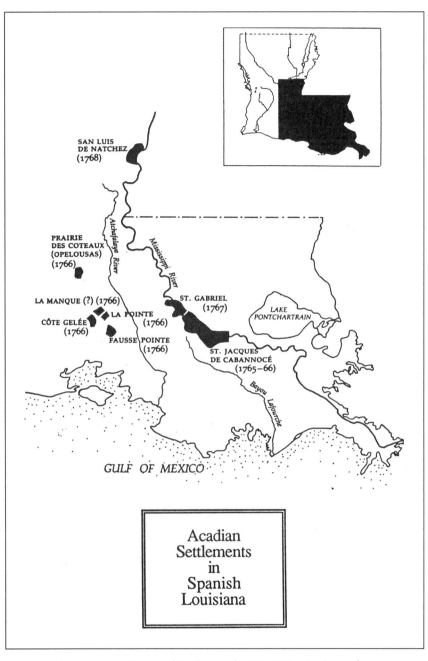

SAN LUIS
DE NATCHEZ
(1768)

PRAIRIE
DES COTEAUX
(OPELOUSAS)
(1766)

LA MANQUE (?) (1766)

CÔTE GELÉE
(1766)

LA POINTE
(1766)

FAUSSE POINTE
(1766)

ST. GABRIEL
(1767)

LAKE
PONTCHARTRAIN

ST. JACQUES
DE CABANNOCÉ
(1765–66)

Atchafalaya River

Mississippi River

Bayou Lafourche

GULF OF MEXICO

Acadian
Settlements
in
Spanish
Louisiana

Source: Carl A. Brasseaux, *Scattered To The Wind, 1755-1809, USL,* Center for Louisiana
Studies, 1991.

Notes

1. Lucius Fontenot, Lafayette, Louisiane, image protégée par marque déposée, tous droits réservés, Copyright © 2004. Commander les T-shirts à l'adresse suivante : Acadian Museum, 203 South Broadway, Érath, Louisiane 70533 ; tél. : 337-233-5832 ou 337-937-5468 ; courriel : acadianmuseum.com. Un jour, Lucius eut l'idée du T-shirt en pensant aux T-shirts portant l'image de Ernesto 'Che' Guevara, le révolutionnaire cubain né en Argentine. Fontenot a expliqué : « *Je ruminais sur le fait que le seul rebelle que nous les Cajuns ayons était ce Beausoleil Broussard et que peu de jeunes connaissent ce mauvais garnement qui combattit les Britanniques.* » C'est ainsi que Fontenot a conçu son T-shirt portant l'image de Broussard. Il ajoute : « *C'est une façon d'intéresser les jeunes à notre culture.* » Au dos du T-shirt, on peut lire : « *Joseph Beausoleil Broussard (1702-1765), chef de la résistance acadienne qui s'est battu vaillamment contre les Britanniques pour empêcher la déportation des Acadiens hors de la Nouvelle-Écosse.* » Après être sorti de prison, Beausoleil a mené les premiers Acadiens en Louisiane où il devint le capitaine de milice du district des Attakapas. R. Reese Fuller, « Talking about a Revolution », *The Independent*, 25 août 2004, p. 27.

2. J. Alphonse Deveau, *Le Chef des Acadiens*, Les Éditions Lescarbot, Yarmouth, Nouvelle-Écosse, 1980, deuxième édition, p. 19. Beausoleil y est décrit combattant un gendarme britannique.

3. Antonine Maillet, *Pélagie-la-Charrette*, BQ, 1990, p. 86.

4. Chris Segura, « La famille Beausoleil Reunion planned in concert with Acadian Congress », *The Daily Advertiser*, 10 décembre 1996.

5. Bliss Carman, *The Vengeance of Noel Broussard – A Tale of the Acadian Expulsion*, The University Press of Cambridge, Massachusetts, 1919, p. 13.

6. Alfred Silver, *Three Hills Home*, Nimbus Publishing Ltd, Halifax, Nouvelle-Écosse, 2001, p. 2. Silver et l'auteur ont donné conjointement une conférence sur Beausoleil à la Réunion de la famille Broussard au village de Pomquet, comté d'Antigonish, Nouvelle-Écosse, du 11 au 13 août 2004, à l'occasion du *Congrès mondial acadien 2004*. Sheila Broussard, présidente de l'Association de la Famille Broussard, était l'organisatrice principale de l'événement, qui coïncidait avec la célébration au Canada du 400e anniversaire de l'arrivée des colons français en Amérique du Nord.

7. James P. Louvière, Ph. D., New Iberia, Louisiane, a composé une chanson intitulée *Hey, Hey, Beausoleil !* dédiée à « *Joseph Broussard, chef de la résistance à l'invasion de l'Acadie par les Britanniques* ». Arrangements et transcription par Sarah Roy.

8. Shane K. Bernard, *The Cajuns : Americanization of a People*, University Press of Mississippi, Jackson, Mississippi, 2003, p. 150.

9. *Ibid.*, note de bas de page 12, p. 87.

9

Le clan des Broussard en Louisiane

L es Broussard constituent de nos jours l'un des plus importants clans d'origine française en Louisiane[1]. Le nom est rare dans les régions acadiennes des provinces Maritimes du Canada, mais on le retrouve au Québec où un nombre important de ces familles s'est réfugié après la Déportation. En Louisiane, plus de la moitié des familles Broussard vit encore dans la région du bayou Tèche, partie de l'ancien district des Attakapas où leurs ancêtres réfugiés de l'Acadie se sont établis il y a 250 ans. En 1952, Harry Lewis Griffin, doyen émérite du collège des Arts libéraux de l'Institut du sud-ouest de la Louisiane, maintenant devenu l'Université de la Louisiane à Lafayette, a décrit comme suit la migration acadienne dans le secteur:

> « Les familles furent abritées dans des camps temporaires en attendant que les commandants responsables leur assignent des terres. Ces nouveaux venus furent bien accueillis par les autorités françaises et espagnoles qui leur accordèrent toute l'assistance requise pour obtenir des terres convenables sur lesquelles s'établir et démarrer une nouvelle vie. De 1765 à 1780 et même jusqu'en 1788, il y eut un flot continu de ces Acadiens en provenance de Saint-Domingue, de la Guyane, des ports de la Nouvelle-Angleterre et même de France où beaucoup avaient trouvé un refuge temporaire. Ces gens industrieux se répandirent dans le sud et le sud-ouest de la Louisiane où, pendant de nombreuses années, ils formèrent le gros de la population de ce secteur. Dès 1780, il y avait 2500 Acadiens; en 1790, 4000; et au début des années 1900, ils étaient entre 40000 et 50000. Sur leurs nouvelles terres, ils s'engagèrent dans l'agriculture et dans l'élevage sur une grande échelle comme ils avaient fait en Acadie; ils ont aussi diligemment préservé

leurs coutumes, leurs traditions et leur langue en toute fidélité[2]. »

En conséquence de l'Accord d'Hauterive, les frères Broussard se sont lancés dans l'occupation qui deviendra la marque de beaucoup de Broussard et d'autres familles acadiennes du sud-ouest de la Louisiane : l'élevage du bétail. Bien que *Beausoleil* et Alexandre soient tous deux décédés peu après leur arrivée, dès les années 1770, plusieurs de leurs fils avaient fermement établi le clan Broussard dans le territoire des Attakapas.

Même si la Louisiane était devenue officiellement une colonie espagnole tard au xviiie siècle, le gouvernement français continuait d'exercer une grande influence et dirigeait les immigrants acadiens vers le poste des Attakapas et le district des Opelousas. Ce dernier comprenait les paroisses actuelles de Saint-Landry, d'Acadie, de Jeff-Davis, de Calcasieu, de Cameron, de Beauregard, d'Allen et d'Évangéline.

Ce n'est qu'en 1769 que le gouvernement espagnol prit le contrôle formel du territoire en y installant un gouverneur ; le drapeau espagnol flotta alors sur toute la Louisiane, y compris le territoire des Attakapas. Pendant les trois décennies de souveraineté espagnole, la composition ethnique de la Louisiane s'est élargie pour inclure des Acadiens, des gens des îles Canaries, des réfugiés français de la révolte haïtienne, un grand nombre d'esclaves africains et notablement des colons anglophones en grand nombre[3]. L'arpenteur et ingénieur militaire, Louis Andry, qui accompagnait les Acadiens dans le secteur, reçut des instructions du gouverneur pour travailler avec *Beausoleil* afin de faire les plans d'un village doté d'une commune. Les terres sises au-delà de la commune devaient être concédées aux Acadiens en lots de taille proportionnelle à la taille des familles. Mais les Acadiens têtus ne tinrent aucun compte du plan et s'établirent sur des lots très dispersés.

Les terres tenues initialement par les Broussard s'étendaient vers l'ouest depuis Saint-Martinville sur le bayou Tèche jusqu'au bayou Vermillon, y compris une partie des collines de la Côte-Gelée où les premiers Acadiens établirent le camp Beausoleil[4]. Dès 1766, soit un an après leur arrivée, quelques-uns des fils de *Beausoleil* avaient établi leur maisonnée dans le secteur alors nommé bayou Tortue entre les rivières Tèche et Vermillon. Les autres enfants de *Beausoleil* qui s'y établirent étaient Raphaël (marié à Rose LeBlanc en 1754), Joseph dit Petit Joseph (marié à Anastasie LeBlanc en

1755, puis à Marguerite Savoie en 1767) et Amand (marié à Hélène Landry en 1771, puis à Anne Benoît en 1775). Trois fils et peut-être même deux petits-fils d'Alexandre se sont établis près du bayou Tèche à La Pointe en amont de Saint-Martinville. Dès 1774, la plupart des familles Broussard avaient acquis d'importants troupeaux de bétail ainsi que des chevaux et des porcs.

Lorsque la guerre éclata entre les colons américains et les Britanniques, les Acadiens en profitèrent pour prendre une revanche longtemps attendue sur les Britanniques. Pendant la Guerre de l'Indépendance, des miliciens acadiens louisianais, appuyés de soldats disparates attroupés par le gouverneur espagnol Bernardo de Galvez, ont pris Mobile, Pensacola, Bâton-Rouge et Natchez aux Anglais. Ces actions menées pendant la Révolution américaine ont valu le titre de patriote aux miliciens acadiens qui y avaient participé. Le nom de plusieurs de ces miliciens acadiens est gravé sur une plaque au Village acadien de Lafayette en Louisiane.

En 1773, Gabriel Fuselier de la Clair était commandant du district des Attakapas. Le 16 mai 1773, il signait un document confirmant une entente entre 53 Acadiens visant la construction de la première église du Poste des Attakapas, aujourd'hui Saint-Martinville, en Louisiane. Les signataires étaient probablement les chefs de famille du secteur. Le 30 octobre 1774, selon le commandant espagnol de l'époque, le chevalier Alexandre Declouet, le recensement énumérait 73 chefs de famille dans le district des Attakapas[5].

Au début de la décennie 1820, les Broussard étaient concentrés surtout dans trois secteurs proches du site de l'établissement initial : à Fausse-Pointe sur le bayou Tèche près de l'actuel Nouvelle Ibérie où 16 familles exploitaient des fermes ; le long de la rivière Vermillon dans les paroisses de Lafayette et de Vermillon où l'on comptait 13 fermes ; et à la Côte-Gelée près de la ville de Broussard où il y avait cinq familles. De plus, trois familles s'étaient établies sur les rives du bayou Tèche à Grande-Pointe, près de l'actuel Pont-Breaux ; deux familles près de Saint-Martinville, trois familles le long du bayou Petite-Anse près de l'île Avery, une famille à Lac-Peigneur (paroisse d'Ibérie) et une famille à Prairie-Sorrel.

Lorsque les Acadiens se sont établis en Louisiane, ils avaient déjà l'expérience de l'élevage et ils furent immédiatement conscients du riche potentiel des herbages des prairies comme nourriture pour le bétail. Plusieurs des éleveurs du secteur amenaient leurs troupeaux dans les marais de la paroisse de Vermillon durant l'hiver pour tirer profit des riches pâturages. Au printemps, les bestiaux étaient embarqués sur des barges et ramenés au ranch. Cette photo prise vers 1920 montre le vacher cadien Alphé Broussard et sa future épouse Odile Cade rassemblant leur bétail dans les collines de Mulberry au sud de la paroisse de Vermillon. Source : photo, courtoisie de Charles Broussard.

Une affiche électorale de J. Maxie Broussard utilisée pendant sa campagne politique victorieuse de 1962 pour un poste au Conseil scolaire de la paroisse de Lafayette. Il a servi au Conseil scolaire de 1962 à 1978.

L'ancien président de la famille Broussard, J. Maxie Broussard, au centre, devant sa maison, près de Youngsville, en Louisiane, en 2002, avec ses petits-fils, (g. à d.) Beau Broussard, Byron Luke Broussard, David Taghehchian, et Matthew Taghehchian. J. Maxie Broussard est décédé le 27 juin 2004.

Photographie par Kermit Bouillion.

Une réunion de famille des descendants de Dua Broussard et de Laura Simon
tenue chez J. Maxie Broussard en mai 2002.

Le monument de la ville de Broussard dédié
à Beausoleil, conçu par Maxime Duhon
photographié en 2004 par l'auteur.

Au XIXe siècle, il est probable que ces familles produisaient ce dont ils avaient besoin pour se nourrir, cultivaient l'indigo et la canne à sucre. En 1812, le fils d'Alexandre, Pierre Broussard, marié à Marie Melançon en 1776, exploitait sa plantation sur le bayou Tèche avec 42 esclaves. Son cousin, le fils de *Beausoleil*, Amand, marié à Hélène Landry en 1771, avait 22 esclaves à Fausse-Pointe. Jusqu'à la guerre de Sécession, plusieurs familles Broussard ont continué d'exploiter des plantations sur les rives du bayou Tèche. Les descendants de Pierre ont d'ailleurs maintenu la vieille plantation familiale « *Marie Louise* » à Fausse-Pointe jusqu'à vers la fin du XXe siècle. Tout comme leurs voisins, les Broussard qui s'étaient établis sur les rives de la rivière Vermillon s'occupaient aussi bien d'agriculture que d'élevage. Pendant le dernier quart du XVIIIe siècle, plusieurs familles Broussard acquirent des propriétés le long de la rivière Vermillon au nord de l'actuel Abbeville. Par exemple, les fils de *Beausoleil*, François, marié à Pélagie Landry en 1770, et Claude, marié à Louise Hébert en 1772, s'y étaient établis à la fin des années 1780. François revendiqua les droits sur une étendue de 1000 acres de prairie pour y établir une vacherie. Dès 1850, la paroisse de Vermillon était devenue l'un des lieux principaux d'établissement des Broussard dans l'ancien territoire des Attakapas[6]. Plusieurs familles s'étaient alors établies dans la paroisse de Calcasieu, les unes comme fermiers le long de la rivière Mermentau inférieure, les autres comme vachers dans les prairies. En 1850, Dosité Broussard, probablement un arrière-arrière-petit-fils de *Beausoleil*, était l'un des vachers de Calcasieu qui possédait 1800 bestiaux.

Plus récemment, plusieurs Broussard ont contribué au développement de l'industrie moderne de l'élevage au sud de la Louisiane, par exemple, Joseph E. Broussard qui démarra le ranch du « *J volant* » à l'île aux Vaches, dans la paroisse de Vermillon. Son fils, Alphé, a développé des techniques innovatrices pour l'élevage dans les prairies cadiennes. Dans la décennie 1930, il a collaboré avec le gouvernement fédéral à mettre sur pied le programme de test « Bang » et il a importé le premier troupeau de bétail de race charolaise. C'est le fils d'Alphé, Charles, qui exploite le ranch actuellement.

Bien que le bayou Tèche eût été au cœur de l'établissement des Broussard en Louisiane, d'autres secteurs ont aussi vu apparaître des Broussard au XVIIIe siècle. En 1769, deux frères, Firmin et Jean Broussard, se sont établis sur la rive est du Mississippi dans la paroisse d'Ascension. Ils étaient fils de Jean Broussard et d'Anne Landry, déportés d'Acadie vers le Maryland en 1755. On ne sait pas comment ni quand ces Broussard sont arrivés en Louisiane, mais ils ont démarré une petite branche de la famille Broussard et sont demeurés sur les rives du Mississippi dans les paroisses d'Ascension, d'Iberville et de Saint-Jacques, jusque vers la fin du XIXe siècle.

Deux autres frères, Charles et Jean Broussard, étaient issus d'un groupe de 1600 réfugiés exilés en France qui sont arrivés en Louisiane en 1785. Charles était accompagné de sa deuxième épouse, Euphrosine Marriot et de quatre fils. Ses fils François et Pierre se sont établis le long du Mississippi dans la paroisse de Bâton-Rouge-Ouest où leurs descendants possédaient encore des terres en 1858. Ses fils Jean, Charles et Dominique s'établirent dans les paroisses de Lafourche et Assomption, et leurs descendants se sont déplacés vers la paroisse de Terrebonne dans la décennie 1820. Au milieu du XVIIIe siècle, cette branche de la famille s'était éteinte ou avait déménagé ailleurs. La deuxième famille venue de France, celle de Jean Broussard et de Marguerite Comeau, n'avait qu'un fils, Jean-Baptiste, qui s'était joint dès 1790 aux autres Broussard dans le district des Attakapas. Les descendants de Jean-Baptiste se sont établis dans les paroisses de Lafayette et de Vermillon[7].

Finalement, pendant le XIXe siècle, une petite lignée de Broussard a vécu dans la paroisse des Avoyelles. Un certain Louis Broussard, possiblement parent avec les Broussard du bayou Tèche, s'est établi à Grande-Prairie près d'Opelousas, mais avant 1795 il avait acheté des terres à Avoyelles. Entre les années 1810 et 1820, trois de ses fils, Maximilien, Joseph et Jean-Baptiste, avaient fondé des familles dans ce secteur. Leurs descendants sont sans doute les Broussard de la paroisse actuelle d'Avoyelles.

À l'occasion du Congrès mondial acadien tenu en Louisiane en 1999, les Broussard de Louisiane se sont incorporés le 10 décembre 1996 sous la raison sociale *La Famille Beausoleil Broussard Association*[8] comme le firent 75 autres familles acadiennes. Son premier président fut Errol B. Broussard, qui est mort tragiquement dans un accident d'avion le 10 août 1999. J. Maxie Broussard lui succéda et mourut le 27 juin 2004. Les autres directeurs de l'organisation sont: Charles Broussard, vice-président, et Don Louis Broussard, secrétaire-trésorier.

La ville de Broussard en Louisiane a été nommée en l'honneur de Valsin Broussard, un descendant de *Beausoleil*. Pour commémorer le Congrès mondial acadien Louisiane 1999, la ville de Broussard, sous l'égide du maire Charles Langlinais, a érigé le 31 juillet 1999[9] un monument conçu par Maxine Duhon en l'honneur de *Beausoleil* et d'Alexandre. Brent Broussard, le président de *La Famille Beausoleil Broussard Association*, et plusieurs autres membres des familles Broussard ont contribué à l'érection de ce monument. La brochure de la ville de Broussard intitulée «*Beausoleil Broussard - Une tournée en voiture*» retrace brièvement l'historique de la contribution des Broussard à la région. En 1997, la *Famille Beausoleil Broussard Association*, avec l'appui des *Jaycees of Acadiana Inc.* ont commandité la conception d'un écu commémoratif par l'artiste cadien Floyd Sonnier en l'honneur de *Beausoleil*. L'écu est accompagné de la mention suivante:

> «Cet écu en argent fin honore Joseph Broussard dit Beausoleil et sa contribution à notre région. De 1755 à 1758, Joseph a mené une petite bande d'Acadiens dans un vaillant effort pour expulser les Britanniques de l'Acadie, l'actuelle Nouvelle-Écosse. Après plusieurs années d'emprisonnement, il est arrivé à la Nouvelle-Orléans et fut nommé capitaine de la milice du district des Attakapas, l'actuel Saint-Martinville. Joseph Broussard dit Beausoleil fut inhumé le 20 octobre 1765 au camp Beausoleil peu après son arrivée en Louisiane.»

Les Broussard, tout comme les Cadiens en général, se sont illustrés dans plusieurs domaines. Mentionnons Isaac Broussard, shérif de la paroisse de Lafayette ; Théodore « T Lazair » Broussard, shérif de Saint-Martinville ; Claude Broussard, shérif de la paroisse de Vermillon ; les sénateurs : Robert 'cousin Bob' Broussard et Edwin Broussard (Nouvelle Ibérie) ; les surintendants des conseils scolaires de la paroisse de Vermillon, Lastie O. Broussard, Joseph 'Joey' Hébert (Henry) et Ray Broussard (Abbeville) ; les éducateurs James F. Broussard[10], professeur à LSU (Bâton-Rouge) ; Richard Guidry, ministère de l'Éducation de la Louisiane (Gueydan) ; Mark Rees, archéologue UL (Lafayette) ; Dr Doris A. Broussard Bentley, UL (Lafayette) ; Steve Langlinais UL (Érath) ; RF et Billie Wayne Broussard (Abbeville) ; James P. Louvière, professeur de physique (Nouvelle Ibérie) ; Connie Broussard Hébert (Henry) ; Numa Broussard (Érath) ; Teddy Broussard (Érath) ; Inez LeBlanc Vincent (Érath) ; Harold 'T-Beb' Broussard (Abbeville) ; Alton E. Broussard, professeur de journalisme UL (Lafayette) ; Una B. Evans (Abbeville) ; Nellie Broussard (Érath), Celvie Thibodeaux (Érath), Earlene Broussard, professeur de français, LSU (Kaplan) et le Dr Vaughn Baker Simpson, ancien doyen du département d'histoire, UL Lafayette.

Les avocats : Lastie O. Broussard Sr (Abbeville), J. Weldon Granger (Houston), Catherine Mills (Nouvelle-Orléans), Richard Broussard (Lafayette), Hal Broussard (Lafayette), Tom Angers (Lafayette), Lavelle Broussard (Abbeville), Dwayne Broussard (Lafayette), André 'Andy' Broussard (Bâton-Rouge), Melissa Broussard (Lafayette), Bob Broussard (Lafayette), Craig Broussard (Lafayette), Mariana Broussard (Lafayette), Troy Broussard (Lafayette), Marcus Broussard Sr (Abbeville), Bart Broussard (Abbeville) et Jeanne Perrin (Henry).

Les artistes Jay Broussard (Nouvelle Ibérie), Gabe Mills (Lafayette), Mary Léonise Broussard Perrin (Lafayette) et Kathy Broussard Richard (Abbeville). Les présidents des conseils scolaires de la paroisse de Lafayette : J. Maxie Broussard (Lafayette) et Beverly Broussard Wilson (Lafayette). Les colonels Sans Broussard (Maurice), Deanna Marie Brasseur, pionnière de l'aviation (Ottawa, Ontario, Canada), et le brigadier-général Curney J. Dronet (Érath).

Les maires Don Louis Broussard (Saint-Martinville), Valsin Broussard (Broussard), Robert Brady Broussard (Abbeville), Young Broussard (Abbeville), Aaron Broussard (Kenner), et Alcide 'Red' Broussard (Érath). Les élus Mark Poché, président du Jury de police de la paroisse de Vermillon (Érath) ; Ernal Broussard (Abbeville) ; Paul Ed Broussard (Abbeville) ; Charles 'Coco' Broussard, conseiller d'Érath ; Minos Broussard, Jury de police de la paroisse de Vermillon ; Hubert Broussard, conseiller d'Érath ; Guy Broussard (Abbeville) ; Paul Poché, constable d'Érath ; Robert 'T-Bob' Domingues, conseiller d'Érath ; Jimmy Domingues, registraire des électeurs de la paroisse de Vermillon ; Robert Vincent, maire intérimaire d'Érath ; le juge Marcus A. Broussard Jr et son fils, le juge Edward Broussard (Abbeville). Les greffiers de la paroisse de Vermillon, Polycarp Broussard (Abbeville), Todd Doré (Érath) et Diane Meaux Broussard (Abbeville). Les assesseurs de la paroisse de Vermillon, Daniel Broussard (Maurice), Jules Broussard (Abbeville) et Gilles Broussard (Abbeville). Les médecins Dr Jérome Broussard (Lafayette), A. C. Broussard (Welsh), Émile Broussard (Abbeville), Thad Broussard (Bâton-Rouge), Mitchell Dugas (Lafayette), Alan Broussard (Lafayette), John Thibodeaux (Érath), Bart Broussard (Lafayette) et Richard Broussard (Lafayette) ; le dentiste Craig Landry (Lafayette).

Coat of Arms

Broussard

Historiographie

Le blason des Broussard illustré à la page précédente a été conçu par un héraldiste à partir de l'information retrouvée dans des anciennes archives héraldiques. La documentation du blason des Broussard se trouve dans l'ouvrage <u>Rietstap Armorial General</u>. Les anciens héraldistes ont développé un vocabulaire unique pour décrire un blason. Dans leurs mots, ce blason se décrit ainsi :

> « D'argent à un écusson de gueules en abyme, accompagné de huit grenades d'azur, allumées du même, rangées en orle. »

En langue ordinaire, le blason expose les couleurs originales des armes des Broussard telles qu'elles apparaissaient il y a plusieurs siècles.

L'on croit que les devises de famille étaient originalement les cris de guerre de la période médiévale. Une devise n'a pas été enregistrée avec ce blason des Broussard. Les noms de famille ont été créés pour clarifier l'identité des gens. Les quatre sources principales de ces noms sont : le métier, le milieu, le nom du père et les caractéristiques personnelles. Le nom Broussard est typique de cette origine ; on croit qu'il signifie en français « celui dont les cheveux sont broussailleux ». Le feuillet qui accompagne ce texte vous donne plus d'information pour vous permettre de comprendre l'origine des noms. Il est courant de voir plusieurs épellations d'un même nom. Les dictionnaires de noms indiquent que les différentes épellations du nom Broussard sont peu nombreuses. Certaines personnes qui ont porté ce nom lui ont assuré une place dans l'histoire. Nommons : EDWIN SIDNEY BROUSSARD (1874-1934). D'abord instituteur dans les écoles publiques de la Louisiane, il servit ensuite pendant la Guerre américano-espagnole. Il fut élu deux fois comme magistrat fédéral et aussi comme sénateur de 1921 à 1933.

NOËL MATTHIEU BROUSSARD (né en 1789). Écrivain français, il a publié la « Théorie des sons musicaux » à Paris en 1847, un traité sur la variabilité des tons selon la modulation.

SABASTIEN DE BROUSSARD (1654-1730). Musicien français ; sa bibliothèque musicale était l'une des plus précieuses de son temps. Il écrivit six ouvrages sur les « Airs sérieux et à Bourrée », deux volumes d'« Élévations et Motets » comprenant des pièces pour le luth, le violon, des sonates et de la musique de chambre.

JAMES FRANCIS BROUSSARD (né en 1881). Il a étudié à l'Université de Paris et reçu son doctorat à l'Université de Montréal. Il est l'auteur de « Les éléments de la prononciation française » et de plusieurs autres œuvres notables dans le domaine de la linguistique.

Ce texte ne prétend pas avoir de valeur généalogique et il ne présente pas votre lignage ni votre arbre généalogique.

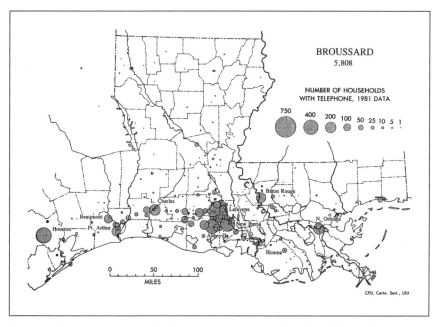

Source : Robert C. West, *An Atlas of Louisiana Surnames of French and Spanish Origin*, Geoscience Publications, LSU.

Les musiciens Bonnie Broussard (Henry), l'accordéoniste Earl Broussard (Érath), le chanteur Marc Broussard (Carencro) et son père Ted Broussard (Lafayette), Steve Broussard (Abbeville), Stephen 'Sam' Broussard, musicien nommé pour un Grammy (Lafayette), et Natial d'Augereau, de *Renaissance Cadien* (Henry) ; les athlètes Terry Perrin, champion national d'haltérophilie collégiale à l'UL Lafayette (Nouvelle-Orléans), Glenn Viltz, champion de culturisme (Lafayette), Randall 'Chip' Perrin II, haltérophilie à l'UL Lafayette (Henry), Alley Broussard, footballeur à LSU (Lafayette), Dr Marty Broussard, entraîneur d'athlètes à LSU (Abbeville), Ron Guidry, lanceur des Yankees de New-York (Carencro), Gérald Broussard, footballeur à l'UL Lafayette (Lafayette), Rickey Broussard assistant instructeur de ballon-panier à LSU (Meaux), Ben Broussard, joueur de baseball des Indians de Cleveland, Billy Broussard, en piste et pelouse à UL Lafayette (Lafayette), Terrance Broussard, instructeur en athlétisme à UL Lafayette, Amy Broussard, meneuse de claque à UL Lafayette (Érath), Keesha Broussard, équipe de danse à UL Lafayette, Phyllis Broussard, joueuse de ballon-panier à UL Lafayette, Patrick Broussard, footballeur à l'UL Lafayette, Donnie Broussard, joueuse de ballon-panier à UL Lafayette, P.D.

Broussard, footballeur à l'UL Lafayette, Ed 'Parrain' Domingues, en piste et pelouse à l'UL Lafayette (Érath), les frères Kevin et Ken Meyers, baseballeurs à l'UL (Abbeville), Paul Broussard, instructeur (Érath), Dale Broussard, joueur de ballon-panier à l'UL Lafayette (Maurice), Jimmy Poché, footballeur à l'UL Lafayette (Érath), Éric Mouton, joueur de ballon-panier à l'UL Lafayette (Abbeville), Rhett Hébert, joueur de ballon-panier de l'UL Lafayette (Henry), Ronald Broussard, instructeur de ballon-panier (Maurice), Brady Mouton, joueur de baseball à l'UL Lafayette (Abbeville), Corey Broussard, joueur de ballon-panier à l'UL Lafayette (Maurice) ; les jockeys Clarence « Crépain » Broussard (Henry), Lawless Broussard (Abbeville) et Kelly Broussard (Nouvelle-Orléans) et le boxeur professionnel « Bad » Chad Broussard (Rayne).

Les hommes d'affaires Sam Broussard (Nouvelle Ibérie), Justin Broussard (Abbeville), les banquiers Roy Broussard (Abbeville), Richard A. Broussard (Abbeville), Michael "Mickey" Broussard Sr (Abbeville), Michael Broussard Jr (Abbeville), Elwood "T-Boy" Hébert de la *Patriot Chemical* (Kenner), Bobby Broussard (Broussard), Noe R. Broussard de Broussard Brothers inc. (Abbeville), Russell Gary (Abbeville), Claude Broussard (Abbeville), Allen Broussard (Abbeville), Michael P. Broussard (Abbeville), Jean Edmond Broussard Jr, fondateur de *Bruce Foods* (Broussard), David. G. Broussard (Henry), le photographe Ed Broussard (Lafayette), Donald Ray Dugas de *Don's Boat Landing* (Henry), le courtier d'assurances Wally Broussard (Lafayette), Mélanie Perrin du *US Internal Revenue Service* (Washington, DC), Asa W. Broussard (Lafayette), Mark Broussard (Abbeville), John C. Broussard (Broussard), David B. Dronet, transport maritime (Érath), Lynwood Broussard (Lafayette), Jody Dronet (Érath), le banquier Léo Broussard (Lafayette), Mike Landry, dessinateur d'intérieur (Lafayette), le photographe Lynn Broussard (Abbeville), l'experte en budget gouvernemental Joan Marie Broussard (Sainte-Lucie), et le conseiller financier Stan Broussard (Lafayette).

Les journalistes Chris Segura (Abbeville), Marcelle Bienvenu (Saint-Martinville), le fondateur du magazine *Acadiana Profile,* Robert Angers Sr, et son fils Trent Angers, éditeur du même magazine (Lafayette) ; les architectes Andrew Perrin (Lafayette) et James Broussard (Lafayette) ; l'expert en agriculture et en élevage et parrain de CODOFIL, Charles Broussard (Abbeville), Aristide Broussard (Henry), Kern Broussard (Henry), Cleve Thibodeaux

(Érath), Ross Hébert (Henry), Éluse Dugas (Érath), Rodney Dugas (Érath), Dale Broussard du ministère américain de l'Agriculture (Érath), Jack R. Broussard Jr de *Broussard Feeds* (Lafayette), Alfred Baudoin (Henry), Joseph «Jo Jo» Baudoin (Abbeville), Perfay Broussard (Érath), Mark Broussard (Érath), Wilfred Langlinais (Érath), C. B. Vincent (Henry), Édier Bares (LeBlanc), Howard Broussard (Érath), Émile Thibodeaux (Abbeville); les ingénieurs Earl Thibodeaux (Lafayette), Huey Perrin (Lafayette), Mike Guidry (Lafayette), Allen Bares (LeBlanc) et Van Perrin (Houston).

Dans l'industrie pétrochimique: Julien Hinckley (Henry), J.C. Broussard (Érath), Corbet Domingues (Érath), Gérald Broussard (Abbeville), Randall Perrin (Henry) et Jonas Perrin (Henry), Dennis Broussard (Érath), Oswald Broussard (Érath), et Tim Morton (Lafayette); les infirmières Nina Perrin (Henry), Emily Broussard Lanoix (Lafayette) et Natalie Thomas (Nouvelle-Orléans); le co-fondateur du Monument acadien Pat Resweber (Saint-Martinville), le président Cindy D. Maraist (Lafayette), la directrice Brenda Comeaux Trahan (Lafayette), les activistes culturels Isabelle Pointer (Madison, Mississippi), Inez Gauthier (Saint-Martinville), l'animateur radio Alton «Skip» Broussard (Dallas) et l'activiste créole afro-américain John Broussard (Lafayette). Les révérends Rex Broussard (Lafayette), Richard Broussard, Henry Broussard, Warren Broussard, Paul Broussard et monseigneur Richard Broussard; et les vétérinaires Dr Sammy Thibodeaux (Érath) et George P. Broussard (Nouvelle Ibérie).

De nos jours, la famille Broussard est présente principalement dans la paroisse de Vermillon. Cette situation est mise en évidence par les actes de cession de propriété dans les greffes de la cour: l'index des B des archives indique qu'il y a un volume distinct pour les Broussard. Les paroisses de Lafayette et d'Ibérie ont beaucoup de résidents nommés Broussard, tout comme les paroisses de Calcasieu, de Bâton-Rouge-Est et d'Orléans[11]. Les Broussard continuent d'être fiers de se dire Cajuns, une appellation qui indique une combinaison d'ascendance acadienne, de résidence dans le sud-ouest de la Louisiane et une différenciation certaine des groupes avoisinants tels que les blancs anglos, les hispanophones, les afro-américains et les autochtones[12].

« L'index of Conveyances » de la paroisse de Vermillon requiert deux volumes pour les noms commençant par B. La photo de gauche montre la couverture de l'index pour tous les noms sauf Broussard ; celle de droite montre la couverture de l'index pour les Broussard.

Famille d'Aristide Broussard vers 1905 :
en avant, Leta, Aristide, Lubria, Léontine, Rose (sur les genoux de Léontine) et Sulie ;
en arrière : Nolia, Aliface, Ella et Policarp. Léta était la grand-mère paternelle de l'auteur.

Théogène Broussard et Victorine Broussard,
parents de Léontine Broussard, arrière-grand-mère paternelle de l'auteur.

Émile E. Broussard et Ursule Dronet Broussard,
parents d'Aristide Broussard et arrière-arrière
grands-parents paternels de l'auteur.

Le bar Trahan-Broussard à Érath
en Louisiane vers 1900. Reproduction
des archives du Musée acadien
par Kermit Bouillion.

En 1932, Nicolas « Nic » Broussard, âgé de 76 ans, alla en boghei tiré par un cheval
de Érath à Washington, D.C., porter un coq au président des États-Unis
nouvellement élu, pour manifester son appui au Parti Démocrate.
Le coq était alors l'emblème du Parti Démocrate.

Ella Mae Broussard Perrin
et Perfay Broussard,
mère et oncle de l'auteur.

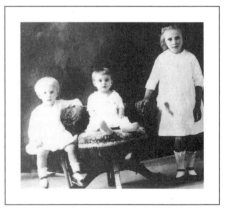

Perfay, Ella May (mère de l'auteur)
et Effie, enfants de Clairville Broussard
et Anatial Metrejean.

Nolia Broussard Thibodeaux, grande-tante de l'auteur, née le 2 octobre 1892, décédée le 26 juillet 1982.

Les enfants de Aristide Broussard et Leontine Broussard; assis de gauche à droite : Nolia, Policarp, Ella et Alice ; debout : de gauche à droite : Rose, Lubria, Leta (grand-mère paternelle de l'auteur) et Sulie.

De gauche à droite : Leta Broussard Perrin (grand-mère de l'auteur), Henry L. Perrin (père de l'auteur) Henry M. Perrin (grand-père de l'auteur), Jonas Perrin (oncle de l'auteur) et Edez Perrin Vincent (tante de l'auteur).

Anatial Metrejean (grand-mère maternelle de l'auteur)
fut mariée deux fois : d'abord à Phalicia Roberts, et de leur union naquirent :
Gaston, Joseph, Ada Roberts Segura, Louvenia Roberts Guitry, Nolie Roberts Menard
et Adia Roberts Gary ; puis à Clairville Broussard dont elle eut trois enfants :
Effie Broussard Bares, Perfay Broussard et Ella Mae Broussard Perrin (mère de l'auteur).

Clairville Broussard (grand-père maternel de l'auteur)
s'est mariée à trois reprises : d'abord avec Emma Ménard, dont il eut quatre enfants :
Elva, Carsaday, Elvie et Gertrude ; puis à Marie-Elmire Champagne Bourgeois ;
et enfin à Anatial Metrejean dont il eut trois enfants : Effie Broussard Bares, Perfay
et Ella Mae Broussard Perrin (mère de l'auteur).

Errol Brent Broussard, le premier président
de l'Association de la Famille Beausoleil, mourait
dans un tragique accident d'avion, le 10 août 1999.

En 2002, Ella Mae Broussard Perrin, mère de l'auteur (au centre),
entourée de quelques-uns de ses petits-enfants, Rebecca Perrin Ouellet,
Bruce H. Perrin et Andrew E. Perrin, enfants de l'auteur.

Nicolas Jean Ouellet,
né à Lafayette le 17 mars 2000,
fils de Jean Ouellet, originaire du Québec, et
de Rebecca Perrin Ouellet, fille de l'auteur,
est de la dixième génération des descendants
de Beausoleil en Louisiane.

Mary Leonise Broussard Perrin,
fille de Alton E. et Mary Broussard
et épouse de l'auteur et descendante
de Beausoleil.

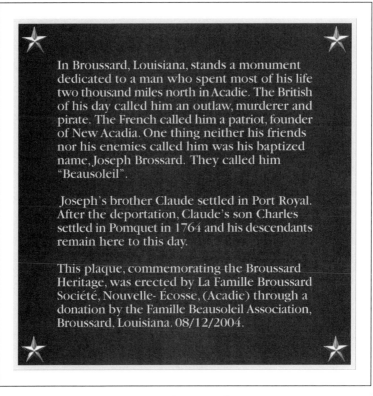

In Broussard, Louisiana, stands a monument dedicated to a man who spent most of his life two thousand miles north in Acadie. The British of his day called him an outlaw, murderer and pirate. The French called him a patriot, founder of New Acadia. One thing neither his friends nor his enemies called him was his baptized name, Joseph Brossard. They called him "Beausoleil".

Joseph's brother Claude settled in Port Royal. After the deportation, Claude's son Charles settled in Pomquet in 1764 and his descendants remain here to this day.

This plaque, commemorating the Broussard Heritage, was erected by La Famille Broussard Société, Nouvelle- Écosse, (Acadie) through a donation by the Famille Beausoleil Association, Broussard, Louisiana. 08/12/2004.

Texte du Mémorial

En 2004, Sheila Broussard,
présidente de la réunion de la Famille Broussard,
durant le Congrès mondial acadien de 2004, recevant
le Mémorial Broussard à Pomquet, Nouvelle-Écosse.

Le 9 août 2004, durant les célébrations du «Retour des Cajuns à Grand-Pré»
du Congrès mondial acadien de 2004, l'auteur avec la Proclamation royale, qui est en
montre dans l'église du Parc historique de Grand-Pré, à Grand-Pré, Nouvelle-Écosse.
Photographie de Kermit Bouillion.

Le 11 août 2004, durant la réunion de la Famille Broussard à Pomquet, Nouvelle-Écosse,
Charles Broussard, vice-président de l'Association de la Famille Beausoleil de la Louisiane,
décernant le Prix Beausoleil 2004 à l'auteur.
Photographie par Kermit Bouillion.

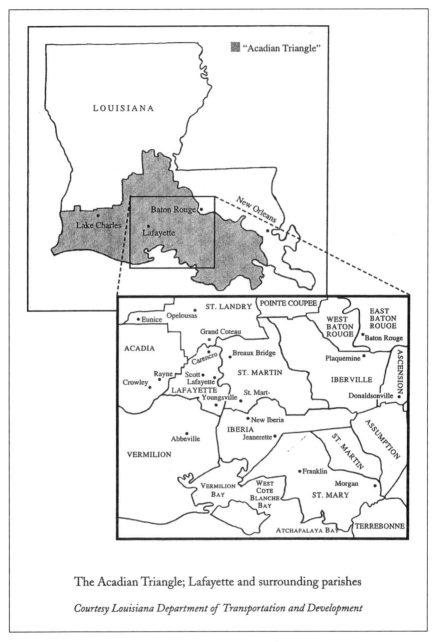

The Acadian Triangle; Lafayette and surrounding parishes

Courtesy Louisiana Department of Transportation and Development

Source : William Arceneaux, «No Spark of Malice », Thompson, 1999

Notes

1. Robert West, *An Atlas of Louisiana Surnames of French and Spanish Origin*, Geoscience Publications, Université de l'État de Louisiane, Bâton-Rouge, p. 41-43.

2. Harry Lewis Griffin, *A Brief History of the Acadians*, tiré d'une conférence donnée à une réunion de la *France-Amérique de la Louisiane acadienne* au Collège du Sacré-Cœur, Grand-Côteau, Louisiane, 18 octobre 1952.

3. Paul E. Hoffman, éditeur, *The Louisiana Purchase and Its People*, Association d'histoire de la Louisiane et le Centre d'Études de la Louisiane, Université de la Louisiane à Lafayette, 2004, p. 117. L'éditeur régional du *The Daily Advertiser* a écrit : « *Au début de la colonisation, tout ce que nous connaissons aujourd'hui comme Acadiana était gouverné depuis deux postes : le Poste des Attakapas (maintenant Saint-Martinville) et le Poste des Opelousas. William Darby, un géographe qui a voyagé dans le sud de la Louisiane en 1807, a établi que la limite entre les secteurs gouvernés depuis les Opelousas et depuis les Attakapas, commençait à l'embouchure de la rivière Mermentau et s'étendait jusqu'à l'embouchure du bayou Queue-de-Tortue. La ligne de partage suivait le bayou jusqu'à sa source, puis se prolongeait jusqu'à la source du bayou Carencro ; elle descendait celui-ci jusqu'à son embouchure, puis remontait la rivière Vermillon jusqu'au bayou Fuselier à Arnaudville qu'elle descendait jusqu'à la jonction avec le bayou Tèche, puis tout droit à l'est à travers le bassin de l'Atchafalaya. Tout ce qui était à l'ouest de la ligne de partage jusqu'à la rivière Sabine, appartenait au district des Opelousas. Ceci incluait les paroisses actuelles de Saint-Landry, d'Évangéline, d'Acadie, de Jefferson-Davis, de Beauregard, d'Allen, de Calcasieu et d'une partie de Cameron. Le district des Attakapas incluait ce qui est actuellement Saint-Martin, Sainte-Marie, Ibéria, Lafayette, Vermillon et la partie de Cameron située à l'est de la Mermentau.* » Jim Bradshaw, « C'est vrai », in *The Daily Advertiser*, 24 août 2004, p. 2B.

4. Glenn R. Conrad, *Land Records of the Attakapas District, vol. 1, The Attakapas Doomsday Book : Land Grants, Claims and Confirmations in the Attakapas District 1764-1826*, Université du sud-ouest de la Louisiane, Lafayette, Louisiane, Centre d'études de la Louisiane, 1990.

5. Le document est inscrit au volume 1 (1760-1779) du greffe de la cour de la paroisse de Saint-Martin, Louisiane. Grover Rees l'a traduit en anglais. Le Joseph Broussard dont il est question dans le document n'est pas *Beausoleil* puisqu'il était décédé en 1765. L'historien et journaliste Jim Bradshaw a écrit : « *L'église actuelle de Saint-Martinville porte une inscription indiquant sa date de construction comme 1765.*

Mais c'est probablement la date où la congrégation fut établie, et non la date de la construction du premier édifice. Il y a peut-être eu une petite chapelle à Saint-Martinville au début, mais la construction de la première vraie église n'a eu lieu qu'une décennie plus tard. Même après sa construction, il fallut attendre dix autres années avant qu'un pasteur n'y réside. Les prêtres de Pointe-Coupée et d'Opelousas desservaient Saint-Martinville jusque là. Le père George Murphy prit charge de l'église en 1791 et on s'accorde pour dire qu'il fut le premier à mentionner sa dédicace à Saint Martin de Tours. Avant lui, on parlait de l'église de la Nouvelle-Acadie aux Attakapas. » Jim Bradshaw, « C'est vrai », *The Daily Advertiser*, 17 août 2004, p. 4A.

6. Vermilion Historical Society, *History of Vermilion Parish, Louisiana*, 2 volumes, Taylor Publishing Company, Dallas, 1983-2003.

7. Général Curney J. Dronet, *A century of Acadian Culture – The Development of a Cajun Community: Érath*, Acadian Heritage and Culture Foundation, Érath, Louisiane, 2000.

8. Chris Segura, « Broussard Family Group Gets Non-Profit Status », in *The Sunday Advertiser*, 14 décembre 1996.

9. L'auteur, dans une lettre datée du 29 mai 1997, propose l'érection d'un monument ainsi que des fouilles archéologiques pour localiser le lieu d'inhumation de *Beausoleil*.

10. James F. Broussard, *Pour parler français*, D.C. Health and Co., Boston, 1921.

11. Congrès mondial acadien Louisiane 1999, « Broussard Family has Rich History », in *The Sunday Advertiser*, 7 juillet 1996, Section D.

12. Jacques M. Henry, et Carl L. Bankston II, *Blue Collar Bayou*, Praeger Press, Westport, Connecticut, 2002, p. 2. Afin de faire passer le message qu'il y a plus à l'Acadiana que de *laisser les bons temps rouler*, une variété d'activités ont été planifiées pour inaugurer la Semaine de l'Héritage acadien du 11 au 19 septembre 2004. Sous la direction du musicien Zachary Richard et du Comité de la Semaine de l'Héritage acadien, des activités de sensibilisation à l'histoire et à la culture acadienne auront lieu la semaine précédente, qui culmineront avec les Festivals acadiens. Un autre objectif est de présenter un programme révisé d'histoire acadienne dans les cours d'histoire de la Louisiane dès la huitième année à la grandeur de l'État. « *L'idée est de renforcer l'éducation des jeunes sur l'histoire acadienne* », ajoute David Cheramie, directeur exécutif du Conseil pour le développement du français en Louisiane. Barry Jean Ancelet, professeur de français et de folklore à l'Université de la Louisiane à Lafayette, a dit que, « *même si l'Acadiana comprend plusieurs cultures étroitement intégrées résultant en un tout enrichissant divers domaines allant de la cuisine à la*

danse, il est légitime d'insister sur l'une des influences les plus mar-
quantes de cette culture, c'est-à-dire, la culture acadienne. C'est un
aspect très important de notre mode de vie dans le sud de la Louisiane.
Nous avons besoin de savoir d'où nous venons.» Ancelet a participé
au Congrès mondial acadien en Nouvelle-Écosse au mois d'août et il
a constaté comment les Acadiens de partout dans le monde se sont
réunis pour discuter de leur héritage commun. Il ajoute : «Nous
sommes différents sous plusieurs aspects, et nous pouvons comprendre comment cela s'est produit seulement si nous comparons ce que
nous étions et ce que nous aurions pu être avec ce que nous sommes
devenus.» En pensant aux événements de l'an prochain, Ancelet a
rappelé que 2005 est le 250ᵉ anniversaire de l'expulsion des Acadiens.
«On peut se demander pourquoi un peuple voudrait célébrer l'un des
pires désastres de l'histoire. Mais il y a une raison très simple : c'est
parce que non seulement nous avons survécu, mais nous prospérons
et parce que le but de l'expulsion qui était d'éliminer l'Acadie, a en
fait créé plusieurs Acadies. Nous avons proliféré et il faut en être fier.
Il n'y a pas de meilleur endroit pour cette célébration qu'ici en Louisiane,
l'une des meilleures réussites de l'expulsion.» Une résolution proposée
par la représentante Clara G. Baudoin à la Législature de l'État a dési-
gné la troisième semaine de septembre comme la Semaine de l'Héritage acadien. Pour plus d'information, appeler (337) 291-5474 ou navi-
guer sur l'Internet à la page http://www.acadianheritage.org. Dominick
Cross, «Heritage Week to focus on contributions of Acadians», in The
Advocate, 2 septembre 2004, p. 9B.

Deuxième partie

La reconnaissance :
la pétition

Les Acadiens dans le monde

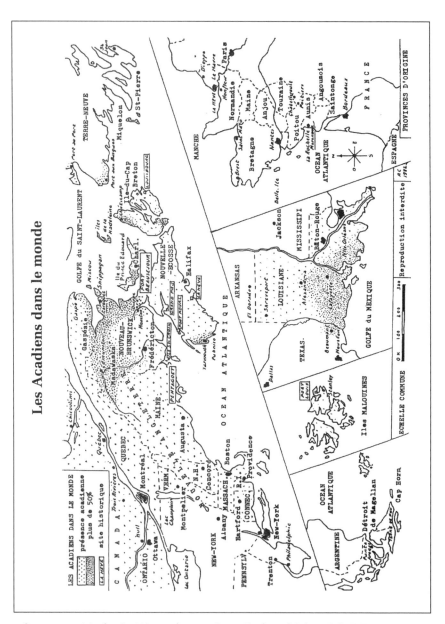

Carte, courtoisie des Amitiés acadiennes, 2, rue Ferdinand-Fabre, 75015, Paris, France.

10

Esquisse d'un parcours acadien

Le 28 juillet 1755, l'ordre de déportation fut signé. Le 5 septembre 1755, jour on ne peut plus tragique dans l'histoire acadienne, 418 hommes et adolescents furent emprisonnés dans l'église de Grand-Pré et le colonel John Winslow leur fit lecture de la déclaration suivante :

> « J'ai reçu de son Excellence le gouverneur Lawrence la commission royale que j'ai entre les mains et par l'ordre de laquelle vous êtes tous réunis ici afin de faire connaître la décision finale de sa Majesté aux habitants français de cette Sienne Province de la Nouvelle-Écosse qui pendant presqu'un demi-siècle ont reçu plus de faveurs que n'importe quels autres sujets de n'importe quelle autre partie de Ses Dominions ... Que vos terres et habitations, animaux de toutes sortes et bestiaux de toutes espèces sont confisqués par la Couronne avec tous vos autres biens sauf votre argent et vos effets personnels et vous-mêmes serez expulsés de cette Sienne Province. »

Simplement parce que les délégués acadiens avaient refusé de prêter un autre serment d'allégeance qui les auraient dépouillés de leurs droits, la Couronne britannique a pris la décision de procéder à la déportation des Acadiens et de confisquer tous leurs biens. Les Acadiens n'avaient rien fait de répréhensible. À l'exception de quelques hommes qui avaient suivi l'abbé Le Loutre, ils n'avaient démontré aucun signe d'insurrection. Tout ce qu'ils avaient fait était de continuer à parler français, à pratiquer leur religion catholique et à rendre productives des terres que personne ne voulait et qui faisaient maintenant l'envie de l'Empire britannique.

Malgré les critiques exprimées à propos de la pétition actuelle pour des excuses, telles que : « tous ceux concernés sont morts depuis longtemps ; un autre exemple du politiquement correct hors de propos ; qu'est-ce que ça change, etc. », il y a quelques faits irrévocables qui la rendent nécessaire. En juillet 1755, la France et l'Angleterre étaient en paix. De plus, en vertu du traité d'Utrecht de 1713, les Acadiens n'étaient pas des sujets français mais des sujets britanniques. Ils avaient déjà prêté allégeance à la Couronne britannique sous certaines conditions, comme celle de ne pas être obligés de prendre les armes contre les Français. Selon les règles de droit, toutes ces considérations sont d'une importance capitale.

Le Grand Dérangement a mis en branle toute une série d'événements qui ont des répercussions encore aujourd'hui. Il y a même des économistes qui affirment que l'économie de la Nouvelle-Écosse a été dévastée pendant plusieurs générations après l'expulsion des colons qui savaient comment travailler la terre, et en effet les conséquences négatives se font encore sentir aujourd'hui, quoiqu'à un degré moindre.

Le principal bénéfice de la Proclamation royale est de rappeler à tous que cette sorte d'atrocité peut arriver n'importe quand à n'importe qui. Je crois qu'étant donné son rôle de chef de la résistance acadienne à l'époque de la Déportation, *Beausoleil* se voit accordé par la Proclamation royale, un pardon posthume en tant que représentant du peuple acadien. La Proclamation affirme en partie :

> « Attendu que les Acadiens, par la vitalité de leur communauté, contribuent de façon remarquable à la société canadienne depuis près de quatre cents ans ;
>
> Attendu que, le 28 juillet 1755, la Couronne, dans le cadre de l'administration des affaires de la colonie britannique de la Nouvelle-Écosse, a pris la décision de déporter les Acadiens ; … et
>
> Attendu que, par le décret C.P. 2003-1967, du 6 décembre 2003, la gouverneure en conseil a ordonné que soit prise une proclamation désignant le 28 juillet de chaque année à compter de 2005, comme Journée de commémoration du Grand Dérangement ;
>
> Sachez que, sur et avec l'avis de Notre Conseil privé pour le Canada, Nous, par Notre présente Proclamation, laquelle prend effet le 5 septembre

2004, désignons le 28 juillet de chaque année à compter de 2005, comme Journée de commémoration du Grand Dérangement. »

En 1990, la pétition a été lancée afin de réclamer la fin officielle de l'exil acadien, étant donné qu'il avait été ordonné en violation des lois britanniques et internationales de l'époque. Par conséquent, le gouvernement britannique et la Couronne ont une obligation morale de reconnaître qu'une injustice avait été commise : les Acadiens n'auraient pas dû être exilés comme des criminels. Richard Baudoin a écrit le premier article concernant la pétition dans *The Times of Acadiana*, (« Time to End the Exile, » volume 10, numéro 23, le 14 février 1990, pages 8 à 11). L'article débute ainsi :

> « L'exil commence pour ne se terminer jamais. Warren Perrin est hanté par ce vers du poème Évangéline de Longfellow. Ce vers résume la tragédie du peuple acadien, banni de ses terres ancestrales par un gouverneur violent et cruel, résolu à commettre un génocide. Il décrit une injustice qui n'a jamais été reconnue, un crime jamais puni, un tort jamais redressé. »

> « Perrin, Acadien d'origine (90 pour cent Broussard du côté paternel et maternel) et avocat de profession, tente de mettre fin à cette grossière violation de droits humains fondamentaux. Il a entrepris une poursuite juridique qui expose les doléances du peuple acadien et qui demande une compensation de la part du gouvernement de Grande-Bretagne, au nom duquel cet acte a été commis il y a 235 ans. »

> « Perrin ne demande aucune compensation monétaire, ni pour les terres qui ont été volées à ses ancêtres en Acadie, ni pour les souffrances que ceux-ci ont endurées durant leur odyssée de la Nouvelle-Écosse jusqu'au sud de la Louisiane. Il veut plutôt que les Anglais admettent que le Grand Dérangement (« le cas le plus clair de génocide que vous pouvez trouver ») a été entrepris en violation des lois britanniques et internationales du temps. Il veut que le gouvernement britannique érige un monument – un symbole physique – qui représenterait la fin de l'exil. »

Cinq ans plus tard, le 3 juillet 1995, Bernard Chaillot écrivait un article pour le *Daily Iberian,* « L'homme d'Érath demande des excuses formelles pour la Déportation acadienne » :

> « Warren Perrin dit qu'il est en mission pour aider à réparer une cruelle injustice – le génocide et la dispersion d'un groupe minoritaire opprimé dans l'est du Canada il y a plus de 200 ans. Avocat, fondateur d'un musée acadien ici et président du Conseil pour le développement du français en Louisiane, Perrin affirme qu'il recherche des excuses formelles de la part du gouvernement britannique pour l'expulsion des Acadiens de la Nouvelle-Écosse au milieu du XVIIIe siècle. Perrin affirme aussi que l'ordre de déportation, qui a entraîné l'exil des colons acadiens de langue française de leurs foyers, qui a séparé des familles, et en a forcé plusieurs à entreprendre des voyages très dangereux en mer pour se faire une nouvelle vie en Louisiane ou ailleurs, cet ordre, dit-il, n'a jamais été révoqué. »

Voici comment le *Times of Acadiana* (« Good-All Apologies, » vol. 24, n° 13, le 17 décembre 2003) a rapporté la signature de la Proclamation royale :

> « C'est un euphémisme de dire que Warren Perrin est extrêmement ravi. À 14 heures, mercredi, le 9 décembre, la gouverneure générale Adrienne Clarkson, chef de l'État canadien et représentante de la reine au Canada, a signé une proclamation royale qui non seulement reconnaît l'expulsion de quelque 15,000 Acadiens du Canada, mais reconnaît aussi les torts que cela a causés. La proclamation – signée à Ottawa – désigne aussi le 28 juillet comme le jour officiel de commémoration des Acadiens et de leur déportation. Perrin a lancé le mouvement pour la reconnaissance et les excuses en 1990 en faisant parvenir une lettre à la reine Elisabeth II et au Premier ministre du moment. Perrin, qui a même décliné des offres monétaires sous forme de bourses d'études pour qu'il cesse son action, attribue le succès de sa pétition à sa nature non-confrontationnelle et non-financière.

> Qu'il y ait eu ou non des pourparlers pour que la
> reine fasse la lecture de la proclamation sur le site
> historique de Grand-Pré en Nouvelle-Écosse,
> durant une visite prévue pour 2005, cela ne sem-
> ble pas avoir d'importance pour Perrin. «Nous
> n'oublierons jamais, mais c'est la fin de la tragé-
> die. La reine affirme finalement que «ce qui vous
> est arrivé était une injustice et elle a été faite en
> mon nom.» Elle ne dit pas :«Je suis extrêmement
> désolée,» mais il y a plusieurs façons d'offrir des
> excuses.»

Par conséquent, à la place du monument projeté reconnaissant la
responsabilité de la Couronne britannique dans les événements
de 1755, comme la requête originale le stipulait, il y a maintenant un jour de commémoration. Au lieu d'un nombre important, mais restreint, de visiteurs à un site commémoratif prenant
connaissance de cette tragédie, maintenant des dizaines de millions de personnes en entendront parler, augmentant ainsi l'espoir de tous les peuples qu'un tel événement ne se reproduise
jamais.

11

La pétition

L a Pétition a été présentée au nom des Acadiens qui demandaient réparation de la part du gouvernement britannique et de la Reine comme représentante de la Couronne britannique. Le 5 juillet 1990, la Pétition dans laquelle six demandes étaient mises de l'avant fut remise à la première ministre Margaret Thatcher ainsi qu'à la reine d'Angleterre :

1. La restauration du statut de Français neutres ;

2. Une enquête sur la Déportation par un groupe impartial ;

3. La fin officielle de l'exil des Acadiens par une déclaration révoquant l'ordre de déportation ;

4. La reconnaissance que des tragédies avaient eu lieu ;

5. L'admission que la Déportation s'était faite à l'encontre des lois internationales et/ou anglaises de l'époque ;

6. La pose d'un geste symbolique de bonne foi en érigeant un monument commémorant la fin de l'exil.

La Pétition n'a pas été déposée dans une cour de justice ; elle ne demandait pas de compensation financière pour le peuple acadien. Moins de 30 jours après la réception de la Pétition, le gouvernement britannique ainsi que la Couronne retinrent les services de la firme d'avocats Bracewell & Patterson de Houston afin de défendre ses intérêts. Les négociations ont débuté peu de temps après ; ultimement, elles ont été couronnées de succès.

La Pétition contenait les mêmes six demandes qui avaient déjà été présentées au roi d'Angleterre une première fois en 1760 par les Acadiens exilés en Pennsylvanie. Quatre Acadiens, qui parlaient l'anglais couramment, s'étaient rendus à l'époque à Londres afin de remettre la pétition au roi George II. Les représentants acadiens avaient été reçus avec froideur. Le Roi avait refusé que la pétition soit lue ou même considérée[1]. C'est pourquoi la

Pétition déposée en 1990 était une pétition amendée qui, de par la loi, se rapportait à la date originale du dépôt de celle de 1760.

En examinant l'histoire des civilisations, on peut voir qu'une des choses les plus difficiles à faire pour un être humain est de demeurer fidèle à la décence humaine la plus élémentaire. Dans le confort du foyer il est facile de s'élever contre la brutalité et la dépossession de la liberté. Demandez à n'importe qui s'il excuse ces actes, et la réponse sera non ; toutefois, il demeure un fait déplaisant, c'est qu'on le fait souvent. Le plus souvent les injustices sont commises lorsque des personnes sont séduites par une cause ou une idéologie.

Lorsqu'on croit qu'un groupe est la cause d'un problème, il suit logiquement que la solution à ce problème est d'éliminer le groupe en question. L'expulsion des Acadiens était sans contredit du nettoyage ethnique. La paranoïa de Lawrence au sujet de la présence acadienne, ajoutée au désir de la Couronne de procéder à une expansion coloniale, ne justifiait aucunement une série d'actions tellement radicales, qu'elles correspondaient à un nettoyage ethnique.

Les principaux point soulevés dans la pétition étaient les suivants :

A. L'exil a commencé en temps de paix :

> Le premier septembre 1755, en temps de paix, Lawrence a envoyé des instructions à ses troupes : toutes les terres acadiennes, habitations et animaux de ferme doivent être saisis avec tous les autres effets personnels. Tous les habitants de langue française de la Nouvelle-Écosse devront être expulsés. Un piège fut tendu aux Acadiens : tous les Acadiens reçurent l'ordre de se rassembler dans leurs églises[2] afin d'entendre une proclamation importante du gouvernement britannique. Mais lorsqu'ils furent arrivés et que les fenêtres et les portes de l'église eurent été verrouillées, ils furent faits prisonniers et reçurent l'ordre d'attendre l'arrivée des bateaux. Par la suite ils furent forcés de s'entasser dans des bateaux sans provisions suffisantes, et furent envoyés vers des terres inhospitalières : les 13 colonies anglo-américaines.

> Même s'il y avait eu des escarmouches entre les Français et les Britanniques dans la vallée de la rivière Ohio dès le mois de mai 1754, la déclaration officielle de la Guerre de Sept Ans n'eut pas lieu avant le 18 mai 1756, donc beaucoup plus tard

Atlantic Realm 1755–1785
- ■ French possession
- ■ English possession
- ■ Spanish possession
- ▦ Disputed area

1755–1757 In 1755 the first Acadians were deported south to British colonies. Turned away by Virginia, ships carrying 1,500 exiles sailed for Britain.

1758–1762 A second wave of deportation swept several hundred Acadians to France in 1758. By 1763 some 10,000 Acadians had been displaced—two-thirds of the original population.

1763–1785 After the French and Indian War ended in 1763, some refugees in the British colonies made their way north to French territory. Others moved to South America, the West Indies, the Falkland Islands, and Louisiana. In 1785 about 1,600 refugees left France for Louisiana.

LOUISIANA 1760–1990
- ● Acadian settlement, 1765–68
- ○ Acadian settlement, 1800
- ～ Wetlands

The Cajuns: Still Loving Life

Long journey to a new home

EARLY in the 17th century the Cajuns' pioneer ancestors founded a French colony called Acadie in what is now the Canadian province of Nova Scotia. While the Acadians prospered on the fertile farmland, France and Britain vied for control of the region. Britain won sovereignty in 1713; four decades later, at the start of the French and Indian War, security-conscious officials deported many Acadians.

Scattered along Atlantic and Caribbean shores (above), some refugees found a final home in south Louisiana. As their settlements spread across bayous and prairies (left), neighbors shortened the French "Acadien" to "'Cadien" then "Cajun." Today 22 parishes, or counties, with a Cajun flavor make up a triangular region known as Acadiana.

Source: National Geographic Magazine, no 4, octobre 1990, p. 45

que le début de l'expulsion. Conformément aux lois internationales, il n'était pas légal de confisquer la propriété de ces
Acadiens, comme cela l'aurait été en temps de guerre. Avant
la déclaration officielle de la guerre, les droits de ces sujets
britanniques auraient dû être respectés.

B. Il n'existait aucune loi permettant la peine infligée.

Même en supposant que quelques Acadiens se soient engagés
dans des crimes à caractère politique et dans des actes de tra-
hison, il n'existait aucune disposition, ni selon les lois
anglaises ni selon les lois internationales, pour justifier la
confiscation des propriétés d'un père de famille ou la puni-
tion de sa femme et de ses enfants, pour une offense qui aurait
pu être commise par le père. Même si la loi prévoyait des
sanctions sévères pour des crimes à caractère politique, il n'y
avait pas de dispositions prévoyant la confiscation des terres
ou de n'importe quels autres biens d'un groupe de personnes
et leur bannissement pour quelque raison que ce soit[3]. Suite
au traité d'Utrecht et à l'édit de la reine Anne, les Acadiens
avaient le droit de vivre sur leurs terres sans en être chassés,
à moins d'y être condamnés par la loi[4].

C. La prérogative royale fut ignorée par Lawrence :

L'édit de la reine Anne clarifiait les droits des Acadiens émanant du traité d'Utrecht. Sa décision était une prérogative
royale, qui ne pouvait être ignorée ou annulée par un fonctionnaire du gouvernement. Le refus de se conformer aux
ordres de la reine Anne qui permettaient aux Acadiens de garder leurs terres et d'en jouir sans obstacles ou empêchements
aussi pleinement et librement que les autres sujets britanniques, doit être considéré comme un abus de pouvoir de la
part de Lawrence et une violation de la loi fondamentale
anglaise existant à cette époque[5].

D. Le lieutenant-gouverneur Lawrence n'avait pas l'autorité pour
agir :

Au moment de l'exil, Peregrine Hopson était gouverneur.
Malade, il partit pour l'Angleterre en novembre 1753. Le colonel Charles Lawrence, qui était dans la colonie depuis 1749,
et qui était membre du conseil du Gouverneur, fut rapidement
promu et nommé lieutenant-gouverneur. Peu après sa nomination,
il changea illégalement les ordres du gouverneur Hopson. Il
fut subséquemment nommé gouverneur, le 24 décembre 1755,

mais toujours selon la loi anglaise, le lieutenant-gouverneur Lawrence n'avait pas le pouvoir de changer les politiques qui étaient en vigueur depuis 1713. Lawrence, agissant sans l'autorisation de ses supérieurs et contrairement aux lois anglaises, a ordonné d'impitoyables châtiments pour tous les Acadiens, les traitant comme des rebelles et des criminels.

Pourquoi les Acadiens étaient-ils craints à ce point même après qu'ils eurent été privés de leurs armes et de leurs bateaux ? Les Français avaient été expulsés de toutes les places-fortes sur la côte. L'argument que les Acadiens posaient une menace est réfuté par le fait que la relation de la population était de deux cents Britanniques contre un Acadien, et ces Acadiens étaient demeurés neutres même en temps de guerre. Leur neutralité fut mise à l'épreuve en temps de guerre et ne fut pas prise en défaut. L'ironie c'est que les Acadiens furent déportés en temps de paix. Comme les Acadiens occupaient toutes les bonnes terres de la Nouvelle-Écosse, et que leur expulsion rendait ces terres disponibles aux colons de la Nouvelle-Angleterre et à ceux d'Halifax, ce n'était qu'un prétexte et une hypocrisie de la part de Lawrence d'affirmer que les Acadiens posaient un risque à la sécurité des intérêts britanniques en Amérique du Nord.

E. Un précédent : il n'est jamais trop tard pour réparer un tort

La plupart des pays qui ont un passé colonial doivent s'en guérir en scrutant les côtés sombres de leur histoire : pour les Américains, c'est l'esclavage et le quasi génocide de leurs populations indigènes ; pour les Espagnols et les Italiens, leurs guerres fratricides et le fascisme ; pour les Français, la collaboration avec les Nazis durant la Deuxième Guerre mondiale ; et pour les Allemands, l'Holocauste.

La réaction initiale à la Pétition fut partagée. Elle connut une réception positive unanime en Louisiane, même chez les non-Cadiens, et dans d'autres pays francophones. Cependant, la réaction fut plutôt mitigée au Canada, particulièrement chez les Acadiens. La plupart des Anglophones canadiens virent la Pétition comme une tentative d'embarrasser la Reine et de jeter le discrédit sur l'institution même de la royauté. Il y eut beaucoup plus de publicité générée au Canada où faisait rage la bataille pour la souveraineté du Québec durant les années 1990. Éventuellement, la Pétition reçut un accueil favorable et fut acceptée par les Acadiens à travers le monde – particulièrement alimenté par l'intérêt créé par les deux premiers *Congrès mondiaux acadiens.*

Notes

1. James H. Schlarman, *From Québec to New Orleans*, Bueschler Publishing Company, Belleville, Illinois, 1929, p. 313. Pour une discussion détaillée de cette matière, voir l'article « The Petition to Obtain an Apology for the Acadian Deportation : Warren A. Perrin, et al versus Great Britain, et al », *Southern University Law Review*, vol. 27, n° 1, automne 1999.

2. Le registre de la paroisse de Saint-Charles-aux-Mines, à Grand-Pré a été emporté en Louisiane par les déportés ; il demeure un témoignage unique du voyage des prisonniers qui sont demeurés un mois dans l'église de Grand-Pré en attendant les navires sur lesquels ils seraient déportés. Les inscriptions des naissances, des baptêmes et des mariages couvrent la période de 1707 à 1748. Ces registres sont conservés au département des Archives du diocèse catholique de Bâton-Rouge, C.P. 2028, Bâton-Rouge, Louisiane, 70821-2028. *The Advocate*, 9 août 1998.

3. *Ibid.*, p. 63.

4. *Ibid.*, note 39, p. 1 : « *Leurs juges étaient aussi leurs plaignants* ». Pour une transcription des procédures judiciaires autorisant la déportation, voir Thomas B. Aikens, éditeur, *Acadian and Nova Scotia : Documents Relating to the Acadian French and the First British Colonization of the Province, 1714-1758*, 2ᵉ édition, Cottonport, Louisiane, 1972, p. 247-267. La condamnation d'une population entière à cause des actions de quelques personnes nous rappelle les exécutions de masse de civils faites par les soldats allemands à Saint-Ours, en France, pendant la Deuxième Grande Guerre (un crime contre l'humanité).

5. Jean Daigle, *Les Acadiens des Maritimes : Études thématiques*, Université de Moncton, Moncton, Nouveau-Brunswick, 1982.

12

Des excuses

Au lieu d'adopter une approche conflictuelle pour atteindre les objectifs de la Pétition, il fut décidé très tôt dans le processus de convaincre les Britanniques que la reconnaissance de leurs torts envers les Acadiens serait vue par les historiens comme des excuses trop longtemps attendues mais méritées. Une décennie de paix entre les puissances mondiales et une période d'introspection chez plusieurs nations firent que plusieurs d'entre elles s'excusèrent pour leurs crimes historiques et contribuèrent ainsi au succès du processus.

Le gouvernement britannique a commencé par dire publiquement qu'il était trop tard pour soulever cette question. Mais cette argumentation fut contrée de la manière suivante : en 1760, les Acadiens avaient déposé une Pétition et la modification à la Pétition déposée en 1990 faisait référence à la Pétition initiale parce que les questions soulevées alors par celle-ci n'avaient jamais été traitées ni résolues. De plus, l'ordre de déportation signé le 28 juillet 1755 était toujours en vigueur et constituait donc une question contemporaine qui pouvait être soulevée parce qu'elle continuait de violer les droits des Acadiens. Les parties responsables en 1755 (la Couronne et le gouvernement) existaient encore aujourd'hui et devaient donc répondre des torts causés dans le passé.

La Pétition exposait ensuite des exemples probants des questions soulevées :

a. En 1988, les Japonais-américains avaient obtenu des réparations et des excuses du gouvernement américain pour le traitement indigne qu'ils avaient reçu pendant la Deuxième Guerre mondiale.

Source : *Le Devoir*, 10 mai 2001.

b. En 1990, le Canada s'est excusé auprès des Italo-canadiens pour le traitement indigne que ceux-ci avaient reçu pendant la Deuxième Guerre mondiale.

c. En décembre 1991, la Corée du Nord et la Corée du Sud signaient un traité de réconciliation mettant fin à la guerre de Corée, 28 ans après la fin des hostilités.

d. En janvier 1992, le Japon présenta des excuses pour avoir forcé des dizaines de milliers de Coréennes à se prostituer pendant la Deuxième Guerre mondiale.

e. En mars 1998, le président américain, Bill Clinton, s'est excusé auprès des descendants des Africains qui avaient été réduits à l'esclavage, et en octobre 1992, auprès des autochtones hawaïens pour la participation du gouvernement américain au renversement du royaume hawaïen en 1893.

f. Le 15 juillet 1998, durant la remise en terre des restes du tsar Nicholas II, le président de la Russie, Boris Eltsine, s'est excusé auprès du peuple russe pour les 80 ans de « péchés du communisme ».

Voici quelques exemples d'excuses offertes ou obtenues par la Grande-Bretagne :

a. En octobre 1992, la reine Élisabeth II a présenté, dans un effort de réconciliation, des excuses aux citoyens de Dresden en Allemagne pour le bombardement incendiaire de la ville par le commandant britannique insubordonné, Sir Arthur « Bomber » Harris, pendant la Deuxième Guerre mondiale, il y a 56 ans (un geste d'apaisement de Churchill en faveur de Staline).

b. En juin 1995, la reine Élisabeth II a signé un document de réconciliation et d'excuses à l'intention du peuple maori de la Nouvelle-Zélande pour la conquête de leur île au milieu du XIXe siècle (un événement qui s'est produit il y a plus de 150 ans).

Source : Concours de Plaidoiries, Normandie, France, 1993.

Source : Concours de Plaidoiries, Normandie, France, 1993.

c. En octobre 1997, le premier ministre Tony Blair s'est excusé auprès des Irlandais pour les actes du gouvernement britannique pendant la « famine de la pomme de terre » en Irlande au début du XIXe siècle (un événement qui s'est produit il y a plus de 150 ans).

d. En octobre 1997, la reine Élisabeth II s'est excusée auprès du peuple de l'Inde pour le massacre de 379 civils par les forces britanniques dans la ville d'Amritsar, en Inde, en 1919 (un événement qui s'est produit il y a plus de 80 ans).

e. Le 30 janvier 1998, après des années de demandes répétées par les Catholiques, le premier ministre Tony Blair a ordonné une nouvelle enquête judiciaire sur le « dimanche sanglant » du 30 janvier 1972 au cours duquel 13 protestataires catholiques avaient été tués par des soldats britanniques en Irlande du Nord (un événement qui s'est produit il y a plus de 26 ans).

f. Le 3 avril 1998, la Grande-Bretagne s'est excusée auprès d'Israël pour la confiscation des comptes bancaires de certains juifs et la retenue des fonds depuis la Deuxième Guerre mondiale (un événement qui s'est produit il y a plus de 55 ans).

g. Finalement, en 1951, la Grande-Bretagne a exigé et obtenu du Japon des excuses pour les mauvais traitements imposés aux soldats britanniques prisonniers des Japonais pendant la Deuxième Guerre mondiale. C'est un cas important où les Britanniques ont exigé et obtenu la reconnaissance de torts causés à leur propre peuple pendant une période de guerre.

L'obtention d'une répudiation de l'expulsion contribuerait à mettre un terme à cette tragédie, tout comme les membres de la famille d'une victime de meurtre cherchent à alléger leurs souffrances en demandant au meurtrier de faire acte de contrition pour son crime. L'histoire officielle actuelle a jugé incorrectement que les Acadiens étaient un peuple corrompu qui avait refusé de coopérer et d'honorer son serment. Un acte de réconciliation pourrait restaurer la réputation du peuple acadien. Un acte de contrition national est une leçon importante pour tous et contribue à prévenir la répétition d'autres horreurs[1].

Note

1. Joseph G. Tregle, Jr., *The History of Louisiana*, Louisiana State University Press, Bâton-Rouge, Louisiane, 1977, p. 125. Après leur exil, les Acadiens se sont préoccupés de leur survie. Il est surprenant, toutefois, de constater que leur littérature orale, qui est si riche sous certains aspects, ne contient que de faibles traces de la Déportation ou des années d'exil. Ce sont des écrivains étrangers qui ont été les premiers à traiter de ces thèmes et qui ont créé le mythe littéraire de l'Acadie, paradis perdu, et d'un peuple martyr qui s'est résigné à son sort.

13

Appuis accordés à la pétition

La Pétition a reçu des appuis de partout dans le monde. Elle fut l'objet de conférences lors de plusieurs événements internationaux, y compris la *Conférence mondiale sur les Droits humains* tenue en 1993 à Caen, en France, le *Congrès mondial acadien 1994* au Nouveau-Brunswick, Canada, et la *Convention de l'Association des juristes d'expression française du Canada,* le 14 juin 1993. Dans une lettre du 7 septembre 1993, Damien R. Leader, chargé d'affaires de l'ambassade des États-Unis auprès du Saint-Siège, à Rome en Italie, a donné un appui officiel à la Pétition : «Vos efforts pour obtenir une déclaration de la fin de l'exil acadien sont louables.» La Législature de la Louisiane a unanimement approuvé la Pétition par voie de résolution en 1993, à la suite de la résolution concomitante n° 159 du Sénat qui fut signée conjointement par le Président du Sénat et le Président de la Chambre des représentants. En juin 1994, sur ordre du Président du Sénat, Mme Ann Johnson, directrice de la division des Services administratifs du Sénat de la Louisiane livra en personne la résolution exigeant des excuses de la part du premier ministre britannique et de Mark R. Turner, responsable des affaires nord-américaines, à Londres, en Angleterre.

Pendant le *Congrès mondial acadien Louisiane 1999,* le neuvième *Symposium annuel sur la loi internationale comparative* du juge Allen M. Babineaux a parrainé la simulation d'un procès. L'événement était aussi parrainé par l'*American Bar Association*, par l'Association du Barreau de la Louisiane et l'Association du Barreau de la paroisse de Lafayette. Une foule nombreuse a assisté au procès qui s'est déroulé le 13 août 1999, à la cour du District fédéral américain de Lafayette devant un panel de juges louisianais membres de la Cour suprême de la Louisiane, de la Cour d'appel du Troisième Circuit et des Cours de district. Après avoir entendu les arguments concernant différentes questions soulevées par la Pétition, le panel de 15 juges décida unanimement que la Pétition était recevable et devrait être entendue. Le

13 août 1999, le grand titre du journal *Daily Advertiser* de Lafayette proclamait : « La Reine poursuivie en cour[1] ».

D'autres appuis à la Pétition furent accordés lors de débats publics, de conférences, de résolutions, d'entrevues, de documentaires, d'éditoriaux, de publications juridiques et d'articles en Louisiane, aux États-Unis, en France, en Belgique, au Canada, en Angleterre, en Australie, au Vietnam, en Allemagne, en Suisse, au Luxembourg, au Sénégal, en Roumanie et en Italie. Un article publié en 1990 dans le *National Geographic Magazine* déclarait :

> « Dans une illustration parfaite de la modération cadienne, un avocat de Lafayette nommé Warren Perrin a récemment déposé une Pétition demandant à la reine d'Angleterre de mettre une fin officielle à l'exil des Acadiens en reconnaissant que c'était une violation des lois anglaises et internationales. 'Je voulais poser ce geste, me dit-il, pour que je puisse dire à mes enfants que leurs ancêtres venus ici n'étaient pas des criminels'. Il n'est jamais trop tard pour redresser un tort.[2] »

L'appui solide reçu au Canada a résulté de l'endossement de la Pétition par M. Howard Crosby, député de la Nouvelle-Écosse au Parlement canadien, par les membres de la section francophone de l'Association du Barreau du Nouveau-Brunswick et par le sénateur Gérard Comeau, député de la Nouvelle-Écosse au Parlement canadien. D'autres appuis furent suscités par un article du *Los Angeles Times Magazine* écrit par E. Lawlor qui avait demandé une réaction du gouvernement britannique ; Helen Mann, vice-consule britannique à Houston, lui avait déclaré :

> « Je ne crois pas que le gouvernement juge approprié de lancer une enquête officielle ou une autre mesure similaire. Je ne vois d'ailleurs pas comment on pourrait considérer un Cadien d'aujourd'hui comme vivant en exil. Dire qu'un Cadien visitant la Nouvelle-Écosse est hors-la-loi est réellement exagéré[3]. »

L'article présentait aussi pour la première fois les raisons qui avaient mené au dépôt de la Pétition. La référence à « l'un de ses fils » est une référence à Bruce Perrin :

> « La vie de Perrin a changé dramatiquement depuis cinq ans. Tout cela à cause d'une question posée

> par l'un de ses fils qui voulait savoir pourquoi les
> Cadiens avaient été expulsés de la Nouvelle-Écosse
> et ce qu'ils avaient fait de mal? »

En 1995, Louise McKinney écrivait un article intitulé : « *La Péti-tion de Perrin* » dans le magazine *The World and I* et expliquait la genèse de la Pétition et sa relation avec *Beausoleil* :

> « Perrin sourit en se remémorant le moment quand,
> assis avec son fils de 6 ans, Bruce, il lui racontait
> pour la première fois l'histoire de Joseph *Beausoleil*
> Broussard et que son fils lui avait rétorqué : 'Tu veux
> dire que nos ancêtres étaient des criminels[4]? »

Dans le même article, Mme MacKinney racontait l'histoire de la Pétition et sa relation avec l'ancêtre Broussard :

> « Warren Perrin, mari de Mary Perrin, née
> Broussard, est le fils de Ella Mae Broussard Perrin,
> qui est elle-même la sœur d'Effie et de Perfay
> Broussard, enfants de Clairville et Anatial Brous-
> sard née Mêtrejean. Clairville est un descendant
> direct de Joseph *Beausoleil* Broussard, le résistant
> légendaire qui en 1765 fut l'un des premiers Aca-
> diens à arriver à la Nouvelle-Orléans. La possibi-
> lité d'obtenir des concessions de terre du gouver-
> neur espagnol Antonio de Ulloa l'avait attiré dans
> la région. »

On estime qu'entre 1990 et 2003, 300 articles furent écrits au sujet de la Pétition. L'article qui provoqua le plus d'appui à la cause fut un article du magazine *The Economist* dont voici quel-ques extraits :

> « Beaucoup de Cadiens, y compris M. Perrin, par-
> lent encore une version exotique du français, mais
> maintenant cette différence est appréciée. La musi-
> que et la cuisine cadiennes se sont mérité des
> admirateurs partout dans le monde. Des intellec-
> tuels cadiens à l'Université du Sud de la Loui-
> siane, à Lafayette, clament que des excuses mêmes
> tardives de la part du gouvernement britannique
> répareraient une injustice. Le ministère des Affai-
> res extérieures de Sa Majesté réplique sans sour-
> ciller que la Grande-Bretagne d'aujourd'hui ne

peut être tenue responsable d'événements survenus il y a 250 ans.»

«La décision de M. Perrin de poursuivre la Grande-
Bretagne est basée sur le fait que les Américains se
sont excusés auprès des Japonais-américains pour
le traitement indigne qui leur fut infligé pendant
la Deuxième Guerre mondiale. Il a découvert que
non seulement la Grande-Bretagne ne s'est jamais
excusée mais encore que les Acadiens sont toujours formellement tenus comme traîtres et, qu'en
théorie du moins, ils sont encore passibles de mort
s'ils retournent en Nouvelle-Écosse. Il croit au
bien-fondé juridique de sa cause. La déportation
de 1755 eut lieu en temps de paix et les victimes
étaient des sujets britanniques. Perrin croit que la
Couronne britannique demeure imputable pour ce
qui s'est produit en vertu de la doctrine du respon-
deat superior[5].»

L'article de *The Economist* poursuit en mentionnant l'appui reçu
des participants au Sommet francophone mondial à Hanoï, au
Vietnam en 1999:

«Ceci résulta en une invitation par le président
Jacques Chirac à participer à une récente réunion
des pays francophones au Vietnam. À bord de
l'avion présidentiel, M. Perrin fut surpris de voir
le président Chirac se pencher au-dessus de lui
pour dire, la main sur le cœur: «Ah oui, la
Louisiane! Très chaleureuse!» Monsieur Chirac
raconta à Me Perrin que, pendant sa jeunesse, il
avait passé plusieurs mois heureux à la Nouvelle-
Orléans, alors qu'il étudiait l'économie du port de
la ville.»

En résumé, c'est grâce à l'intérêt soutenu des médias locaux,
régionaux, nationaux et internationaux que la presse a contribué
puissamment au succès de la Pétition. Espérons que les générations à venir vont considérer cette Pétition comme un modèle à
suivre pour que les peuples victimes de l'oppression gouverne-
mentale puissent obtenir des réparations sans recourir à la violence. Comme l'a dit M. Boutros-Boutros Ghali, alors secrétaire-
général de l'O.N.U., à l'ouverture du premier *Congrès mondial*

acadien 1994 : « *le monde devrait s'inspirer de l'expérience acadienne pour résoudre pacifiquement les conflits entre les peuples.* » Depuis les attaques terroristes du 11 septembre 2001 aux États-Unis, cela semble plus pertinent que jamais.

Notes

1. Ron Delhomme, The Queen on Trial, *The Daily Advertiser,* 13 août 1999.

2. *National Geographic Magazine*, The Cajuns - Still Loving Life, vol. 178, n° 4, octobre 1999, p. 57.

3. Eric Lawlor, The One Man Acadian Liberation Front, *Los Angeles Times Magazine,* 4 septembre 1994, p. 26.

4. Louise McKinney, Perrin's Petition, *The World and I,* septembre 1995, p. 206-215.

5. *The Economist Magazine*, « Cajuns' Belated Counterattack », 31 janvier-6 février 1998, p. 32.

14

La Proclamation royale

L a Proclamation royale possède deux dimensions. Première-
ment, elle crée les conditions symboliques pour la réconciliation entre l'ancienne force impériale d'occupation, les Britanniques, et le peuple occupé, les Acadiens. Pour le peuple acadien, cela représente une opportunité de rétablir l'égalité avec
l'ancienne puissance coloniale. Deuxièmement, la Proclamation
royale fixe les normes de ce qui est moralement acceptable au
XXIe siècle pour tous les gouvernements encore engagés dans l'impérialisme culturel et politique à travers le monde.

Pendant le Grand Dérangement, la force militaire utilisée par les
Britanniques a changé l'équilibre du pouvoir et généré une pression énorme au sein d'une population habituellement pacifique.
Les actions militantes de *Beausoleil* peuvent ainsi être mieux
comprises comme une réaction à cette pression extraordinaire
exercée par les forces britanniques sur les Acadiens. À l'instar
d'autres grands révolutionnaires comme Che Guevara, Toussaint
L'Ouverture, Gerry Adams et Thomas Jefferson, *Beausoleil* a
combattu l'impérialisme « avec tous les moyens nécessaires ».
Deux-cent cinquante ans plus tard, les efforts de *Beausoleil* pour
résister à l'assimilation des Acadiens par la culture britannique
ont finalement connu leur dénouement dans une réhabilitation
symbolique. En dépit de pressions assimilatrices constantes, les
Acadiens ont réussi à maintenir leur identité culturelle distincte.
Cet accomplissement a été inspiré par *Beausoleil,* le révolutionnaire acadien, et la Couronne a finalement reconnu cet état de
fait dans la Proclamation.

En janvier 1990, une copie de la Pétition réclamant des excuses
officielles pour la déportation des Acadiens a été remise au représentant d'Élisabeth II, reine de Grande-Bretagne.

Le 9 décembre 2003, la reine d'Angleterre a transmis ses excuses
symboliques aux Acadiens. Une excuse est définie comme « l'expression d'un regret » pouvant prendre plusieurs formes comme

un mot d'excuse ou un geste symbolique. Une personne peut s'excuser pour son propre méfait ou bien pour un méfait commis par un groupe de personnes dont il fait partie. Pour être crédible, les excuses doivent être formulées par quelqu'un qui est le représentant légitime de ce groupe. Par exemple, le Pape a transmis des excuses pour l'antisémitisme des Chrétiens.

La Proclamation royale du 9 décembre 2003 a été paraphée par Adrienne Clarkson, gouverneure-générale du Canada et représentante officielle de la reine Élisabeth II qui incarne les Couronnes de Grande-Bretagne et du Canada. Cette proclamation est un désaveu clair des méfaits commis au nom de la Couronne par les autorités coloniales britanniques pendant la Déportation des Acadiens.

Selon Donna Doucet, la *Société de promotion de Grand-Pré* avait invité la reine Élisabeth II à visiter Grand-Pré l'été suivant pour participer à la commémoration du 250e anniversaire de la Déportation. Plusieurs s'attendaient à ce que la reine Élisabeth II fasse la lecture de sa proclamation au lieu historique national de Grand-Pré en Nouvelle-Écosse, le 28 juillet 2005, le premier jour de la commémoration officielle ordonnée par la Proclamation royale. Une copie de cette proclamation est exposée à l'église de Saint-Charles-des-Mines. La seule copie de cette proclamation conservée en Louisiane fait partie de l'exposition permanente du Musée acadien d'Érath. Cette exposition contient aussi la pétition originale de 1990, les documents s'y rattachant, le matériel de recherche, les lettres et les articles publiés sur le sujet.

Le 9 août 2001, les efforts de la Pétition en vue d'obtenir la Proclamation royale ont été combinés à ceux de la Société nationale de l'Acadie et de son président d'alors, Euclide Chiasson, qui avait la possibilité de rallier l'appui de toutes les organisations acadiennes du monde, du premier ministre canadien, Jean Chrétien, et de son gouvernement.

La Proclamation royale a reçu des louanges dans la presse de Louisiane[1], de France[2], du Canada[3] et des États-Unis[4] ainsi que dans des romans[5], des bulletins électroniques[6], des émissions de télévision et de radio[7], des articles de magazines[8] et des éditoriaux[9]. La Pétition représente l'espoir de voir surgir un point de ralliement pour une revitalisation culturelle tout au long du XXIe siècle. La réalisation des objectifs de la Pétition apporte au peuple acadien la réhabilitation tant attendue. Depuis un siècle et demi, Évangéline est le symbole du peuple acadien, un personnage modèle sorti de l'imaginaire du poète américain Henry Wadsworth Longfellow dont la mémoire est personnifiée notamment par un chêne, une statue et d'autres monuments partout dans le monde. L'histoire d'Évangéline ne repose sur aucun fait et elle est même considérée avec condescendance et ridiculisée par certains Acadiens[10]. Le principal symbole acadien est donc construit sur un mythe. Il manquait donc un symbole tangible de l'histoire acadienne que tous les Acadiens pourraient respecter. La Proclamation royale instaure le 28 juillet comme journée officielle de commémoration de la déportation des Acadiens. Même si ce n'est pas un symbole matériel, cette journée de commémoration sera une merveilleuse opportunité offerte à tous les peuples d'honorer la mémoire des Acadiens qui ont enduré tant de souffrances inutiles.

La Déportation des Acadiens et les années d'exil qui s'ensuivirent, inspirent un sentiment de détresse et de misère, comme le confirme cet extrait du 8 octobre du journal du colonel John Winslow :

> « J'ai commencé à embarquer les habitants qui partirent très solitairement et contre leur gré, les femmes dans une grande détresse emmenant leurs enfants dans leurs bras, d'autres transportant leurs parents infirmes et leurs biens dans des charrettes avançant dans une grande confusion et présentant une scène de malheur et de détresse[11]. »

Les paroles de Winslow sont frappantes ; elles rendent compte précisément d'une scène de souffrance humaine. Mais elles ne rapportent pas adéquatement ni complètement la réaction des Acadiens à ces événements. Après tout, les Acadiens ont survécu à la déportation et à l'exil[12].

L'injustice n'est pas qu'un phénomène du passé ; elle se produit encore de nos jours. La gauche et la droite justifieront leurs excès et les nationalistes et les intégristes religieux justifieront leurs propres atrocités. En avril 2004, le monde commémorait les dix ans du génocide au Rwanda pendant lequel au moins 500 000 personnes trouvèrent la mort. Le 10 juillet suivant, le secrétaire général de l'ONU, Kofi Annan, dénonçait l'inaction du gouvernement soudanais à prévenir le génocide des populations noires du sud par les milices arabes. Le plus récent massacre ethnique était ainsi décrit :

> « Ils l'ont abattu dans sa maison. Ils l'ont fait exploser avec une bombe. Ils l'ont coupé en morceaux avec une épée. Ils l'ont traînée dans le désert pour la violer. Tandis que l'attention du monde entier est tournée vers la crise au Proche-Orient, depuis 17 mois, des massacres font rage dans la province soudanaise du Darfour. Les fusiliers arabes montés sur des chevaux ou des chameaux et appuyés par des bombardiers et des hélicoptères armés, ont rasé des centaines de villages, ont tué des dizaines de milliers d'africains noirs et en ont chassé de chez eux près d'un million. « Ils ont dit qu'ils ne voulaient pas revoir de peaux noires sur cette terre » a déclaré Issa Bushara, une victime dont le frère et le cousin ont été abattus[13]. »

La Grande-Bretagne a choisi la voie moralement noble de reconnaître les torts causés en son nom pendant la Déportation des Acadiens. La réhabilitation du peuple acadien a aussi permis à la Grande-Bretagne de se racheter et de renforcer sa réputation de champion des droits humains dans la communauté mondiale. Peu après la promulgation de la Proclamation, le sénateur canadien d'origine acadienne, Gérald Comeau, a demandé au gouvernement canadien d'ouvrir une enquête afin d'identifier les responsables de la déportation et de les sanctionner à titre posthume. Lors d'une rencontre privée tenue le 11 mai 2004 à son domicile de Pointe-de-l'Église en Nouvelle-Écosse, le sénateur Comeau a manifesté son intention de demander officiellement au gouvernement canadien une enquête publique sur la Déportation des Acadiens.

Après les attentats du 11 septembre 2001, il reste à voir quel chemin choisiront les États-Unis afin de maintenir l'autorité morale qu'ils ont toujours eue aux yeux des autres nations. En mai 2004, suite à la découverte des abus commis par les Forces armées américaines à l'égard des prisonniers détenus en Irak dans la prison d'Abou Ghraïb, aussi bien qu'à la suite du dévoilement des mémos gouvernementaux justifiant la torture comme technique d'interrogation, la réputation des États-Unis comme protecteurs des droits humains a été grandement entachée. En comparant les actions contemporaines des États-Unis et celles de la Grande-

Bretagne au XVIIIe siècle, on peut établir un parallèle quant à la volonté de faire prévaloir l'agenda politique au détriment des droits humains. La Proclamation royale offre maintenant à tous les pays un modèle à suivre pour le XXIe siècle.

Depuis la signature de la Proclamation royale, l'Allemagne à également reconnu ses torts historiques : le premier août 2004, dans un geste d'humilité, le chancelier allemand Gerhard Schroeder en s'inclinant devant les marches d'un monument commémorant l'Insurrection de Varsovie contre l'occupation nazie, a reconnu les « souffrances incommensurables » causées 60 ans plus tôt par les Allemands en écrasant cette révolte. Il est alors devenu le premier chancelier d'Allemagne à assister à la commémoration de l'insurrection qui a duré 63 jours et au terme de laquelle la répression nazie a fait 200 000 victimes parmi les habitants de Varsovie et a laissé cette ville en ruine. Le souvenir de cette bataille de 63 jours livrée aux troupes nazies par le mouvement de résistance de l'Armée de l'Intérieur, avec des effectifs restreints et mal armés, dont des civils et même des enfants, a provoqué une effusion de patriotisme en Pologne.

En désavouant les actes commis pendant l'exil, la Couronne britannique a envoyé le message clair que de telles actions sont inacceptables. Probablement que jamais en temps de paix, aucune autre tragédie n'a provoqué autant de souffrances inutiles et injustifiées que la Déportation des Acadiens. Dans son poème *Évangéline*, Longfellow a écrit que la Déportation était « un exil sans fin[14] ». Avec la promulgation de la Proclamation royale, cet exil est symboliquement arrivé à son terme. *Beausoleil* et le peuple acadien ont été réhabilités.

Notes

1. Marsha Sills, «Queen Elizabeth II offers apology for deporting Acadians», *The Advertiser*, 11 décembre 2003 ; Ron Thibodeaux, «Royal regrets offered for Acadian expulsion», *The Times-Picayune*, 11 décembre 2003 ; Associated Press, «Canadian remorse on Acadians official», *The Advocate*, 11 décembre 2003 ; Associated Press, «Houma : Canadian apology is bittersweet», *The Advertiser*, 12 décembre 2003 ; Judy Stanford, «Journey's End», *The Sunday Advertiser*, 1er août 2004. «Le 9 août 2003, plusieurs activités, notamment musicales et culinaires, dédiées aux Acadiens de Louisiane se sont tenues au Lieu historique national de Grand-Pré. Le thème de la journée était "Les Cajuns reviennent chez eux à Grand-Pré". Warren Perrin, un rési-

dent de Lafayette, y parla de la Proclamation royale d'Élisabeth II dans laquelle elle demande pardon pour l'expulsion des Acadiens des provinces Maritimes qui commença en 1755. Perrin y autographia également son livre intitulé « *Acadian Redemption : From Beausoleil to the Royal Proclamation* ». Cheré Coen, « Congress devotes day to Louisiana Cousins », *The Daily Advertiser*, 9 août 2004, p. 1A.

2. Ève Berger « Échos : Torts Historiques », *France-Louisiane*, Paris, France, n° 114, septembre - décembre 2003.

3. Steve Hachey, « Warren Perrin ravi de la Proclamation royale », *L'Acadie Nouvelle*, 12 décembre 2003 ; Canadian Press, « Suffering of Acadian deportation recognized in royal proclamation », *The Mail Star/The Chronicle-Herald*, 11 décembre 2003 ; Brian Underhill, « Comeau wants expulsion probe », *The Mail Star/The Chronicle-Herald*, 4 décembre 2003. « À une occasion lors d'un souper protocolaire, je me suis retrouvé dans la file d'attente pour saluer le prince Charles. Il y avait devant moi un groupe de Palestiniens venu réclamer son appui à leur cause. Lorsque le successeur du Trône britannique posa son regard sur moi, je lui ai également transmis les griefs de mon peuple. « Il y a maintenant 250 ans, ai-je informé le Prince, et les Acadiens attendent des excuses de votre mère pour l'expulsion de nos ancêtres ». Après une brève pause, il répondit allusivement et avec un clin d'œil royal : « L'Histoire est parfois si cruelle. » Lyse Doucet, « We're born again », *The Globe and Mail*, 31 juin 2004, p. F4.

4. David Ljunggren, « Canada acknowledges wrong done to Acadians deported in 1700s », *The Boston Globe*, 11 décembre 2003 ; Beurmond Banville, « Acadians to get apology from Queen Elizabeth », *The Bangor Daily News*, 5 décembre 2003 ; Clifford Krauss, « Evangeline's People Gather and Weep for Ancestors Fate », *New York Times*, 12 août 2004.

5. Irene B. Guidry, *In Written Word - The Cajun Way*, à paraître, p. 30.

6. J. Maxie Broussard, « Minutes of Gathering », *Gazette Beausoleil*, vol. VI, printemps 2004, p. 2. « Le Grand Dérangement reconnu ! », *France-Louisiane*, n° 116, avril-juin 2004, p. 8.

7. Louisiana Public Broadcasting, « Louisiana-The State We're In », diffusé le 16 décembre 2004 ; Canadian Broadcasting Corporation, Toronto, entrevue de Natalie Bibeau, 30 juin 2004 ; KLFY affilié à CBS, Lafayette, Louisiane, diffusée le 11 décembre 2004 ; et KATC affilié à ABC, Lafayette, Louisiane, diffusée le 11 décembre 2004 ; Linda Boudreaux, « The Extra Mile », *Acadiana open Channel TV*, diffusée le 3 août 2004.

8. Trent Angers, « Queen of England Apologizes for Acadian Expulsion », *Acadiana Profile*, vol. 23 n° 4, février 2004 ; Bucky McMahon, « Warren

Perrin Defender Of The Cajuns», *Esquire*, juin 2004, p. 123; David
Wallace McDonald, *National Geographic Magazine*, entrevue 2004;
Jeffrey Houdlett, «The Cajun Connection», *Portland Magazine*, vol.
19, n° 4, p. 55-57.

9. Our Views, «Today's Apology for Distant Evils», *The Advocate*,
   26 décembre 2003; Another Voice, «Righting a Wrong», *The Times*,
   4 février 2004, p. 19; «Atoning for Acadia», *Times-Picayune*,
   15 décembre 2003; «Good: All Apologies», *Times of Acadiana*,
   vol. 24, n° 13, 17 décembre 2003; «Acadian Mark 400», *Cape Breton
   Post*, 14 août 2004, p. A8.

10. Carl A. Brasseaux, *In Search of Evangeline: Origins and Evolution of
    the Evangeline Myth*, Blue Heron Press, Thibodaux, Louisiana, 1989.

11. *Ibid.*, note 25, p. 166.

12. Carl A. Brasseaux, *Acadian to Cajun: Transformation of a People,
    1803-1877*, University Press of Mississippi, Jackson, Mississippi,
    1992.

13. Alexandra Zavis, Associated Press, «Ethnic slaughter prompts refugee
    crisis in Sudan», *Sunday Advocate*, 11 juillet 2004, p. 18A.

14. Henry Wadsworth Longfellow, «Evangeline: A Tale of Acadia», in *The
    Political Works of Henry Wadsworth Longfellow*, Houghton Mifflin,
    New York, 1886, vol. 2, p. 19-106. «Vaughn Madden, la directrice
    générale du CMA 2004, considère que l'événement de deux semaines
    a dépassé les attentes, surtout au plan émotionnel. Les liens établis
    entre les Acadiens et les Cadiens, dit-elle, ont montré que les senti-
    ments pouvaient dépasser le temps. Il s'agissait de créer des liens à
    travers le monde». Madden souligne que les habitants de la Nouvelle-
    Écosse se sont montrés hospitaliers avec les visiteurs venus de loin.
    «Ils ont ouvert leurs maisons et ont partagé des histoires». L'une de
    ces histoires qu'elle a entendue est à propos de propriétaires terriens
    qui, vers 22h, ont permis à une famille de Louisiane de camper sur la
    terre de leurs ancêtres. D'autres ont également permis à des étran-
    gers d'installer leurs tentes dans leur cour arrière. Selon Madden, le
    nombre de visiteurs s'approche des 250 000 espérés. «Par exemple,
    le district de Clare reçoit généralement 5000 touristes l'été, dit-elle,
    mais cette année, ils en ont déjà reçu plus de 25 000». Wendy Elliot,
    «A chance to Celebrate», *The Daily Advertiser*, 22 août 2004, p. 1G.
    «Cette année, celle du CMA 2004, les Cadiens se sont rendus en
    Nouvelle-Écosse non seulement pour les réunions de familles, les
    cérémonies et le festival. C'était une chance de retourner à la maison.
    En compagnie de cousins venus de partout dans le monde, c'était une
    opportunité de fouler la terre occupée autrefois par leurs ancêtres.
    C'était une chance de contempler ces rivières, ces vallées et ces
    marées énormes qu'un peuple uni voyait aussi autrefois pendant qu'il

réclamait ces dernières à la mer en bâtissant l'Acadie, avant que la guerre éclate en 1755 et que les Anglais les chassent de leurs maisons et ruinent leurs vies. 250 ans ont passé depuis le Grand Dérangement, mais le charme de la terre ancestrale fait toujours effet.» Cheré Coen, «A chance to come home», *The Daily Advertiser*, 22 août 2004, p. 1G. Le premier ministre du Canada, Paul Martin, celui de la Nouvelle-Écosse, John Hamm, la lieutenant-gouverneure Myra Freeman et la gouverneure de la Louisiane, Kathleen Babineaux Blanco, ont participé à la messe et à la cérémonie de clôture du IIIe CMA le 15 août 2004. Au début de la messe en français, de l'eau apportée par les Micmacs, ainsi que de France, de Belgique, d'Acadie, du Québec, de Nouvelle-Angleterre et de Louisiane, a été versée dans un récipient en signe de réconciliation. La gouverneure Kathleen Babineaux Blanco a célébré l'héritage acadien du monde entier en s'adressant aux milliers de personnes rassemblées à Grand-Pré en Nouvelle-Écosse pour assister aux cérémonies de clôture du IIIe CMA. «Cette terre que nos ancêtres ont développée est notre terre ancestrale que nous aimons», a-t-elle déclarée. «Tous les Acadiens, où qu'ils vivent, peuvent être fiers d'avoir transformé non seulement la Déportation, mais aussi toutes les exclusions et discriminations contemporaines, en un succès planétaire», a-t-elle ajoutée. La foule, forte d'environ 10000 personnes, a accueilli le discours émouvant de Blanco par une ovation debout. Plus tard, Blanco a parlé de l'intérêt grandissant en Louisiane pour les classes d'immersion française. «Même les adultes, souligne-t-elle, se rassemblent, à Lafayette par exemple, pour déjeuner et exercer leur français.» Wendy Elliot, «Blanco thankful for ancestral pilgrimage during this year's *Congrès*», *The Daily Advertiser*, 18 août 2004, p. 1D.

Épilogue

L e peuple cadien a profondément évolué depuis l'époque de *Beausoleil* Broussard. Celui-ci reconnaîtrait-il les Cadiens d'aujourd'hui comme ses descendants? Nous ne pouvons que spéculer. Les Cadiens du début du xxᵉ siècle étaient certes peu différents de leurs ancêtres acadiens. Comme les exilés, les Cadiens d'avant le milieu du xxᵉ siècle parlaient surtout français et s'adonnaient surtout à l'agriculture de subsistance; ceux qui n'étaient pas fermiers pratiquaient d'autres métiers tels que trappeurs, pêcheurs, cueilleurs de tourbe, travailleurs forestiers ou constructeurs de bateaux.

Aux environs de 1940, cependant, le monde des Cadiens commença à changer rapidement: la cause de ce changement fut la Deuxième Guerre mondiale. Contrairement à d'autres événements historiques, ce conflit mondial et ses suites ont servi d'agents d'américanisation dans le sud de la Louisiane avec, comme résultat, la presque totale disparition du français cadien à la fin du siècle. En 1990, 30% seulement des Cadiens parlaient leur dialecte comme leur première langue, et la grande majorité de ceux-ci étaient ou d'âge mûr ou d'âge plus avancé. Pratiquement aucun jeune Cadien ne parlait sa langue, même comme langue seconde.

La tendance unificatrice de la société cadienne récente est l'américanisation − ce processus d'assimilation à l'establishment anglo-américain qui a traditionnellement dominé la culture centrale de la nation. S'américaniser veut dire embrasser l'éthique de travail, le matérialisme et le patriotisme de l'Amérique anglophone, éléments qui étaient tous étrangers à la majorité des Cadiens avant la Deuxième Guerre mondiale. Cela veut dire aussi *speaking English*, malgré le fait que les Cadiens et leurs aïeux ne parlaient que le français depuis leur arrivée en terre d'Amérique trois cents ans plus tôt.

L'américanisation est l'un des principaux événements de l'expérience cadienne dans son ensemble, au même titre que l'expulsion de leurs ancêtres de la Nouvelle-Écosse, et les dévastations dans le sud de la Louisiane durant la Guerre civile. Ces événements ont produit de profonds changements qui ont altéré pour toujours la nature de ce groupe ethnique.

Cependant, à partir des années 1960, les Cadiens, entraînés par le vent de la tendance nationale de la fierté ethnique et de la reconnaissance des cultures, se sont mobilisés pour sauver leur culture. La montée du mouvement de la fierté cadienne dans le peuple tout entier et le mouvement plus organisé mené par le CODOFIL (Conseil pour le développement du français en Louisiane) soulignaient les efforts des Cadiens pour se réapproprier leur héritage à travers toute une série de mesures : de la protection de la langue française dans la Constitution de 1974 à la demande dans les années 1990 que le gouvernement britannique reconnaisse et répare le traitement injuste fait aux ancêtres des Cadiens.

C'est en relation avec cette dernière mesure que Warren Perrin a fait sa première marque comme activiste cadien. Né dans la paroisse rurale de Vermillon, en Louisiane, dans une famille ouvrière, Perrin s'est intéressé sérieusement à son héritage acadien vers la fin des années 1980, quand un événement national l'a transformé en un activiste culturel militant. Cet événement fut l'adoption de la Loi sur les libertés civiles, en 1988, qui offrait des excuses pour l'emprisonnement de près de 120 000 citoyens américains et résidents étrangers d'origine japonaise durant la Deuxième Guerre mondiale.

Perrin pensait que la Déportation acadienne avait été non seulement illégale selon la loi internationale de l'époque, mais que l'ordre de déportation n'avait pas été abrogé – ce qui voulait dire que les Cadiens visitant le Canada défiaient techniquement un édit militaire vieux de quelques siècles et étaient donc passibles de poursuites judiciaires. « On ne peut pas clore ce chapitre de notre histoire avec cette épée de Damoclès sur nos têtes », expliquait Perrin en 1995, « ou nous vivrons en exil à jamais ». Déclarant la Déportation un cas patent de nettoyage ethnique, Mᵉ Perrin s'est servi de ses habilités et connaissances juridiques pour corriger ce méfait historique : au nom des millions de descendants acadiens vivant dans le sud de la Louisiane, au Canada et ailleurs dans le monde, il a préparé une poursuite judiciaire appelée « Warren A. Perrin et al. vs l'Angleterre et al. ». Connue par ses supporteurs simplement comme « la Pétition », la poursuite demandait au gouvernement britannique de reconnaître le fait de la Déportation. La campagne organisée par Perrin l'a élevé rapidement au panthéon des activistes cadiens, une position qu'il a ultérieurement consolidée quand il a fondé le Musée acadien d'Érath et son organisme de soutien, la Fondation de la culture et du patrimoine acadien. En 1994, il acceptait l'invitation du gouverneur Edward d'être président du CODOFIL, un poste qui lui permettait non seulement de faire avancer sa pétition, mais aussi d'engager l'organisme dans une direction nouvelle.

Pendant qu'il rendait CODOFIL plus démocratique et plus accessible au grand public, Perrin assurait la continuité des programmes officiels de l'organisme, tels que celui de l'immersion française, et se servait du CODOFIL comme d'une ligue anti-diffamation active. Avec l'appui et sous le patronage du CODOFIL, par exemple, il a combattu sans relâche l'usage du mot « *coonass* », considéré par plusieurs comme la suprême injure ethnique contre le peuple cadien.

On peut voir pourquoi Warren Perrin a été attiré par un personnage comme *Beausoleil* Broussard. Les deux partagent des qualités semblables, comme le désir de mener des combats contre des injustices reconnues – dans le cas de *Beausoleil,* sur la frontière comme combattant de la liberté pour la défense des familles pionnières acadiennes ; dans le cas de Perrin, dans les cours de justice pour défendre les plaignats ordinaires, et dans l'arène publique comme un activiste culturel pour la défense du peuple acadien, luttant pour conserver sa culture contre le rouleau compresseur de l'américanisation. *Beausoleil* Broussard approuverait sans doute la déclaration de Perrin, que ce dernier répète souvent, « *la bataille continue et ensemble on est capable* ».

Shane K. Bernard*

---

* *Shane K. Bernard détient un doctorat en histoire de l'Université A&M du Texas et des licences en histoire et en littérature anglaise de l'Université de Lafayette. Il est l'auteur de* The Cajuns: Americanization of a People, *ainsi que de* Swamp pop : Cajun and Creole Rhythm and Blues. *Shane K. Bernard est aussi un descendant d'Alexandre Broussard dit Beausoleil.*

Annexes

1. La pétition des Acadiens déportés à Philadelphie adressée au roi d'Angleterre (1760).

2. L'accord d'Hauterive (4 avril 1765).

3. Les Marques.

4. Document autorisant la première église dans le district des Attakapas.

5. Nomination de Joseph Beausoleil Broussard comme capitaine commandant (8 avril1765).

6. Papiers monnaies, 8 mars 1766.

7. Lettre de Jean-Baptiste Semer de la Nouvelle-Orléans à son père au Havre, 20 avril 1766.

8. Les drapeaux racontent l'histoire des Acadiens de la Louisiane.

9. Lettre de Me Warren Perrin au maire de Broussard, Louisiane.

10. La Proclamation royale (2003).

11. Un survol de l'histoire acadienne, par Me Warren Perrin (2004).

12. De la Louisiane à la Proclamation royale, par Stéphane Bergeron (2008).

13. La petite histoire d'une Proclamation royale.

14. Autour de la Proclamation royale.

15. La Déportation acadienne: du mythe à la réalité.

Annexe 1

La pétition des Acadiens déportés à Philadelphie adressée au roi d'Angleterre (1760)

À Sa Très Gracieuse Majesté, le roi de la Grande Bretagne, etc., etc.

L'humble requête de ses sujets, les ci-devant habitants français de la Nouvelle-Écosse, autrefois établis dans la baie des Mines et les rivières y appartenant ; aujourd'hui résidant dans la province de la Pennsylvanie, en leur nom et au nom des anciens habitants de ladite baie ainsi qu'au nom de ceux jadis établis sur la rivière d'Annapolis-Royal, en quelque endroit qu'ils soient dispersés.

Qu'il plaise à Votre Majesté,
Il n'est pas en notre pouvoir de remonter à l'origine même des conventions sous l'empire desquelles nos ancêtres se sont établis, au début, à la Nouvelle-Écosse, sous la protection des prédécesseurs de Votre Majesté, puisque la plupart de nos anciens qui étaient au courant de ces transactions sont morts, et surtout parce que nos archives, nos contrats et nos documents de toute sorte, nous ont été enlevés de force quelque temps avant la malheureuse catastrophe qui a été l'occasion des calamités qui nous accablent présentement. Mais nous avons toujours compris que cette situation avait pour base une convention intervenue entre les commandants de Sa Majesté à la Nouvelle-Écosse et nos ancêtres, vers l'année 1713, convention sous l'empire de laquelle ils furent autorisés à demeurer en possession de leurs terres, à condition de prêter un serment de fidélité au gouvernement britannique, avec l'exemption de porter les armes et le privilège du libre exercice de leur culte religieux.

Il est très certain, et c'est un fait dont plusieurs d'entre nous se souvienent encore, qu'en l'année 1730, le général Phillips, gouverneur de la Nouvelle-Écosse, nous confirma, au nom de Votre Majesté, à nous et à tous les habitants de la baie des Mines et des rivières y appartenant, la libre et entière propriété des terres que nous possédions à cette époque ; terres que, en vertu de concessions antérieures du gouvernement français, nous détenions pour

nous-mêmes et nos héritiers à perpétuité, en payant les redevances d'usage, etc. Et à condition de nous comporter avec toute
la soumission et la fidélité voulues envers Votre Majesté, en
conformité du serment qui nous avait été administré et dont voici
la teneur :

> « Nous promettons et jurons sincèrement, sur notre
> foi de chrétiens, d'être entièrement fidèles et de
> nous soumettre sincèrement à Sa Majesté le roi
> George, que nous reconnaissons comme souverain
> seigneur de la Nouvelle-Écosse, ou Acadie ; et que
> Dieu nous soit en aide ! »

En même temps, ledit général Phillips promit également auxdits
habitants français, au nom de Votre Majesté, qu'ils jouiraient du
plus entier exercice de leur religion, qu'ils seraient exemptés de
porter des armes et d'être employés à la guerre, soit contre les
Français, soit contre les Indiens. Sous la sanction de ce solennel
engagement nous continuâmes à détenir nos terres, à faire de
nouveaux achats de terrains, à acquitter annuellement nos redevances, etc., et nous étions parfaitement en lieu d'estimer que
Votre Majesté ne désapprouverait pas la convention ci-haut mentionnée ; et notre conduite durant le cours de nombre d'années
avait été de nature à nous recommander à votre gracieuse protection et à celle du gouverneur de la Nouvelle-Angleterre, comme
l'atteste une déclaration imprimée, faite 17 ans après cette époque par son Excellence William Shirley, gouverneur de la
Nouvelle-Angleterre, déclaration qui a été publiée et répandue
dans notre pays, et dont quelques exemplaires ont échappé à la
destruction générale de la plupart de nos archives, et dont voici
en partie la teneur :

> « Par ordre de Sa Majesté,
>
> Déclaration de William Shirley, écuyer, capitaine
> général et gouverneur en chef, pour la province de
> Sa Majesté de la Baie du Massachusetts, etc.
>
> « Aux sujets de Sa Majesté, les habitants français
> de sa Province de la Nouvelle-Écosse : Attendu
> que, après avoir été informé que la rumeur s'était
> répandue parmi les habitants français de la pro-
> vince de la Nouvelle-Écosse, qu'on avait l'inten-
> tion de les éloigner de leurs établissements dans
> cette province, je leur ai signifié, par ma déclara-
> tion du 16 septembre 1746, l'avis que cette rumeur

était dénuée de tout fondement et qu'au contraire j'étais persuadé qu'il plairait à Sa Majesté d'accorder sa protection royale à tous ceux qui continueraient à lui demeurer fidèles et qui n'entretiendraient pas de communications avec les ennemis de sa Couronne ; et je leur ai donné l'assurance que je ferais à Sa Majesté un rapport favorable sur leur état et leur situation, rapport que j'ai en effet transmis à Sa Majesté, qui a daigné me signifier son bon plaisir relativement à ses sujets de la Nouvelle-Écosse, avec l'ordre explicite de le leur communiquer en son nom. Or, en vertu d'icelle et en conformité de cet ordre, je déclare ici, au nom de Sa Majesté, qu'il n'y a nullement lieu d'appréhender que Sa Majesté se propose d'éloigner lesdits habitants de la Nouvelle-Écosse de leurs établissements et de leurs habitations dans cette province, mais qu'au contraire, c'est la détermination de Sa Majesté de protéger tous ceux qui continueront à lui demeurer fidèles, et à leur assurer la pleine et paisible possession de leurs habitations et établissements respectifs, ainsi que la jouissance de leurs droits et privilèges, comme sujets britanniques, etc.

« Fait à Boston ce 21 octobre 1747 ».

Cette déclaration est confirmée, en outre, par une lettre en date du 29 juin de la même année, lettre adressée à nos délégués par M. Mascarène, commandant en chef de la Nouvelle-Écosse, et qui fait allusion à la première déclaration du gouverneur Shirley, dont nous avons un exemplaire authentique, et dont voici en partie la teneur :

« Quant aux appréhensions que vous éprouvez, au sujet des menaces qu'on vous fait de vous faire partir du pays, vous avez en votre possession la lettre imprimée de Son Excellence William Shirley, et qui est de nature à vous rassurer de ce chef ; vous savez la promesse que je vous ai faite, promesse dont vous avez déjà senti les effets, promesse portant que je vous protègerais tant que, par votre bonne conduite et votre fidélité envers la Couronne de la Grande-Bretagne, vous me mettrez en lieu de le faire, promesse que je vous réitère ici. »

À peu près vers l'époque de la publication de la déclaration ci-
haut citée, on exigea de nos députés qu'ils renouvelassent, au
nom de tout le peuple, le serment jadis prêté au général Phillips,
ce qui se fit sans qu'il fût fait mention du port d'armes, et nous
pourrions ajouter en toute vérité que nous ne sachions pas qu'il
soit survenu de changement dans nos dispositions ou dans notre
conduite depuis cette époque, mais qu'au contraire nous avons
toujours continué à nourrir des sentiments de reconnaissance
envers Votre Majesté et votre gouvernement, malgré que nous
nous soyons trouvés placés dans des difficultés inconnues de
nous jusque-là. Votre Majesté décida de fortifier notre province
et d'établir Halifax ; ce que les Français envisagèrent avec jalousie et contrèrent par de fréquentes incursions dans notre pays,
afin de créer des ennuis à cet établissement, et nous fûmes, en
conséquence, exposés à bien des embarras et à bien des misères ;
toutefois, nous rappelant les obligations qui nous liaient et le
serment de fidélité que nous avions prêté, jamais nous ne dou-
tâmes un seul instant que ce ne fut notre devoir impérieux et
dans notre intérêt de demeurer fidèles à votre gouvernement et à
notre serment, espérant qu'avec le temps ces difficultés s'aplani-
raient et que la paix et la tranquillité se rétabliraient ; et si, après
un nouvel état de choses en la Nouvelle-Écosse, Votre Majesté
eut jugé incompatible avec la sûreté de cette province de nous y
laisser demeurer aux conditions promises par vos gouverneurs,
au nom de Votre Majesté, nous aurions certainement acquiescé à
toute autre proposition raisonnable qui nous eût paru compatible
avec la sécurité de nos vieux parents, de nos tendres épouses et
enfants ; et en pareilles circonstances, en quelque lieu que nous
nous fussions retirés, nous vous aurions indubitablement gardé
une impérissable reconnaissance, en souvenir du bonheur dont
nous avions joui sous l'administration et la précieuse protection
de Votre Majesté.

Vers l'époque de l'établissement d'Halifax, le général Cornwallis,
gouverneur de la Nouvelle-Écosse, exigea que nous prêtions le
serment de fidélité, sans l'exemption antérieurement accordée,
celle de ne pas porter les armes, mais nous refusâmes tout net
d'accéder à cette demande, qui constituait à nos yeux une violation de la principale condition à laquelle nos ancêtres avaient
consenti à s'établir sous le gouvernement anglais.

Et nous fîmes savoir au gouverneur Cornwallis, que si Votre
Majesté ne consentait pas à nous continuer l'exemption en ques-

tion, nous désirions la liberté d'évacuer le pays, proposant de nous établir sur l'île Saint-Jean, où le gouvernement français consentait à nous laisser prendre des terres; proposition à laquelle, à cette époque, il refusa d'acquiescer, nous disant qu'il en réfèrerait à Votre Majesté et nous ferait connaître sa réponse. Mais jamais nous n'avons reçu de réponse, ni ne nous a-t-on fait de proposition, jusqu'au moment où l'on nous fit prisonniers.

Après l'établissement d'Halifax, nous eûmes à subir nombre de mauvais traitements et d'insultes de la part des ennemis de Votre Majesté, et surtout de la part des Indiens alliés des Français, qui tuèrent nos bestiaux, pillèrent nos maisons, firent subir à nombre d'entre nous de mauvais traitements, mettant notre vie en danger; et quelques-uns d'entre nous furent emmenés prisonniers au Canada, et cela uniquement par suite de la résolution que nous avions prise de demeurer fidèles au gouvernement anglais; René LeBlanc (notre notaire public), entre autres, fut fait prisonnier par les Indiens pendant qu'il voyageait au service de Votre Majesté; on pilla sa maison et on le transporta lui-même au fort des Français, d'où il ne réussit à sortir et à recouvrer sa liberté qu'après toutes sortes de difficultés, au bout de quatre années de captivité.

Nous étions également obligés de nous rendre aux demandes de l'ennemi, quand il nous réclamait des provisions de bouche, des bestiaux, etc., et cela sous peine de mort, et nous avions tout lieu de penser que le gouvernement comprenait que ce n'était pas là acte libre de notre part, mais que nous obéissions à la nécessité; d'autant plus que ceux qui étaient revêtus d'autorité semblaient prendre en bonne part les représentations que nous leur faisions toujours après que quelque événement de cette nature fût survenu.

En dépit de nombreuses difficultés auxquelles nous nous trouvions en butte, nous ne craignons pas, cependant, d'invoquer ici le témoignage des différents gouverneurs tant à Halifax qu'à Annapolis-Royal, et ils attesteront que nous étions toujours prêts à obéir à leurs ordres et à leur rendre toute l'aide en notre pouvoir, soit en fournissant des provisions de bouche ou des matériaux, soit en aidant à la construction des chemins, des forts, etc., conformément aux ordres de Votre Majesté et à notre serment de fidélité, et cela chaque fois qu'on nous le demandait ou qu'on nous en donnait l'ordre.

Nous avons, en outre, toujours eu soin de donner aux commandants de Votre Majesté avis des dangers auxquels ils étaient de
temps à autre exposés de la part des troupes ennemies, et si l'on
avait toujours su tenir compte des avertissements et des nouvelles que nous donnions, bien des vies auraient été épargnées, surtout dans la malheureuse affaire où le major Noble et son frère
trouvèrent la mort à Grand-Pré ; alors que, avec un grand nombre
de leurs gens, ils se virent surpris par l'ennemi qui leur coupa la
retraite, malgré les nombreux avertissements que nous leur
avions donnés au sujet du danger qu'ils couraient ; et cependant
on nous a injustement accusés d'avoir été complices de l'ennemi
dans ce massacre.

Et bien que nous nous soyons toujours efforcés de manifester
notre fidélité à ces différents égards, on n'en a pas moins faussement insinué que nous nous étions fait une ligne de conduite de
favoriser et d'appuyer les ennemis de Votre Majesté : mais nous
espérons que Votre Majesté ne tiendra pas ces soupçons et ces
accusations comme preuves suffisantes pour réduire une population de plusieurs milliers de gens innocents, de la situation la
plus heureuse à un état de misère et de détresse extrêmes ! Non,
pareille conduite était bien loin de notre pensée ; nous estimions
notre situation si heureuse que pour rien au monde nous aurions
souhaité un changement.

Nous avons toujours désiré et nous désirons encore qu'on nous
permette de répondre à nos accusateurs judiciairement. En attendant, permettez-nous, Sire, de déclarer ici que ces accusations
sont absolument dénuées de tout fondement, en tant qu'elles
nous concernent collectivement, comme peuple. Nous avons
toujours désiré vivre, à l'instar de nos pères, en fidèles sujets,
sous la protection royale de Votre Majesté, sincèrement résolus à
tenir notre serment de fidélité dans toute la mesure de nos forces.
On ne saurait cependant s'attendre à ce que parmi nous, comme
parmi les autres populations, il ne se rencontre des individus
faibles et au cœur faux, susceptibles de se laisser corrompre par
l'ennemi, de façon à violer leur serment de fidélité. Douze de ces
individus furent mis hors-la-loi dans la proclamation du gouverneur Shirley déjà mentionnée : mais de fait, l'on conviendra qu'il
y avait fort peu de ces individus au cœur faux au sein de notre
population, si l'on tient compte de notre situation, du chiffre de
la population, et des circonstances où nous nous trouvions placés à plusieurs égards, et il est facile de prouver que nos délégués

se sont constamment efforcés d'empêcher conduite aussi répréhensible, du moment que la chose venait à leur connaissance.

Nous savons que l'aide accordée aux Français par les habitants
de Beaubassin a servi d'argument pour hâter notre ruine ; mais
nous espérons que Votre Majesté ne souffrira pas que les innocents soient confondus avec les coupables, et l'on ne saurait légitimement conclure que de ce que ces gens aient fléchi devant les
menaces et les promesses de l'ennemi, nous ayons fait de même.
Ils se trouvaient si loin d'Halifax qu'ils étaient pour ainsi dire
dans une large mesure privés de la protection du gouvernement
anglais, tandis que nous jouissions de cette protection ; une distance de 60 milles de terres incultes nous séparaient d'eux, et
nous n'avions d'autres rapports avec eux que ceux qui existent
d'ordinaire entre voisins situés à pareille distance ; et nous pouvons affirmer en toute sincérité que nous regardions leur aban-
don des intérêts de Votre Majesté avec grande peine et anxiété.
Cependant, peu de temps avant qu'on nous eût fait prisonniers,
la maison où nous conservions nos contrats, nos registres et
archives, fut cernée par un corps d'hommes armés, et tous nos
documents furent enlevés par la force, et jusqu'aujourd'hui on ne
nous en a pas encore remis un seul, de sorte que nous sommes
dans une large mesure privés des moyens d'établir notre inno-
cence et la légitimité de nos griefs.

Lorsque nous adressâmes une remontrance au Gouverneur et au
Conseil au sujet de la violence qu'on nous avait faite en nous
enlevant nos documents et relativement aux craintes sans fondement que le gouvernement paraissait nourrir à notre endroit, en
nous enlevant nos armes, notre communication demeura sans
réponse ; mais ceux qui avaient signé la remontrance, et quelque
temps après, 60 autres, en tout, environ 80 de nos anciens, reçurent l'ordre de comparaître devant le Gouverneur en conseil,
ordre auquel ils obéirent sans délai, et on exigea d'eux qu'ils
prêtent le serment de fidélité, sans l'exemption de porter les
armes, privilège qui, pendant près de cinquante ans, nous avait
été accordé ainsi qu'à nos pères, et qui était la condition principale à laquelle nos ancêtres avaient consenti à demeurer à la
Nouvelle-Écosse, lorsque le reste des habitants français quittèrent
le pays ; et comme la chose répugnait à notre inclination et à
notre jugement, nous crûmes de notre devoir de refuser carrément
d'acquiescer à cette demande. Toutefois, nous offrîmes de notre
propre gré et nous aurions été heureux de renouveler notre
serment de fidélité, mais notre demande ne fut pas agréée et nous

fûmes séance tenante faits prisonniers, et le Gouverneur nous dit que nos biens meubles et immeubles étaient confisqués pour l'usage de Votre Majesté. Quant à ceux qui étaient demeurés chez eux, on leur signifia l'avis de comparaître devant les commandants des forts; et comme nous hésitions quelque peu à obtempérer à cet ordre, en raison de la saisie de nos archives, on nous donna force assurances qu'il ne s'agissait que de nous faire renouveler notre ancien serment de fidélité; cependant dès que nous eûmes franchi le seuil des forts, on prononça contre nous le même jugement que celui rendu contre nos frères à Halifax, et l'on nous fit également prisonniers.

Ainsi, malgré les concessions solennelles consenties à nos pères par le général Phillips, et en dépit de la déclaration faite par le gouverneur Shirley et M. Mascarène, au nom de Votre Majesté, déclaration portant que c'était l'intention de Votre Majesté de protéger tous ceux qui resteraient fidèles à leur devoir et à la foi jurée à Votre Majesté de les maintenir dans la tranquille et paisible possession de leurs établissements, ainsi que dans la jouissance de tous leurs droits et privilèges, à titre de sujets de Votre Majesté, nous nous trouvâmes sur le champ privés de nos biens et de notre liberté, sans aucune forme de procès, sans même avoir été confrontés avec nos accusateurs, et tout cela uniquement en raison d'une jalousie sans raison d'être et de soupçons tendant à nous représenter comme des gens enclins à se rallier aux ennemis de Votre Majesté. Or, nous déclarons de nouveau que cette accusation est dénuée de fondement; car toujours, nous sommes restés dans la ferme résolution d'adhérer, dans la pleine mesure de nos forces, à notre serment de fidélité, et cela non seulement en nous inspirant du sentiment d'un impérieux devoir, mais encore parce que nous étions pleinement satisfaits de notre situation sous le gouvernement de Votre Majesté et de la protection dont nous jouissions, et nous étions convaincus que nul changement qu'on pourrait nous proposer ne saurait améliorer cette état de choses. On a aussi faussement insinué que nous étions d'avis qu'on pouvait nous délier de notre serment de fidélité, de façon à nous permettre de le violer avec impunité; or, nous déclarons que c'est là une accusation absolument fausse, et nous l'avons clairement prouvé en nous exposant à de grandes souffrances, plutôt que de prêter le serment proposé au Gouvernement et au Conseil, parce que nous redoutions de ne pouvoir en conscience le tenir.

C'est ainsi que nous sommes devenus, nous et nos vieux parents, gens de haute intégrité et de fidélité à toute épreuve envers Votre Majesté, ainsi que nos femmes et nos enfants, les malheureuses victimes de ces craintes sans fondement; nous avons été transportés dans les colonies anglaises et cela s'est fait avec tant de précipitation et avec si peu d'égards pour nos besoins et les tendres liens de la nature, que nombre d'entre nous, de la jouissance des plus grands avantages sociaux et d'un grand bien-être, ont passé à un état de profonde misère, privés qu'ils étaient des articles de première nécessité; les parents ont été séparés de leurs enfants, les maris de leurs femmes, quelques-uns d'entre eux n'ayant pas encore pu se réunir; en outre, nous étions tellement à l'étroit dans les transports, qu'il n'y avait même pas de place pour nous reposer tous à la fois, et par conséquent, force nous fut de renoncer à emporter avec nous les articles de première nécessité, surtout pour le confort et le soutien des vieillards et des malades, dont plusieurs trouvèrent dans la mort la fin de leurs misères. Même ceux d'entre nous qui avaient le plus gravement souffert de la part des ennemis de Sa Majesté, en raison de leur profond attachement au gouvernement de Votre Majesté, furent également victime de la commune calamité, et entre autres René LeBlanc, le notaire public déjà mentionné, pour ne citer qu'un exemple remarquable. Il fut saisi, jeté en prison et déporté avec le reste de ses concitoyens; et sa famille, se composant de 20 enfants et d'environ 150 petits-enfants, fut dispersée en différentes colonies de sorte qu'à son débarquement à New-York, il ne lui restait que sa femme et les deux plus jeunes de ses enfants; il était d'ailleurs invalide et après avoir quitté New-York pour Philadelphie, où il retrouva trois de ses enfants, il mourut dans cette dernière ville, oublié comme le dernier d'entre nous, nonobstant ses longues années de travaux et de souffrances au service de Votre Majesté.

Les misères que nous avons endurées depuis cette époque défient toute description, réduits que nous étions à gagner notre vie par un travail dur et pénible, dans un climat méridional auquel notre constitution est tellement réfractaire que la maladie nous a empêché de pourvoir nos familles des articles de première nécessité, et en conséquence nous sommes menacés d'un malheur qui, à nos yeux, met le comble à nos souffrances, celui de voir nos enfants arrachés à nos bras et livrés à des étrangers et exposés à toutes sortes de maladies contagieuses inconnues dans notre propre pays.

Ainsi, on le voit, comparée à l'aisance et au bien-être dont nous jouissions, notre situation actuelle est des plus tristes. Dans cette province de la Pennsylvanie, nous avons déjà vu périr de misère et succomber à différentes maladies 250 des nôtres, soit un peu plus de la moitié de ceux qui ont été déportés ici. Au sein de notre grande détresse et de notre profonde misère, après Dieu, c'est à Votre Majesté seule que nous attendons du secours et le redressement de nos griefs : nous implorons donc la protection de Votre Majesté, lui demandant qu'il lui plaise de faire soumettre la justesse de nos plaintes à une enquête sérieuse et impartiale et nous espérons que Votre Majesté nous accordera le secours que, dans sa justice et sa clémence, elle jugera utile dans les circonstances, et nous ne cesserons de prier, etc.

Traduction de Placide Gaudet parue dans Le Temps, septembre 1901, revue et corrigée par Roger Léger, 2008.

Source : Fonds Placide Gaudet, Centre d'études acadiennes, Université de Moncton.

Note

J'ai cru bon devoir apporter quelques corrections à cette traduction de Placide Gaudet. Par exemple, lorsqu'il traduit par *judicieusement* l'expression anglaise «*in a judicial way*» dans la phrase : «*We have always desired, and again desire that we may be permitted to answer our accusers in a judicial way.*» J'ai préféré traduire ce passage par «*Nous avons toujours désiré, et le désirons toujours qu'il nous soit permis de répondre judiciairement à nos accusateurs.*» Les Déportés à Philadelphie voulaient que les cours de justice les blanchissent des accusations portées contre eux. J'ai corrigé un autre passage de la traduction de Placide Gaudet. Il traduit par «*Nous savons que l'aide accordée aux Français par les habitants de **Chignectou** a servi d'argument pour précipiter **leur** ruine*» la phrase anglaise suivante de la Pétition : «*We understand that the aid granted to the French by the inhabitants of **Beaubassin** has been used as an argument to accelerate **our** ruin*». Un léger contresens que j'ai corrigé. J'ai plutôt suivi le texte anglais dans la traduction que je donne plus haut dans cette annexe. Enfin, comme il arrive souvent, un journal peut dénaturer la pensée d'un auteur en faisant *sauter* quelques lignes à un texte. C'est la mésaventure qui est arrivée au texte de Placide Gaudet publié par le journal *Le Temps*. Ce passage incompréhensible se trouve un peu plus bas dans le même paragraphe qui commence par «*Nous savons que l'aide accordée aux Français…*» Pour compléter ma traduction, j'ai suivi de près, là aussi, le texte anglais de la *Pétition des Acadiens déportés à Philadelphie*. J'ai mis un peu d'ordre dans la ponctuation et fait quelques corrections mineures ici et là dans le texte.

Roger Léger

Annexe 2

L'accord d'Hauterive :
le début de l'industrie acadienne
de l'élevage en Louisiane

Transcription du texte original sauf les parties entre [ ]

Aujourd'huy quatrième jour du mois d'avril mil sept cent soixante-cinq devant moy soussigné notaire royal de la province de la Louisiane résidant à la Nouvelle-Orléans les soussignés furent présents en leurs personnes M. Antoine Bernard Dauterive, ancien capitaine d'infanterie demeurant en cette ville et les nommés Joseph Broussard dit *Beausoleil*, Alexandre Broussard, Joseph Guillebau, Jean Duga, Olivier Tibaudau, Jean Baptiste Broussard, Pierre Arceneaud et Victor Broussard, chefs des Acadiens demeurant aussy en cette ville.

Lesquels convinrent ensemble et d'un commun accord, en présence de Monsieur Charles Philipe Aubry, chevalier de l'Ordre royal et militaire de Saint-Louis, commandant en cette colonie et de Monsieur Denis Nicolas Foucault, faisant fonction de commissaire ordonnateur et de premier juge au Conseil supérieur de cette dite province à savoir que :

Le sieur Dauterive promet et s'oblige de fournir à chacune des familles acadiennes la quantité de cinq vaches aussi leurs veaux et un taureau pendant le temps et l'espace de six années consécutives à compter du jour que les bestiaux seront reçus dans le pré. Lequel dit sieur Dauterive courra le risque de la mortalité desdits bestiaux pour la première année seulement. En cas de mort, il les remplacera en même nature autant que faire se pourra sans pouvoir faire participer lesdits Acadiens dans la perte pendant ladite année seulement. Ledit sieur Dauterive se réserve la faculté de retirer les bestiaux et de rompre la société avec lesdits Acadiens dans trois ans à compter du jour que lesdits Acadiens auront en leur possession lesdits bestiaux ; [*ceux-ci et leur progéniture seront alors partagés également.*]

Ledit sieur Dauterive consent que lesdits Acadiens vendent quelques vaches ou taureaux s'il le juge à propos pourvu toutefois qu'ils tiennent compte de la moitié du produit de la vente qui sera constatée par l'un des Acadiens.

Ce que lesdits Acadiens ont accepté purement et simplement et promis comme ils s'y obligent d'avoir chacun grand soin desdits bestiaux. Lesquels au bout desdites six années ils remettraient chacun d'eux la même quantité de vaches et veaux, de même âge et nature qu'ils auront reçue lors de la livraison et que les avoirs qui survivront et qui se trouveront à la fin seront partagés par moitié entre lesdits Acadiens et le sieur Dauterive.

Ce que lesdits Acadiens susnommés faisant tant pour eux que pour leurs autres collègues pour raisons de quoy ils s'obligent, affectent et hypothèquent tous leurs biens solidairement et pour les autres [...] et le sieur Dauterive aussy tous ses biens présents et à venir tout autant.

Cet acte fait et passé à la Nouvelle-Orléans en l'hôtel dudit Monsieur Aubry le jour, mois et an susdit en présence des sieurs Léonard, Mazange et Couturier, chirurgien, témoins y demeurant qui ont signé avec le sieur Dauterive, ayant lesdits Acadiens déclaré ne pas savoir signer. De ce enquis suivant l'ordonnance.

(Signé) Dauterive, Aubry, Foucault, Laperrière, L. Mazange, Couturier, Garic, notaire

Annexe 3

Marquage du bétail
dans le sud-ouest de la Louisiane

Quelques marques extraites du Livre des Marques des districts d'Opelousas et des Attakapas, 1760-1888 (Tableau II)

#	Marque	Description	Marque	Description	#
1	10 7	Boutte' Louis Hilaire, homme de couleur libre, St. Martin Jan. 17, 1817, p. 13	X	Chevallier Declouet St. Martin, June 1, 1780 p. 40	15
2	EB	Paul Pierre Briant St. Martin, July 20, 1821 p. 15	Œ+	Declouet Chevalier fils d'Alexandre, St. Martin June 18, 1784, p. 43	16
3	☆	Briant Pierre Paul St. Martin, Oct. 9, 1824 p. 15	∩4	Martin Duralde St. Martin, Mar. 12, 1789 p. 46	17
4	Jb	Louis Maduse (Spaniard) St. Martin, July 14, 1827 p. 17	mo	Medist Delahoussay, f.w.c. St. Martin, July 12, 1814 p. 47	18
5	PL	Catin, Negresse Libre passed to Louis La Violette, June 13, 1808, St. Martin, p. 24	X	François Quarteron Libre St. Martin, May 29, 1792 p. 57	19
6	δs	Celestin Sauvage Attakapas St. Landry, June 13, 1808 p. 24	5F	Louis Grevemberg St. Martin, Oct. 14, 1793 p. 64	20
7	2b4	Celestin Sauvage Attakapas St. Martin, Aug. 18, 1804 p. 29	FR	Francois Grevemberg St. Martin, Oct. 14, 1770 p. 64	21
8	✝	Chaulinette Quarteron Libre St. Martin, Aug. 12, 1805 p. 30	Z3	Josephe, Mitif Libre St. Martin, Aug. 4, 1800 p. 81	22
9	I·N	Charlotte, Nsse Libre St. Martin, July 26, 1815 p. 33	∂	Jos. Mathew, Griffe Libre St. Landry, Oct. 7, 1822 p. 98	23
10	JL	Chataign Sauvage St. Martin 1826 p. 33	¥	Melançon Veuve St. Martin, Sept. 21, 1801, p. 105	24
11	PS	Dermancourt Joseph Sauvage St. Landry, Aug. 4, 1825 p. 38	⊂	Belthazare Martel St. Martin, July 16, 1823 p. 108	25
12	DC	Chevalier Declouet St. Martin, June 1, 1770 p. 40	FXM	F. X. Martin St. Martin, Sept. 1, 1823 p. 108	26
13	DC	Declouet Vve. St. Martin, June 1, 1776 p. 40	ID	Ozenne pere St. Martin, Oct. 14, 1748 p. 113	27
14	GP	Gonsalan Deprados St. Martin, Mar. 1, 1780 p. 40	ID	Ozenne Jacques Pyois pere, St. Martin, Aug. 13, 1748, p. 113	28

Source: *Cattle Brands of the Acadiens and Early Settlers of Louisiana/Attakapas* Glenda Shoeffler (1992)

Marquage du bétail
dans le sud-ouest de la Louisiane

Marques additionnelles tirées du Livre des Marques du district
des Opelousas et des Attakapas, 1760-1888 (tableau III)

#	Marque	Inscription	#	Marque	Inscription
1	ID7	Ozenne Usin son fils, St. Martin, Sept. 11, 1802, p. 113	15	P	Gilbert Handy, fils freedman, St. Landry, Aug. 28, 1866, p. 407
2	AP	Alexander Porter, St. Martin, Aug. 16, 1809, p. 118	16		Marie Thibodeaux freedwoman, St. Martin, July 29, 1867, p. 421
3	WK	William Wikoff, St. Landry, June 29, 1815, p. 150	17		Edmond Senegal, col. Lafayette, July 31, 1869, p. 443
4	≠	Lenlette f.w.c., St. Martin, Aug. 23, 1830, p. 168	18		Philomene Gautraut, Lafayette, Nov. 16, 1872, p. 494
5	Xn	Marie Louise Senegal, f.w.e., Lafayette, Apr. 9, 1840, p. 217	19		John McNeese, Calcasieu, Nov. 29, 1873, p. 501
6	SUC	Sebastian Hernandez, Lafayette, April 10, 1844, p. 237	20	WARE	John M. Ware, St. Landry, May 25, 1883, p. 588
7		John Hanks, Vermilion, Aug. 27, 1844, p. 240	21		Joseph Jefferson, Iberia, July 21, 1887, p. 613
8		Desire Migues, St. Martin, Aug. 21, 1857, p. 279	22	4D	Domingue Caesar, Acadia, June 13, 1888, p. 618
9	Sh	Scothene Schixnayder, Vermilion, Sept. 10, 1855, p. 310	23	4O	Joseph Breaux, Acadia, June 13, 1888, p. 618
10	HA	Louis Attakapas, St. Landry, p. 332	24	4+	Alphonse Broussard, St. Martin, June 14, 1888, p. 618
11		Baptiste Malatre Libre, St. Landry, Sept. 4, 1815, p. 338	25	4K	Geo. K. Bradford, Acadia, Aug. 29, 1888, p. 620
12		Bernard Chef Attakapas, St. Martin, Apr. 18, 1801, p. 343	26	aH	Aladin Hanks, Acadia, Aug. 11, 1888, p. 620
13		Joseph Green Senegal, f.m.c., Lafayette, Aug. 15, 1866, p. 406	27	4H	Levigne Comeaux, Acadia, July 21, 1888, p. 619
14		Leocadie St. Andre, f.p.c., St. Landry, Aug. 30, 1866, p. 407	28	42	Alcide Richard, Lafayette, June 30, 1888, p. 619

Le format utilisé ici est celui du Livre moderne des Marques de la Louisiane, 1955. Notez que les marques les plus anciennes sont inscrites en français et que les plus récentes le sont en anglais. La marque de Gilbert Handy, fils, affranchi, est montrée comme transitoire. La majorité des inscriptions concernent des ranchers blancs ; elles apparaissent assez inhabituelles et sont d'intérêt pour plusieurs raisons. Les inscriptions concernant les Indiens ou les gens de couleur ne portent qu'un prénom.

Marquage du bétail
dans le sud-ouest de la Louisiane

Marques extraites du Livre des Marques
de la Louisiane, 1955, (tableau IV)

#	Marque	Propriétaire	Côté	Marque	Propriétaire	Côté	#
1	L	Earl K. Long Winfield	L	LA	La. State Penitentiary Angola	R	15
2	W	Noah Ward 6821 Government St. Baton Rouge	R	LU	Animal Indus. Dept. LSU Univ. Station Baton Rouge	L	16
3	⌣P	David L. Pearce Oak Grove	R	L6	La. Ag. Exp. Station Box 8877 Univ. Sta. Baton Rouge	L	17
4	IHH	Ike Hamilton 210 Thompson St. West Monroe	R	SP	La. State Police Baton Rouge	R	18
5	III	George P. Gayden, Jr. Gurley	L	—LS	Southwestern La. Inst. Lafayette	L	19
6	△	J. M. Petitjean 131 Harrison St. Lake Charles	L	C+C	St. Charles College Grand Coteau	R	20
7	HB	W. H. Beene, Jr. Box 5218 Bossier City	L	✝	St. Gertrude's Convent Ramsey	R	21
8	HT—	H. C., S. and Herman Taylor, Jr. Natchitoches	R	SJA	St. Joseph's Abbey St. Benedict	R	22
9	◇	R. Watkins Greene R. F. D. Youngsville	R	HP	Harry Pest Luling	R	23
10	⌐	The Armstrong Ranch Oak Alley Vacherie	L	Ⓓ	Alcide Dominique Box 940 Lafayette	R	24
11	PP	Pizzolato and Pest Hahnville	R	$	Swift and Co. Box 991 Lake Charles	L	25
12	⋊W	B. K. Whitfield Box 173 Lafayette	R	4K	Chas. M. Bradford Rayne	R	26
13	⧉	Mrs. Rayne Boudreau J. B. Route Cameron	R	M	Aubrey J. Marceau Box 184 Kaplan		27
14	PAT	Patrick E. Fairchild Greenwell Springs	R	—∧—	Mrs. Agnes Tanner Box 103 Duson	R	28

Ces marques sont des marques louisianaises modernes ; elles sont généralement simples, ont normalement un sens ou expriment un sentiment. Les
lettres R ou L indiquent le côté (droit ou gauche) sur lequel l'animal est
marqué.

Annexe 4

Document autorisant la première église dans le district des Attakapas

L'an mille sept cent soix___te treze & le seizieme jour du ___ de may a trois heures après midy les habitants des Atakapas s'etant assemblé pour proceder a l'election d'un second Sindic pour aider le Sr. Berard dans la repartition des bois de L'eglise & dans toutes les operations qui y auront apport ainsi que le recouvrement des deniers du a l'entrepreneur pour la main d'oeuvre de L'eglise. Les voix de tous les habitants ci presens siant eté recuellies, tous d'un commun accord ont nommé le Sr. Louis Armand Ducrest pour adjoin de Sieur Berard ci-devant elu sindic & de nouveau approuvé & convenu par tous les habitants denommés dans le presens proces verbal. Les quels ont signé & fait signer pour eux, ainsi que nous commandant du district aux Atakapas les susdits jour, mois & an que susdessus.

Labbée   Sorrel   Collete   Martin Poke   Fuselier de la Clair

François Ducuir
Pour

5 Claude Martin	19 J. Bte. Broussard	33 Fran. Broussard
6 Olivier Thibodeau	20 Simond Broussard	34 Jean Dugas
7 Amant Thibodeau	21 Jean Trahan	35 Charles Dugas
8 Paul Thibodeau	22 Pierre Naisa	36 Baptiste la Bauve
9 Fran. Guillebeau	23 Firmin Landry	37 Pierre Dugas
10 Michel Bernard	24 Jean Labbé, fils	38 Amant Broussard
11 Simond le blanc	25 Vincent Barras	39 Anselme Thibodeau
12 Charles Guillebeau	26 Nicolas Prevost	40 Claude Broussard
13 Charles Babino	27 Jos. Prevost	41 René Trahan
14 Philipe Wils	28 Martin Soudric	42 Michel Mo
15 Joseph Wilz	29 Michel Trahan	43 Antoine Bouin
16 Joseph Hebert	30 Joseph Broussard	44 Jean Louis Bonin
17 Pierre Broussard	31 J. Bte. Seymor	45 Paul Trahan
18 Silvein Broussard	32 J. Bte. Hebert	46 Jean Charles Hebert
		47 Pierre Porche

Les Sieurs Borda & Boutté ont nommé le Sr. Louis Grevemberg
Signé Bouttet   Borda

Messiere Delahoussaye & deVaugine ont nommé pour sindic & aussi par la main du Sr. la couronne J. Bte. Bessiere nous disans qu'ils ont nommé le Sr. Jean Baptiste Grevemberg.
Pour Messrs. de la Houssaye et Vaugine   Bessiere

Le Sr. Louis Grevemberg a nommé pour sindic le Sr. Boutté, fils ainé.
Signé Louis Grevember

Vu les signatures ci dessus & apres avoir compté les voix & prouvé que la pluralité de quarante sept voix avait choisi le Sr. Armand Ducrest, nous avons determiné qu'il demeurerait sindic & adjoin du Sr. Berard.
Atakapas le 16 may 1773.

Fuselier de la Clair

The undersigned, Clark of Court of the Parish of St. Martin, State of Louisiana, hereby certifies that the foregoing is a correct typewritten copy of an act signed on May 16, 1773 by Fuselier de la Clair, Commandant of the District of Attakapas, and by others, announcing the election of Louis Armand Ducrest as assistant sindic for the construction of the church, as said act appears recorded in Volume 1, (1760-1779) of Original Acts kept in the office of the Clerk of Court of said parish.

_____, Clerk _____ of St. Martin Parish

Note: This document, signed by Gabriel Fuselier de la Clair, Commandant of the Attakapas, and by others on May 16, 1773 should be of historical interest because it establishes the year of construction of the first church building at the Poste des Attakapas and contains the names of 53 contributing parishioners who, it may be assumed, were all heads of families. This compares with the 73 heads of families listed in the October 30, 1774 Census of the whole district of Attakapas taken by the then commandant, Chevalier Alexandre Declouet, for the Spanish Government.   Grover Rees.

Annexe 5

Nomination de
Joseph *Beausoleil* Broussard
comme capitaine commandant
(8 avril 1765)

Apparaît ci-après une copie de la page 189 du Southwest Louisiana Biographical and Historical publié par William Henry Perrin (The Gulf Publishing Company, 1891) et réimprimé par Claitor's Publishing Division, Bâton-Rouge, 1971. C'est une reproduction bilingue, en français et en anglais, de la commission du capitaine commandant de la milice acadienne émise le 8 avril 1765 à Joseph Beausoleil Broussard par Charles Philippe Aubry, gouverneur espagnol de la Louisiane.

COMMISSION DE CAPITAINE COMMANDANT DE MILICE POUR LE NOMMÉ GAURHEPT BROUSSARD, DIT *BEAUSOLEIL*	COMMISSION OF CAPTAIN COMMANDANT OF MILITIA FOR THE HERENAMED GAURHEPT BROUSSARD SURNAMED *BEAUSOLEIL*
Charles Philippe Aubry, Chevalier de l'Ordre royal et militaire de St. Louis, Commandant pour le Roy de la Province de la Louisiane :	Charles Philippe Aubry, Knight of the Royal and Military Order of St. Louis, Commandant for the King of the Province of Louisiana :
Attendu les preuves de valeur, de fidélité et d'attachement pour le service du Roy que le nommé Gaurhept Broussard, dit *Beausoleil*, Acadien, a donné dans différentes occasions, et les témoignages honorables que Mr. le marquis de Vaudreuil, et autres gouverneurs-généraux du Canada luy ont accordé en considération de ses blessures, et de son courage dont il a donné des preuves authentiques dans différentes affaires contre les ennemis de Sa Majesté. Nous l'établissons Capitaine de Milice et Commandant des Acadiens qui sont venus avec lui d'Angleterre et qui	In view of the proofs of valor, fidelity and attachment in the service of the King which the herein named Gaurhept Broussard, surnamed *Beausoleil*, Acadian, has given on different occasions, and of the honorable testimonials which the Marquis de Vaudreuil and other Governors General of Canada, have accorded him in consideration of his wounds and of the courage which he has given proof of in different affairs against the enemies of his Majesty. We appoint him Captain of Militia and Commandant of the Acadians, who have come with him from England to settle on the land of the

vont s'établir sur la terre des Acutapas, ne doutant point qu'il ne se comporte toujours avec le même zèle, et la même fidélité pour le service du Roy, et étant persuadé qu'il montrera toujours à ses compatriotes le bon exemple pour la sagesse, la vertu, la religion, et l'attachement pour son prince. Enjoignons aux susdits habitants acadiens de luy obéir, et entendre à tout ce qu'il leur commandera pour le service du Roy sous peine de désobéissance.

Mandons aux officiers des troupes entretenues en cette province de faire reconnaître le dit Gaurhept Broussard, dit *Beausoleil*, en la dite qualité de Capitaine Commandant des Acadiens qui vont s'établir aux Acutapas de tous ceux et ainsy qu'il appartiendra. En foy de quoy nous avons signé ces présentes et à celle fait opposer le sceau de nos armes et contresigné par notre secrétaire, à la Nouvelle-Orléans en notre hôtel, le 8 avril 1765.

[Signé] AUBRY. {Sceau}

Contresignée par

MONSEIGNEUR JOUKIE.

Copié par F.O. Broussard.

Acutapas; having no doubt that he will always comport himself with the same zeal, and the same fidelity, in the service of the King; and being persuaded that he will always show his fellow countrymen a good example in wisdom, virtue and religion, and attachment for his Prince. We enjoin on the herein mentioned Acadian inhabitants to obey him, and lend an ear to all which he will command them in the service of the King, under penalty of disobedience.

We direct the officers of the troops kept in this Province to have the said Gaurhept Broussard, surnamed *Beausoleil*, recognized in designated capacity of Captain Commandant of the Acadians, who are going to establish themselves among the Acutapas, and of all those as of right shall appertain. In faith of which we have signed these presents, and to them have affixed the seal of our arms, and our secretary has countersigned the same in New Orleans, at our hotel, April 8, 1765.

[Signed] AUBRY { Seal}

Countersigned by

MONSEIGNEUR JOUKIE.

Copied by F.O. Broussard.

Le commandant Broussard est l'ancêtre de la famille Broussard dans le sud-ouest de la Louisiane. Il a laissé une grande descendance qui perpétue son nom. Il faut noter que le prénom de Beausoleil est incorrectement donné comme « Gaurhept ».

Annexe 6

Rapport sur le papier monnaie détenu par les Acadiens

Nouvelle-Orléans, 8 mars 1766

AGI, Audiencia de Santo Domingo, 2585 : non paginée

Registre des sommes, provenant autant des lettres de change, monnaies de carte, et traites, que des certificats et autres notes négociables, utilisés jadis comme espèces par les Acadiens réfugiés dans cette colonie. Ils ont donné ces papiers à M. Maxent, pour être envoyés à son correspondant en France, qu'il chargera de faire une demande de remboursement (de la part du Gouvernement de France), ce 8 mars 1766.

À savoir,

D'un nommé Broussard,(88) chef du premier groupe (d'Acadiens) à arriver dans cette colonie, composé de 58 familles, la somme de 33 395 *livres,* 18 *sols,* inégalement divisés parmi les 58 familles. Le grand livre pour ladite somme a été envoyé en France comme preuve, attaché aux papiers dont il témoigne. – 33 595 # 18s.

D'un nommé Bergeron, (89) la somme de 47 076 *livres* (pounds), 19 *sols* (schillings), 6 *deniers* (pence), appartenant à 73 familles, somme arrivée en juin 1765, et le reste qui arrivera à la première opportunité – 47 076#19s6d.

D'un nommé Lachausée (90), 27 044 *livres*, 7 *sols*, 8 *deniers*, appartenant à 37 familles, somme qui arriva dans cette colonie par divers bateaux, en août, septembre, octobre et novembre, et le reste arrivera sous peu – 27 044#7s8d

Ce grand livre n'inclut pas divers certificats dont la valeur n'a pas encore été déterminée, et (conséquemment, ils) ne furent pas inclus dans le total des rapports déjà cités. Je reconnais par la présente avoir reçu les sommes susmentionnées, dans la devise susmentionnée, pour les fins susmentionnées.

À la Nouvelle-Orléans (signé) Maxent

Total – 107 517#5s2d

88 Joseph Broussard dit Beausoleil.
89 Probablement Jean-Baptiste Bergeron, un résident du poste Cabannocé (aujourd'hui la paroisse St. James). Voorhies, *Louisinians*, p. 116.
90 Philippe Lachausée, un médecin français marié à une Acadienne. Ibid., p. 424-425.

Source : Carl Brasseaux, *Quest for the Promised Land*, USL., Center for Louisiana Studies, 1989.

Annexe 7

Lettre de Jean-Baptiste Semer de la Nouvelle-Orléans à son père au Havre, 20 avril 1766.

Avec l'aimable autorisation de Jean-François Mouhot[*], nous reproduisons ici la fascinante lettre de Jean-Baptiste Semer qui a d'abord été publiée par la *Société d'histoire de la Louisiane* (Louisiana Historical Association) dans son *Histoire de la Louisiane* (Louisiana History), printemps, 2007, vol. XLIX, n° 2, page 219. La lettre jette un nouvel éclairage sur l'important rôle qu'a joué Joseph *Beausoleil* Broussard dans la venue des Acadiens en Louisiane, en 1765, depuis la Nouvelle-Écosse.

Dans un numéro récent de la revue canadienne Acadiensis étaient publiées plusieurs lettres d'Acadiens échangées peu après le «Grand Dérangement»[1]. J'ai découvert dernièrement une copie[2] d'une lettre - à ma connaissance totalement inédite - dont l'existence était bien connue des historiens mais qu'on pensait perdue[3]. Cette lettre fut écrite en avril 1766 par Jean-Baptiste Semer, Acadien récemment installé en Louisiane, à son père Germain Semer, réfugié au Havre, en France. Étant donné son intérêt pour la connaissance des prémices de la colonisation acadienne en Louisiane, il a paru opportun d'en publier ici la transcription intégrale.

Plusieurs indices dans la lettre montrent qu'il ne s'agit probablement pas du premier échange entre le fils et son père. En effet, Jean-Baptiste a déjà reçu une lettre de son père juste avant son départ de la Nouvelle-Orléans pour les Attakapas, en avril 1765. Il est possible que Jean-Baptiste ait déjà fait parvenir auparavant une première lettre à son père, puisque ce dernier sait où écrire à son fils et que Jean-Baptiste donne peu de détails sur le début de son périple. Or, Germain a une connaissance assez précise des pérégrinations antérieures de son fils, puisqu'il en fait le récit au commissaire de la marine au Havre, Mistral. Ce dernier

* Jean-François Mouhot, Research fellow, University de Birmingham, Royaume-Uni, jf.mouhot@ubham.ac.uk

transmet au ministre plusieurs informations dans un rapport accompagnant la copie de la lettre de Jean-Baptiste:

Un nommé Germain Semer, Acadien, qui parmi ceux qui sont résidents en ce port est regardé comme un homme de bon sens et de tête, et dont conséquemment ils suivent les conseils, m'est venu communiquer une lettre qu'il a reçu de son fils, actuellement habitant la Nouvelle-Orléans. Ce fils est resté dans l'Acadie avec les Anglais tout le temps de la guerre, et a été du nombre de ceux qui à la paix ont passé de l'Acadie à St Domingue pour y faire un établissement au Moule [Môle] St Nicolas, où le climat ou son intempérie ne leur convenant pas et en ayant fait périr beaucoup[4] ont déterminé Messieurs les gouverneurs et intendants de Saint Domingue à envoyer le restant de ces Acadiens à la Nouvelle-Orléans, peut-être même d'après les ordres de M. le duc de Choiseul. Cette lettre, dont j'ai l'honneur de vous envoyer ci-joint copie, a fait la plus forte sensation sur le nommé Germain Semer ainsi que sur quelques autres Acadiens à qui il en a fait part, et ce premier m'est venu demander la permission avec sa famille d'aller rejoindre son fils, pourvu toutefois que le Roi voulût bien faire les frais de leur passage auquel il leur est impossible de pourvoir (…). Je leur ai fait connaître que la Nouvelle-Orléans appartenant aujourd'hui au Roi d'Espagne, je ne pouvais leur accorder la permission d'y passer même à leurs frais sans vos ordres. Si vous ne voyez, monseigneur, aucun inconvénient à cette émigration (…), il serait facile avec peu de dépense, une fois faite pour toujours de les faire rendre au Mississippi (…). Jusque à ce que vous m'ayez honoré, Monseigneur, de vos ordres à ce sujet je ne laisserai partir aucun de ces Acadiens pour cette colonie espagnole[5].

Une correspondance antérieure avait donc sans doute été établie entre le père et le fils. Il est possible qu'une lettre ait été envoyée depuis Saint-Domingue, avant l'arrivée à la Nouvelle-Orléans du groupe d'Acadiens dont faisait partie Jean-Baptiste, en février 1765[6]. On peut retracer le parcours ultérieur de Germain Semer grâce aux informations publiées par G.M. Braud sur les Acadiens de Nantes[7]. Suite au refus du ministre Praslin (en 1766) de laisser partir les Acadiens vers la Nouvelle-Orléans, Germain Semer et sa famille ont vécu au Havre jusqu'en 1773 ou 1774, puis sont passés à Châtellerault avec les autres Acadiens attirés par les offres du Marquis de Pérusse des Cars. Comme beaucoup de ces mêmes Acadiens, la famille de Semer est ensuite passée à Nantes en 1776. Il y exerça le métier de charpentier et résida à l'Hôpital du Sanitat. Germain Semer a été inhumé le 14 décembre 1782 à l'Hôtel Dieu de cette ville[8]. Il n'a donc pu accomplir son désir d'aller vivre en Louisiane et d'y retrouver son fils.

Voici maintenant le texte de la lettre envoyée par Jean-Baptiste à son père:

Copie de la lettre écrite par le nommé Jean Baptiste Semer, au nommé Germain Semer son père, ancien habitant de l'Acadie résidant au Havre en date de la Nouvelle-Orléans, le 20 avril 1766[9].

Mon très cher père, au moment de mon départ pour les Attakapas[10], j'ai reçu l'honneur de la vôtre[11] à la Nouvelle-Orléans où j'avais descendu avec une trentaine de nos Acadiens qui sont venus pour rendre des bateaux du Roi que l'on nous avait prêtés pour emmener nos butins et nos familles. Nous avions parti l'année dernière au mois d'avril d'ici [de la Nouvelle-Orléans] pour nous y rendre [aux Attakapas] et les maladies nous ayant accablés cet été dernier nous avions été hors d'état de les ramer [sic, probablement pour ramener] jusqu'à présent, mais on nous en a encore redonné d'autres joints à ceux que nous avons faits là-haut et nous repartons avec nos vivres et munitions et autres provisions que nous avons faites. J'ai donné votre lettre à la mère sainte Madeleine hospitalière qui a eu mille bontés pour nous tous afin qu'elle ait encore celle d'y répondre, ce qu'elle fait en vous assurant, mon très cher père, que ce n'est pas faute de naturel pour vous et ma très cher mère que je n'ai pas eu l'honneur de vous dire de nos nouvelles, mais les Attakapas sont à 60 lieues d'ici et nos écrivains sont morts. Je m'oublierai moi-même plus tôt que de vous oublier tous les deux, les bontés que vous avez eues pour moi me sont présentes toujours et je ne manque pas dans mes prières de les offrir à Dieu pour votre chère conservation et vous demander aussi le retour et la continuation de votre amitié à tous deux et de me faire le plaisir de me donner de vos chères nouvelles le plus souvent possible.

Je vous dirai donc mon très cher père que j'ai arrivé ici le mois de février 1765 avec 202 personnes acadiennes dont Joseph Brossard[12] dit Beauplaisir [sic] et toute sa famille de ce nombre, la Greze et Catalan[13], toutes venant de Halifax et ayant passé par le Cap[14]. Beausoleil a emmené et payé le passage pour ceux qui n'avaient pas de quoi. Après nous il est arrivé encore 105 autres dans un autre vaisseau et puis 80, 40, des 20 ou 30, dans 3 ou 4 autres. Je crois que nous sommes à peu près 5 à 600 personnes acadiennes en comptant les femmes et les enfants. Nous autres les premiers avons été envoyés 7 ou 8 hommes pour visiter les terres et emplacements afin d'y faire un bon emplacement et on nous a rapporté qu'aux Attakapas il y avait de magnifiques prairies avec les plus belles terres du monde.

M. Aubry[15] qui commandait par la mort de M. d'Abbadie[16] nous a favorisés le plus qu'il lui était possible mais il n'a pas été tout à fait le maître n'étant pas secondé par les Messieurs des finances. Enfin pendant que nous étions ici on nous a donné une livre et demie de pain et de la viande aux femmes enceintes ou qui allaitaient et aux infirmes et l'hôpital du Roi, en maladie, et en emportant du pain, c'est-à-dire de la farine équivalent pour les hommes du riz et mahy [sic, probablement pour maïs] pour les femmes et enfants. Nous nous sommes rendus aux Attakapas avec des fusils poudre et plomb mais comme il était déjà le mois de mai les chaleurs étant fort grandes nous avons commencé avec trop de rigueur l'ouvrage. Il y avait six charrues qui marchaient, il fallait dompter les bœufs, aller à 15 lieues pour avoir des chevaux. Enfin nous avions fait la plus belle récolte et tous ont été pris à la fois des fièvres et personne en état de s'entraider de façon qu'il en est mort 33 ou 34 en comptant les enfants. Ceux qui se remettaient voulaient aller travailler à leur désert et ils retombaient mais nous sommes descendus au mois de février 1766 de cette année et nous voilà tous Dieu merci bien portants et espérant une très belle récolte cette année Dieu aidant ayant beaucoup défriché. Nous n'avons qu'à semer et nous avons déjà des bœufs, vaches, moutons, chevaux et la plus belle chasse du monde, des chevreuils, des dindes si gras, des ours et canards et toutes sortes de gibier. On y vit au bout de son fusil. Il y a plusieurs depuis la mort de Beausoleil qui sont descendus des Attakapas, entre autres ceux de la Rivière de Saint-Jean et se sont venus établir le long du fleuve Mississippi dans la côte des Allemands où les derniers ont déjà fait un établissement.

Il ne nous manque que les bons missionnaires comme nous avions dans l'Acadie car ici il n'y a que très peu de PP. Capucins. Ici il y en avait un goutteux qui avait monté avec nous mais il a été obligé de descendre. Voilà un gouverneur espagnol qui nous aime beaucoup qui vient d'arriver avec deux pères capucins très zélés, mais ils ne savent que l'Espagnol. On en attend d'autres.

La terre rapporte ici tout ce que l'on y veut semer. Blés de France, mahy et riz, patates, giraumont[17], pistaches, toutes sortes de légumes, lin, coton. Il n'y manque que du monde pour le cultiver. On y fait de l'indigo, du sucre, des oranges, et des pêches y viennent comme les pommes en France. On nous concède 6 arpents aux gens mariés et 4 et 5 aux jeunes gens, ainsi on a l'avantage, mon cher père, d'être sur sa terre, et de dire j'ai un chez moi. Le bois y est très commun, on en fait un grand commerce, pour les constructions et pour les bâtiments des maisons au cap et autres îles. Une personne qui veut s'adonner au bien et mettre sa peine sera à son aise en peu d'années. C'est un pays immense, vous pouvez y venir hardiment avec ma chère mère et toutes les autres familles acadiennes. Ils seront toujours mieux qu'en France. Il n'y a ni droits ni taxes à payer et plus on travaille et plus on gagne sans faire tort à personne.

Les religieuses d'ici qui sont Ursulines et qui malgré qu'elles instruisent les jeunes filles chez elles, sont encore chargées du soin de l'hôpital des troupes, ont fait bien du bien à tous nos Acadiens ; les filles entrent pour y être instruites et on y fait à l'hôpital tous les jours environ une heure de catéchisme pour les garçons à qui on a fait faire à diverses fois la première communion à plus de 40 jeunes gens. Voilà mon cher père un détail des avantages que nous avons ici et dont chacun est fort content. On nous promet des missionnaires incessamment. Il y a environ une soixantaine de familles encore à 15 lieues de nous, établis aux Appellonsa[18] qui s'y trouvent fort bien.

M. le nouveau gouverneur[19] monte pour faire une tournée à tous les postes pour y faire des Églises et fortifier les forts parce qu'à la dernière paix on a cédé aux Anglais une grande partie du pays et on attend des troupes d'Espagne incessamment pour fortifier tous les endroits que la France a concédés aux Espagnols ; ainsi nous avons un bon pays. M. le gouverneur est un homme de grande distinction, d'une grande piété, qui n'est pas marié, qui est un génie supérieur, entend toutes sortes de langues. On espère beaucoup de son gouvernement point intéressé qui vient du Pérou, et a donné aux pauvres communautés et aux pauvres honteux tout ce qu'il avait, ayant d'appointements dans cet endroit trente mille piastres par an. Il a été obligé d'emprunter à la Havane en venant ici. C'est un homme d'un mérite rare à tous égards. Le papier me manquant je ne puis que vous assurer du profond et soumis respect avec lequel je suis mon très cher père et mère votre très humble, etc...

Signé : Jean-Baptiste Semer

Notes

1. Jean-François Mouhot est l'auteur d'une thèse de doctorat intitulée *Sur les réfugiés acadiens en France (1758-1785)*, soutenue en 2006 et qui sera publiée fin 2008 aux éditions Septentrion (Québec). Voir http://jfmouhot.free.fr

2. Jean-François Mouhot, « Des Revenantes » ? A propos des « Lettres fantômes » et de la correspondance entre exilés acadiens (1758-1785) », *Acadiensis*, xxxiv, 1 (automne 2004).

3. L'existence de cette lettre était jusqu'à présent uniquement connue par une allusion du ministre (Praslin à Mistral, commissaire de la marine au Havre, 13 septembre 1766, Archives Nationales de France, Colonies, Série B, vol. 125, folio 450). Praslin résumait en quelques mots les propos de Jean-Baptiste Semer et interdisait aux Acadiens d'émigrer en Louisiane. On trouve une transcription de la missive de Praslin dans Carl A. Brasseaux, "Phantom Letters : Acadian Correspondence, 1776-1784", *Acadiensis*, xxiii, 2 (Spring 1994) : pp. 124-32. Ernest Martin renvoyait à cette lettre après avoir écrit : « Dès 1766, un Acadien de Louisiane ayant écrit à ses parents rapatriés au Havre combien il s'y trouvait heureux, tous les réfugiés du port avaient demandé à être transportés dans ce pays de Cocagne. » (*Les Exilés Acadiens en France au xviiie siècle et leur établissement en Poitou*, Paris, Hachette, 1936 p. 87). Brasseaux mentionne également cette lettre dans son livre *The Founding of New Acadia : The Beginnings of Acadian Life in Louisiana, 1765-1803*, Louisiana State University Press, 1987 (p. 60) ; dans le même livre (p. 73 et suivantes), l'historien raconte l'arrivée en Louisiane du groupe d'Acadiens – emmené par Joseph Brossard – dont faisait partie Semer ; les informations qu'il donne corroborent celles qu'on retrouve dans cette lettre. Brasseaux fait encore allusion de manière générale à la correspondance envoyée de Louisiane vers la France (en citant toujours la lettre de Praslin de septembre 1766) dans « A New Acadia : Acadian Migration to South Louisiana, 1764-1803 », *Acadiensis*, 15, 1 (1985) : pp. 123-32 (p. 129). Dans ce même article, parlant des « letters from Attakapas Acadians [sent] to relatives in France », Brasseaux affirme : « none of these letters has survived » (p. 29).

4. Plusieurs mémoires contemporains corroborent ces propos. Ainsi, un « Précis des maux qui affligent le commerce de Saint-Domingue », écrit du Cap [Français] (cf. ci-dessous note 15) par un auteur anonyme

le 2 avril 1765 constate: «L'établissement du Moule [Môle] Saint-Nicolas pour les émigrants Acadiens [est] regard[é] ici impraticable par le peu de salubrité de l'air (ces familles y ayant presque toutes succombées)», (Archives Départementales de Gironde, C 4328). Concernant le passage des Acadiens à Saint-Domingue, voyez notamment Gabriel Debien, 'The Acadians in Santo-Domingo: 1764-1789', in: Glenn R. Conrad, *The Cajuns: Essays on their History and Culture*, Lafayette, University of Southern Louisiana, 1978, pp. 21-96. Ce dernier article contient de très nombreux documents traduits en anglais.

5. Mistral à Praslin, au Havre, le 12 août 1766, AN fonds marine, B3 568, f° 317. Jusqu'à présent nous ne connaissions que la réponse (négative) de Praslin à cette demande. Sur l'arrivée des premiers Acadiens en Louisiane, voir les ouvrages et articles de Brasseaux précédemment cités.

6. Carl A. Brasseaux, "A New Acadia", *art. cit.*, p. 125.

7. Gérard Marc Braud, *Les Acadiens en France, Nantes et Paimboeuf, 1775-1785. Approche Généalogique*, Ouest Édition, 1999 (p. 233).

8. Selon G. M. Braud, Germain Semer est né vers 1720 à Petcoudiac (village approximativement situé à l'emplacement actuel de la ville de Moncton, N.-B.) et a épousé Marie Trahan, née vers 1725 à La Rivière-aux-Canards (Acadie) et morte 25 octobre 1776, Nantes, Hôpital du Sanitat. G.M. Braud précise qu'ils eurent plusieurs enfants, mais curieusement ne parle pas de Jean-Baptiste. Voici la liste des enfants Semer indiqués par Braud: Madeleine, née vers 1748; Marie-Claire, mariée à Jérôme-Dominique Doulle; Marie-Françoise, née vers 1762, Le Havre de Grâce, paroisse Notre-Dame (Seine-Maritime); mariée 30 mai 1785, Chantenay, St-Martin à Joseph Boudreau; Grégoire-Dominique, né vers 1768. «Grégoire et Marie-Françoise sont annoncés comme partant sur l'*Amitié* (n°10) mais Marie-Françoise se marie 3 mois avant le départ du navire et ne donnera pas suite à son projet. Quant à son frère, est-il parti seul? Nous ne le savons pas», précise G.M. Braud. Dans les listes publiées par Guy Bugeon et Monique Hivert-Le Faucheux (*Les Acadiens partis de France en 1785 pour la Louisiane: listes d'embarquement*, Poitiers-Rennes, (tapuscrit), 1988) on trouve plusieurs Semer embarqués sur l'*Amitié*: notamment, n° 10: «Semer, Grégoire (Cordier, 16 ans) et sa sœur Françoise, 24 ans» (p. 37).

9. Joint à la lettre de Mistral du 12 août 1766. Archives Nationales de France, fonds marine, B3 568, f° 319ss. [orthographe et ponctuation partiellement modernisées]

10. La côte des Atakapas (ou Attakapas) est un district de Louisiane à l'Ouest de la Nouvelle-Orléans, sur le bayou Tèche. Les principaux

établissements acadiens sont : Pont Breaux ; Lafayette ; Broussard ; St. Martinville ; Nouvelle Ibérie ; Abbeville.

11. J'ai reçu l'honneur de votre lettre…

12. Sur ce personnage, voir le *Dictionnaire Biographique du Canada* (www.biographi.ca).

13. Personnages non identifiés.

14. Le Cap-Haïtien, au nord de l'actuel État d'Haïti (anciennement Cap-Français, à Saint-Domingue).

15. Charles Philippe Aubry, dernier gouverneur français de la colonie.

16. Jean-Jacques d'Abbadie, gouverneur de Louisiane de 1763 à 1765.

17. « GIRAUMONT ou GIRAUMON : Espèce de courge d'Amérique, dite aussi courge de Saint-Jean, citrouille iroquoise » (*Dictionnaire de l'Académie*, 1762)

18. Opelousa County, Louisiane ou « Côte des Opeloussas », plus en amont sur le Bayou Tèche.

19. Antonio de Ulloa, premier gouverneur espagnol de la colonie (1766-1768). La visite d'Ulloa aux Acadiens des Attakapas est évoquée dans Brasseaux "A New Acadia", *art. cit.*, p. 126. La bonne entente entre les Acadiens et le gouverneur sera de courte durée ; des conflits naquirent rapidement à cause de la volonté d'Ulloa de disperser les Acadiens pour sécuriser le territoire louisianais, ce qui conduira à la révolte du 29 octobre 1768 (*ibid.* p. 128).

Annexe 8

Les drapeaux racontent l'histoire des Acadiens de la Louisiane

Résidence des Acadiens	Pays/États	Drapeau
Acadie 1604 – 1710	France	français à fleur de lys
Nouvelle-Écosse 1710-1763	Angleterre	Union Jack du roi George II
Colonies britanniques 1755-1763	Angleterre	Union Jack du roi George II
France 1763-1785	France	français à fleur de lys
Louisiane	Espagne	espagnol des Bourbons
Louisiane 30 nov.- 20 déc. 1803	France	le tricolore français
Louisiane 1803-1861	États-Unis	la bannière étoilée
République de Louisiane janvier 1861	Amérique	le pélican
République de Louisiane février 1861	Amérique	Louisiane indépendante
Les États confédérés du Sud	Amérique	la bannière étoilée
États-Unis d'Amérique 1865 – maintenant	États-Unis d'Amérique	Old Glory
Louisiane	Louisiane	le pélican
Louisiane	Louisiane	Louisiane acadienne
Louisiane	International	le national acadien

Source : René Babineaux et Wilfred Doucette, droits d'auteur réservés à la Fondation culturelle du Patrimoine Acadien, le 9 mars 1999, Acadian Heritage & Culture Foundation Inc.

Annexe 9

Lettre de Me Warren Perrin au maire de Broussard, Louisiane

Council for the Development
Of French in Louisiana
(CODOFIL)

Conseil pour le développement
du français en Louisiane
(CODOFIL)

Le 29 mai 1997

M. Charles Langlinais
Maire de Broussard
416 E. Railroad St
Broussard, LA 70518

Objet : Le projet de FrancoFête 99/Beausoleil Broussard

Cher Charles,

En tant que Président du CODOFIL, je suis en train d'organiser une activité qui se tiendra à la grandeur de l'État et qui commencera le 1er janvier 1999 pour commémorer l'établissement par d'Iberville de la colonie française de Louisiane. Nous croyons que cet événement va attirer des touristes de partout dans le monde pour participer aux célébrations de notre héritage et de notre culture française en Louisiane. Les agences et les municipalités ont bien accueilli nos plans préliminaires et le ministère du Tourisme s'est engagé à appuyer l'événement. De plus, plusieurs pays francophones tels que le Luxembourg, le Sénégal, la France, la Belgique, les provinces maritimes du Canada et le Québec m'ont assuré de leur coopération et de leur appui pour cet événement.

Du 1er au 15 août 1999, la Louisiane sera l'hôte du Congrès mondial acadien qui fera partie intégrante de FrancoFête 99. Le lieutenant gouverneur Kathleen Babineaux Blanco, qui est aussi responsable du ministère de la Culture, de la Récréation et du Tourisme, s'est engagée à appuyer cette célébration de notre tricentenaire.

Depuis bientôt deux ans circule l'idée de localiser le site d'inhumation de *Beausoleil* Broussard et d'y ériger un monument en son honneur et celui de ses compagnons acadiens. En tenant compte du progrès accompli depuis quelques mois vers le lancement de la FrancoFête 99 et du Congrès mondial acadien Louisiane 1999, je vous prie instamment de relancer ce projet dont, à mon avis, le potentiel économique, culturel et touristique pour votre ville est immense.

Si la recherche archéologique n'était pas possible, il serait peut-être faisable de développer un site faisant l'objet d'un consensus pour y ériger un monument à *Beausoleil* Broussard et aux autres pionniers acadiens qui se sont établis en cette région. Pourquoi un tel compromis ? Parce que c'est une méthode déjà utilisée ailleurs : la « cabine en bois rond de Lincoln » est en fait une reconstitution de la cabine originale. J'ai récemment visité dans le nord de la Californie la première Mission mexicaine de la région ; c'est aussi une reconstitution de la mission originale et un monument aux pionniers mexicains qui se sont établis en Californie.

De toute façon, je crois que la Ville de Broussard devrait mettre sur pied un comité pour étudier l'érection d'un monument à *Beausoleil* Broussard. Ceci serait tout à fait acceptable puisque la biographie officielle canadienne de *Beausoleil* Broussard déclare qu'il fut inhumé près de la ville actuelle de Broussard, en Louisiane. Puisque l'on attend des milliers de visiteurs en Louisiane en 1999, il serait approprié de considérer l'érection d'un tel monument.

Veuillez agréer mes meilleurs sentiments,

Warren A. Perrin
Président

Annexe 10

La Proclamation royale (2003)

Désignant le 28 juillet de chaque année, à compter de 2005, Journée de commémoration du Grand Dérangement.

Adrienne Clarkson
(L.S.)
Canada

Elisabeth Deux,
par la Grâce de Dieu, REINE du Royaume-Uni,
du Canada et de ses autres royaumes et territoires,
Chef du Commonwealth, Défenseur de la Foi.

À Tous Ceux à qui les présentes parviennent ou qu'elles peuvent de quelque manière concerner,

Salut :

Proclamation

Attendu que les Acadiens, par la vitalité de leur communauté, contribuent de façon remarquable à la société canadienne depuis près de quatre cents ans ;

Attendu que, le 28 juillet 1755, la Couronne, dans le cadre de l'administration des affaires de la colonie britannique de la Nouvelle-Écosse, a pris la décision de déporter les Acadiens ;

Attendu que la déportation du peuple acadien, communément appelée le Grand Dérangement, s'est poursuivie jusqu'en 1763 et a eu des conséquences tragiques, plusieurs milliers d'Acadiens ayant péri par suite de maladies, lors de naufrages, dans leurs lieux de refuge, dans les camps de prisonniers de la Nouvelle-Écosse et de l'Angleterre ainsi que dans les colonies britanniques en Amérique ;

Attendu que Nous reconnaissons les faits historiques mentionnés précédemment ainsi que les épreuves et souffrances subies par les Acadiens lors du Grand Dérangement ;

Attendu que Nous souhaitons que les Acadiens puissent tourner la page sur cette période sombre de leur histoire ;

Attendu que, en vertu de la Constitution du Canada, le Canada n'est plus une colonie britannique mais un État souverain ;

Attendu que, lorsque le Canada est devenu un État souverain, la Couronne du chef du Canada et des provinces a succédé à la Couronne du chef du Royaume-Uni dans ses pouvoirs et prérogatives à l'égard du Canada ;

Attendu que Nous sommes, à titre de Reine du Canada, investie du pouvoir exécutif en vertu de la Constitution du Canada ;

Attendu que Notre présente Proclamation ne constitue d'aucune façon une reconnaissance de responsabilité juridique ou financière de la part de la Couronne du chef du Canada et des provinces et qu'elle ne constitue d'aucune façon une reconnaissance d'un quelconque droit ou d'une quelconque obligation d'une personne ou d'un groupe de personnes, ni n'a d'incidence sur un tel droit ou une telle obligation ;

Attendu que, par le décret C.P. 2003-1967 du 6 décembre 2003, la gouverneure en conseil a ordonné que soit prise une proclamation désignant le 28 juillet de chaque année, à compter de 2005, comme « Journée de commémoration du Grand Dérangement »,

Sachez que, sur et avec l'avis de Notre Conseil privé pour le Canada, Nous, par Notre présente Proclamation, laquelle prend effet le 5 septembre 2004, désignons le 28 juillet de chaque année, à compter de 2005, comme « Journée de commémoration du Grand Dérangement ».

De ce qui précède, Nos féaux sujets et tous ceux que les présentes peuvent concerner sont par les présentes requis de prendre connaissance et d'agir en conséquence.

En foi de quoi, Nous avons fait publier Notre présente Proclamation et y avons fait apposer le grand sceau du Canada.

Témoin:

Notre très fidèle et bien-aimée Adrienne Clarkson, Chancelière et Compagnon principal de Notre Ordre du Canada, Chancelière et Commandeur de Notre Ordre du Mérite militaire, Chancelière et Commandeur de Notre Ordre du mérite des corps policiers, Gouverneure générale et Commandante en chef du Canada.

À Notre hôtel du gouvernement, en Notre ville d'Ottawa, ce neuvième jour de décembre de l'an de grâce deux mille trois, cinquante-deuxième de Notre règne.

Par ordre,

Sous-registraire général du Canada

Sous-procureur général du Canada

Annexe 11

Un survol de l'histoire acadienne

Introduction : 1504-1604

1504 : La première confirmation historique d'un bateau de pêche sur les Grands Bancs de Terre-Neuve.

1524 : Une révolte paysanne dans la province allemande de Souabe proclamait 12 exigences, dont 10 étaient de nature laïque ; elles illustrent les problèmes politiques de l'époque. Elles demandaient l'abolition du servage et du système de paiement de redevances sur leur récolte ; le retrait des restrictions sur la chasse et la pêche sur les réserves des terres des nobles ; un contrôle des châtiments souvent excessifs exercés par les nobles ; et une formation des prêtres limitée à leurs propres besoins personnels et communautaires. Ces demandes visaient la restauration de l'ordre social qui prévalait avant la féodalité catholique, et suggère la motivation pour la première émigration acadienne : fuir l'oppression religieuse et politique.

1534 : Une année importante : Paul III devient pape et essaie de rebâtir l'Église pour réagir à la Réforme protestante. Jacques Cartier entreprend son premier voyage au Nouveau Monde, cherchant une voie rapide pour atteindre la Chine. Il découvre l'île du Prince-Édouard et les côtes du Nouveau-Brunswick, où il prend contact avec les Micmacs.

Quatre cent ans : 1604-2004

1604 : Pierre Dugua de Mons fonde avec 79 hommes une colonie à l'île Sainte-Croix dans la Baie de Fundy, qui fait partie aujourd'hui de l'État du Maine ; Port-Royal fut fondé l'année suivante dans ce qu'on appelle aujourd'hui la Nouvelle-Écosse ; ce fut le début de l'Acadie.

1654 : Le premier conseil des colons est établi, dirigé par Guillaume Trahan.

1684 : La première église est érigée à Grand-Pré en 1686 ; D'Iberville fonde la colonie de la Louisiane en 1699.

1704 : Les Français et les Anglais accélèrent les préparatifs de guerre les uns contre les autres. Le premier établissement européen permanent en Louisiane est érigé à Natchitoches.

1714 : La Proclamation de la reine Anne (1714) donne le choix aux Acadiens de demeurer dans la colonie ou de la quitter avec leurs biens. Ceux qui resteront deviendront des sujets britanniques.

1724 : Le premier *Code Noir* est promulgué en Louisiane, requérant, entre autres, que tous les esclaves soient baptisés catholiques.

1734 : Le célèbre abbé Jean-Louis Le Loutre arrive au Fort Beauséjour, déterminé à garder les Acadiens loyaux au roi de France. Ses activités agressives sont considérées par la majorité des historiens comme la principale cause de la paranoïa de la Nouvelle-Angleterre concernant la loyauté des Acadiens envers la Couronne britannique.

1754 : Le 6 avril, première arrivée confirmée de réfugiés acadiens en Louisiane : quatre familles, en tout 20 personnes, qui étaient passées par New York. Le 29 octobre, les Lords of Trade de Londres avertissent le lieutenant-gouverneur Lawrence de la Nouvelle-Écosse de ne pas employer de mesures drastiques envers les Acadiens. En 1755, Lawrence et le Conseil de la Nouvelle-Écosse firent connaître leur ordre de déportation qui eut lieu en septembre.

1764 : Lord Halifax refuse de permettre le retour des réfugiés acadiens qui avaient fui au Québec ou ailleurs en Acadie, continuant par le fait même l'ordre de déportation. Le Nouveau-Brunswick est séparé de la Nouvelle-Écosse.

1794 : *Le Moniteur de la Louisiane* fut le premier journal publié en Louisiane, à la Nouvelle-Orléans.

1814 : Andrew Jackson se prépare pour la bataille de la Nouvelle-Orléans contre les Britanniques avec une milice improvisée renforcée d'un grand nombre de volontaires cadiens. Les Britanniques furent défaits en 1815.

1824 : Le marquis de Lafayette se prépare à *un accueil de héros* qu'il recevra à la Nouvelle-Orléans. En 1825, la Louisiane adopte le code Napoléon comme fondement de son système juridique.

Des intervalles de dix ans

1864 : Les forces confédérées gagnent la bataille de Mansfield mais perdent le général Alfred Mouton. Fondation du Collège Saint-Joseph, à Memramcook, Nouveau-Brunswick.

1874 : Des préparatifs sont faits pour l'établissement des premières écoles publiques pour les Cadiens.

1884 : Après la convention de Miscouche, les Acadiens adoptent le drapeau officiel acadien. En 1890, l'Université Sainte-Anne est créée par les Acadiens comme la seule université bilingue de la Nouvelle-Écosse.

1894 : L'arrivée d'un grand nombre d'immigrants aux États-Unis suscita une politique anti-immigration qui eut pour résultat la création d'un mouvement infructueux pour faire de la langue anglaise la langue officielle des États-Unis.

1904 : En 1901, du pétrole est découvert en Louisiane près de Jennings ; des travailleurs des états voisins viennent en Louisiane pour travailler dans les champs pétrolifères.

1914 : La Première Guerre mondiale marque le début de l'américanisation des Cadiens.

1924 : L'école obligatoire est instituée et les écoles publiques de langue française sont prohibées en Louisiane ; le mouvement pour le Parc Longfellow est lancé, qui eut comme résultat le premier parc public d'État, l'« *Evangeline Longfellow State Commemorative Area* » à Saint-Martinville, en 1930.

1934 : Des rapports gouvernementaux rendus publics identifient les Cadiens comme « *la dernière minorité non assimilée* » des États-Unis ; le 19 janvier 1938, le pape Pie XI désigne le 15 août (la Fête de l'Assomption) comme le jour national des Acadiens (Fête nationale de l'Acadie).

1944 : Le commencement de la fin de la Deuxième Guerre mondiale. Le retour en Louisiane des soldats accélère l'américanisation des Cadiens.

1954 : Une Commission louisianaise est créée sous la direction du doyen Thomas Arceneaux pour organiser, en 1955, les Fêtes commémorant le 200ᵉ anniversaire de la Déportation des Acadiens.

1964 : Le magazine *Life* publie un article intitulé « *Waning Echoes From Cajun Country* » qui prédit la disparition de la culture française en Louisiane, ce qui inspira la création du CODOFIL, le Conseil pour le développement du français en Louisiane, en 1968.

1974 : Le CODOFIL parraine le premier hommage à la musique cadienne ; l'événement évoluera par la suite vers les *Festivals Acadiens.*

1984 : *Le World Fair* fut célébré à la Nouvelle-Orléans, ce qui contribua à faire connaître la culture cadienne au reste du monde ; rendant ainsi tout ce qui est cadien branché et à la mode. En 1990, la Pétition fut présentée au Gouvernement britannique et à la reine Élizabeth demandant des excuses pour la Déportation des Acadiens.

1994 : Le premier Congrès mondial acadien est tenu au Nouveau-Brunswick, Canada ; le deuxième Congrès mondial acadien se déroule en Louisiane en 1999 en même temps que la Francofête '99 et le tricentenaire de la fondation de la colonie française en Louisiane. Le 9 décembre 2003, une Proclamation royale était signée reconnaissant les torts causés par la Déportation des Acadiens.

2004 : Le troisième Congrès mondial acadien est tenu en Nouvelle-Écosse commémorant le 400e anniversaire de la fondation de l'Acadie. Sous la direction de Sheila Broussard, la réunion de la famille Broussard a lieu à Pomquet, Nouvelle-Écosse, du 11 au 13 août, organisée par la Famille Broussard Family Society.

Annexe 12

De la Louisiane
à la Proclamation royale

A yant eu l'occasion de prendre part, en touristes, au tout premier Congrès mondial acadien, il nous apparaissait inconcevable, à ma famille et à moi, de ne pas nous rendre en Louisiane pour la tenue, en 1999, de la deuxième édition de cet événement historique. S'ajoutait, à l'attrait du rendez-vous lui-même, le caractère exotique et presque mythique du lieu dans lequel il allait prendre place. Nous nous sommes donc mis en route, mes parents, ma conjointe, ma fille, alors âgée de 2 ans, et moi-même, pour la lointaine Louisiane. J'étais alors loin de me douter de la mésaventure abracadabrante dans laquelle m'entraînerait ce périple dans les bayous...

Outre la chaleur torride, l'humidité étouffante, la musique omniprésente, les gens accueillants et les décors pittoresques, notre passage en Louisiane allait nous réserver quelques surprises, au nombre desquelles figuraient la facilité et la simplicité avec lesquelles on abordait la question du Grand Dérangement au pays des Cadiens. Le contraste était saisissant, par rapport à la retenue, voire le malaise, qui était perceptible lorsque, trop rarement, le sujet de la Déportation des Acadiens était évoqué ici. Manifestement, il s'agissait d'un sujet encore tabou au Canada ; un sujet dont on semblait craindre qu'il ne réveille de vieilles blessures, qu'il n'attise d'anciens ressentiments, qu'il ne vienne alimenter d'actuelles controverses politiques...

Sans doute était-ce le fait de la croisade entreprise par Warren Perrin, mais il m'a semblé que la Déportation faisait non seulement partie du paysage historique et culturel de la Louisiane, mais qu'elle avait même investi le champ politique. La législature de cet État, tout comme celle du Maine, avait adopté une résolution d'appui aux démarches visant à faire en sorte que la Couronne britannique fasse amende honorable pour les torts causés aux Acadiennes et Acadiens lors de la Déportation. Il était même question, à cette époque, que le sénateur démocrate John

Breaux s'apprête également à saisir le Congrès américain d'un projet de résolution allant dans le même sens.

Pour moi, qui siégeais alors à la Chambre des communes sous la bannière du Bloc Québécois, je ne pouvais concevoir que le Parlement canadien, cette instance démocratique où l'Acadie historique se trouve représentée, se tienne à l'écart de ce mouvement et demeure muette sur un événement aussi déterminant de l'histoire du Canada. Je suis donc revenu à Ottawa avec la ferme intention de soulever la question par l'intermédiaire d'une motion. Ce fut un geste candide de ma part, dont je ne mesurais absolument pas les implications. Du reste, la motion que j'ai déposée en octobre 1999 fut ignorée par le sort pendant à peu près un an, pour finalement mourir au feuilleton, avec le déclenchement des élections fédérales.

À la reprise des travaux de la nouvelle législature, au début de l'année 2001, j'ai de nouveau inscrit cette même motion au feuilleton. Elle devait être identifiée, aux fins des travaux parlementaires et pour la postérité, par l'appellation codifiée M-241 et se lisait comme suit : « Qu'une humble adresse soit présentée à Son Excellence la priant d'intervenir auprès de Sa Majesté afin que la Couronne britannique présente des excuses officielles pour les préjudices causés en son nom au peuple acadien, de 1755 à 1763. »

En vertu de la procédure parlementaire en vigueur à l'époque, un projet de loi ou une motion émanant d'un député ne pouvait faire l'objet d'un débat en Chambre que si elle avait été choisie par tirage au sort. Une fois cette étape franchie, un sous-comité du Comité permanent de la procédure et des affaires de la Chambre, composé de parlementaires, devait déterminer, après audition de l'instigateur de la motion, si celle-ci allait faire l'objet d'un vote. Si une motion était jugée « votable », le débat allait durer trois heures. Les motions jugées « non-votables », pour leur part, ne faisaient l'objet que d'une heure de débat.

Contre toute attente, alors que la même motion avait traîné au feuilleton pendant près d'un an, sans jamais être favorisée par le sort, voilà que la motion M-241 est sélectionnée dans la toute première fournée des projets de loi et motions émanant des députés qui allaient être étudiés dans le cadre de la 37e législature. Quelques jours plus tard, je suis invité à comparaître devant le sous-comité des affaires émanant des députés, alors présidé par la députée libérale ontarienne Carolyn Parrish, afin d'y défendre la « votabilité » de la motion M-241.

L'audition se déroule plutôt bien. L'atmosphère y est cordiale et détendue. Peu de questions me sont adressées, une fois ma plaidoirie complétée. Une question de la présidente du sous-comité me fait cependant sursauter. En clair, elle me demandait, après m'avoir indiqué qu'elle avait trouvé ma présentation fort intéressante, si je détenais quelque preuve irréfutable soutenant mes assertions. Manifestement, elle n'avait guère eu l'occasion, jusque-là, d'entendre parler de la Déportation des Acadiens et semblait même douter de la véracité des faits dont je venais de faire état dans ma présentation.

Je suis sorti fort troublé de cette audition. D'abord, je doutais que la motion M-241 puisse être jugée « votable » par les membres du sous-comité. Ensuite, je réalisai que plusieurs parlementaires canadiens n'avaient jamais entendu parler des événements entourant la Déportation des Acadiens, certains ayant même peine à croire que de tels événements aient réellement pu survenir au Canada. Comment, me disais-je, pouvait-il alors en être autrement pour les citoyennes et les citoyens que ces parlementaires représentent ? Dès lors, je développai en moi l'intime conviction qu'une responsabilité historique nous incombait, à titre de parlementaires.

À ma grande surprise, le sous-comité des affaires émanant des députés allait finalement décider que la motion M-241 ferait l'objet d'un vote à la Chambre des communes. Ce dont je ne me doutais pas, c'est que cette décision allait ouvrir une boîte de Pandore qui n'est toujours pas encore complètement refermée...

Les premières salves de l'affrontement qui se préparait me parvinrent assez rapidement aux oreilles. Le chef de cabinet de Gilles Duceppe, François Leblanc, me téléphona d'abord pour me signaler que le président de la Société nationale de l'Acadie, Euclide Chiasson, leur avait fait connaître son vif mécontentement par rapport à ma démarche.

Je fus tout d'abord surpris de cette réaction qui m'apparaissait à la fois démesurée et surprenante, compte tenu du fait que, dans mon esprit, cette motion n'avait absolument rien de nouveau. Je n'avais encore rien vu... Je n'avais effectivement aucune idée de la fureur des éléments qui allaient se déclencher contre moi.

Désireux de calmer le jeu, je m'empressai de téléphoner au président de la SNA. Répondant à ses reproches légitimes, je reconnus bien candidement avoir manqué de délicatesse en omettant d'informer les organisations représentatives du peuple acadien de ma démarche. Je m'en suis excusé bien humblement, tout en lui expliquant les motifs qui m'avaient amené à entreprendre une telle démarche individuelle et en lui signalant que celle-ci avait été entreprise de bonne foi.

Le 8 mars 2001, ne tenant aucun compte de cet acte de contrition sincère de ma part, Euclide Chiasson réitérait par écrit ses récriminations et m'enjoignait sans ménagement de retirer la motion M-241, ajoutant, au passage, « *nous estimons que toute demande d'excuses pour les torts causés aux Acadiens et Acadiennes doit provenir de l'Acadie. Le peuple acadien est, à notre humble avis, suffisamment grand, mature et responsable pour déterminer par lui-même si des excuses sont souhaitées et, le cas échéant, le genre d'excuses, la tribune appropriée ainsi que le moment opportun pour le faire* ». Ce seul extrait suffit pour expliquer la colère profonde qui m'habita après la lecture de cette missive cinglante. Il faut comprendre que c'est une conception différente de l'Acadie et du peuple acadien qui figure au cœur même de la démarche que j'avais entreprise.

C'est ce que je m'employai à expliquer à Euclide Chiasson dès le lendemain. « *De quel droit*, écrivis-je, *l'Acadie contemporaine serait-elle la seule dépositaire du droit apparemment exclusif de demander des excuses pour les torts causés aux Acadiens et Acadiennes ? Et les membres de la diaspora acadienne issue de la Déportation ? Ne sont-ils pas également l'incarnation même de ces torts causés aux Acadiens et Acadiennes ?* ». J'ajoutai, ironique : « *J'estime être, à mon humble avis, suffisamment grand, mature et responsable pour déterminer, en ma qualité de Québécois d'origine acadienne, que des excuses sont en effet requises, et ce, depuis fort longtemps* ».

En effet, si je suis Québécois aujourd'hui, c'est qu'un événement déterminant, la Déportation des Acadiens, est venu infléchir le cours de mon histoire familiale. J'appris que, méfiante, la SNA avait été jusqu'à demander au Centre d'études acadiennes de l'Université de Moncton de dresser mon arbre généalogique, afin de s'assurer de mes ascendances acadiennes.

Ils n'ont probablement eu d'autre choix que de constater que mon premier ancêtre en terre d'Amérique, Barthélemy Bergeron d'Amboise, ancien compagnon d'armes du grand Pierre Lemoyne d'Iberville, a épousé Geneviève Serreau de Saint-Aubin à Port-Royal, vers 1685, et s'y est établi pour fonder une famille. Une dizaine d'enfants, dont mon aïeul, Michel Bergeron dit Nantes, naquirent de cette union.

Après la signature du Traité d'Utrecht (1713), mon ancêtre a quitté Port-Royal, avec toute sa famille, vers 1728, pour s'établir à Sainte-Anne de la rivière Saint-Jean (ou Sainte-Anne des Pays-Bas, aujourd'hui Fredericton). Lorsque les Britanniques investirent Sainte-Anne, vers 1759, plusieurs membres de la famille Bergeron réussirent à se réfugier dans les bois environnants et y vécurent dans la clandestinité, jusqu'à la signature du Traité de Paris (1763), après quoi, ils durent se résigner à se diriger vers le Canada (le Québec d'aujourd'hui).

Ils ont pris racine dans la région de Saint-Grégoire, près de Nicolet, avec d'autres rescapés du Grand Dérangement. D'autres familles acadiennes ont trouvé refuge en Gaspésie, aux Îles-de-la-Madeleine, dans Lanaudière, en Montérégie et ailleurs au Québec Aujourd'hui, on estime à près de 2 millions les Québécoises et Québécois d'origine acadienne.

N'en demeure pas moins que cette première prise de contact pour le moins tendue avec le président de la SNA allait teinter de façon définitive la suite des événements. Indépendamment des signaux d'ouverture qui ne manqueraient pas d'apparaître au fil du temps, mes collègues libéraux n'eurent de cesse, par la suite, d'invoquer la réaction initialement négative de la SNA pour s'opposer opiniâtrement à la démarche.

J'eus l'occasion de le constater, le 27 mars 2001, dans le cadre de la première heure de débat sur la motion M-241. Je ne savais pas trop à quoi m'attendre, mes collègues des autres formations politiques étant demeurés jusque-là relativement circonspects. Je ne connaissais pas non plus l'identité des collègues qui seraient appelés à prendre la parole. J'intervins donc le premier, en y mettant tout mon cœur, attendant fébrilement, par la suite, de connaître la réception qui serait réservée à ma démarche.

J'en fus quitte pour une amère et brutale déception... Mon collègue de Madawaka-Restigouche, Jeannot Castonguay, prit la parole après moi. La virulence de son propos me laissa pantois.

À l'entendre, cette motion était le fait d'une intention machiavélique des séparatistes visant à utiliser sournoisement les Acadiens, sous de fausses représentations par surcroît, pour détruire le Canada. Je n'en croyais pas mes oreilles.

N'eut été de l'intervention en Chambre du député d'Acadie-Bathurst, Yvon Godin, qui, manifestement piqué au vif par le caractère déraisonnable des propos de Jeannot Castonguay, a pris fait et cause en faveur de la motion M-241, puis d'un courriel anodin provenant d'un dénommé Fidèle Thériault, de la Société d'histoire de la rivière Saint-Jean, il y a fort à parier que, ce soir-là, j'eus tout laissé tomber. Fidèle Thériault, avec qui je me liai par la suite d'amitié, m'écrivait tout simplement de ne pas lâcher, me signalant que nombre d'Acadiens étaient en faveur de ma démarche.

Quelques jours plus tard, j'eus le très grand plaisir et l'honneur de rencontrer Warren Perrin pour la toute première fois, dans le cadre du 11e Symposium de droit international du juge Allen Babineaux, organisé en marge du Congrès annuel du Barreau du Québec, en collaboration avec la section francophone du Barreau de la Louisiane et du *Conseil pour le développement du français en Louisiane (CODOFIL)*.

Warren Perrin s'est alors dit ravi du fait que son combat trouve écho à la Chambre des communes. J'eus également l'occasion, lors de cette même rencontre, de faire la connaissance de l'historien acadien de l'Île-du-Prince-Édouard, David Le Gallant, qui s'est également montré enthousiaste à l'égard de la démarche.

Ragaillardi par ces appuis éminemment bienvenus et conscient du fait que le processus avait néanmoins été très mal engagé, j'entrepris, à la fin du mois de mai, une première tournée officielle en Atlantique. Cette tournée allait paver la voie à ma participation à l'assemblée générale de la SNA, qui eut lieu les 1er et 2 juin, à l'Île-du-Prince-Édouard, et qui demeurera certainement l'un des plus beaux souvenirs que je garderai de cette saga.

Rien n'était gagné d'avance, mais le débat se fit de façon relativement sereine. Mon collègue, Yvon Godin, était d'ailleurs présent pour me prêter main-forte, ce que j'avais grandement apprécié. Au terme des présentations et discussions, les délégués réunis en assemblée générale se prononcèrent unanimement en faveur de la motion M-241, et ce, malgré la controverse et les prises de positions très tranchées de la part de la députation libérale fédérale. Il fut également décidé de mettre sur pied un comité consultatif ayant pour mission de faire le point sur le débat soulevé par la motion M-241 et de formuler des recommandations à la SNA.

Désireux de ne pas laisser un tel élan s'estomper, j'entrepris, dans le cadre de la Fête nationale du 15 août, une nouvelle tournée, plus vaste que la première, dans les provinces atlantiques. J'ai alors pu constater que si le gouvernement conservateur du Nouveau-Brunswick ne démontrait guère d'enthousiasme à l'égard de la motion M-241, il en allait autrement du côté du Parti libéral provincial, comme devait en témoigner le soutien indéfectible donné à la démarche par celui qui allait plus tard en assumer la direction, l'honorable Shawn Graham.

Cette tournée avait cependant été assombrie par une déclaration, quelques semaines plus tôt, de la ministre fédérale du Travail et députée de Moncton-Riverview-Dieppe, l'honorable Claudette Bradshaw, qui s'était publiquement prononcée contre la motion M-241, comme l'a également fait le président du caucus acadien du Parti libéral et député de Beauséjour-Petitcodiac, Dominic LeBlanc. Ne m'en laissant pas imposer par les arguments fallacieux invoqués en appui à leur prise de position respective, je sollicitai une rencontre avec mes deux collègues, dans le cadre de ma tournée. S'il ne m'a pas été possible d'obtenir une audience avec Claudette Bradshaw, j'ai pu, en revanche, rencontrer Dominic LeBlanc.

Cette tournée m'a permis de prendre véritablement conscience du caractère peu rassembleur de la demande d'excuses à la Couronne britannique. Comme me le signalait une personne pourtant favorable à la démarche, il n'était certainement pas question de ramper jusqu'aux grilles de Buckingham Palace pour quémander des excuses à la Reine. Pour que des excuses puissent avoir la moindre valeur, encore faut-il qu'elles découlent d'un certain sentiment de repentir. Or, le repentir, ça ne se commande pas.

J'en étais venu à me dire que ce qui importait le plus était, au fond, que la Couronne britannique reconnaisse les faits. Or, il m'apparaissait inconcevable qu'elle puisse éventuellement le faire sans témoigner de la moindre contrition. J'avais bien compris, par ailleurs, qu'une motion de cette nature parrainée par un député bloquiste constituait un obstacle majeur pour les collègues libéraux, profondément allergiques à tout ce qui, de près ou de loin, gravite autour du mouvement souverainiste québécois.

J'ai donc proposé deux compromis à Dominic LeBlanc. Si l'identité de l'instigateur de la motion leur posait problème, j'étais disposé à faire en sorte que mon nom n'y soit plus rattaché. En outre, je me suis montré ouvert à l'idée que la motion puisse être amendée par des collègues des autres formations politiques, de telle sorte qu'elle revête désormais un caractère multipartite. Cet amendement, lui suggérais-je, pourrait aller dans le sens de demander une reconnaissance officielle des faits, plutôt que des excuses. Dominic LeBlanc s'est montré réceptif à ces propositions, en ajoutant qu'il devait consulter ses collègues ministériels.

Or, les semaines et les mois qui suivirent me laissèrent dans l'expectative. Mes collègues libéraux se mirent littéralement en mode « silence radio ». Peu d'indices transpiraient de leurs rangs quant à leurs intentions. Dominic LeBlanc et moi, nous nous rencontrâmes une nouvelle fois à Ottawa, mais sans grand résultat. Quelles curieuses négociations que celles dans lesquelles nous nous étions apparemment engagés ! Du moins, le croyais-je...

Entre-temps, le comité consultatif mis sur pied par la SNA, le 16 août 2001, présenta son rapport le 1er octobre suivant. Il recommandait notamment que « *la SNA poursuivre* (sic) *les démarches afin que les torts historiques survenus au moment du Grand Dérangement soient officiellement reconnus par la Couronne britannique* » et que « *la motion (M-241) soit parrainée par l'ensemble de la députation acadienne à la Chambre des communes, abstraction faite des affiliations politiques* ». Ces recommandations du comité consultatif de la SNA allaient exactement dans le sens des suggestions que j'avais soumises à Dominic LeBlanc. Il y avait donc tout lieu d'espérer, me disais-je.

Cependant, la deuxième heure de débat sur la motion M-241, survenue le 3 octobre 2001, devait laisser peu de doutes quant à la position qu'adopteraient mes collègues acadiens du Parti libéral... Il m'apparut donc peu probable que l'un d'entre eux veuille amender la motion.

Dès lors, je demandai à ma collègue de Laval-Centre, Madeleine Dalphond-Guiral, qui devait prendre la parole au cours de la dernière heure de débat, prévue pour le 22 novembre, de soumettre à ce moment la proposition d'amendement suivante : « Que le texte de la motion M-241 soit modifié en retranchant les mots *présente des excuses officielles pour les préjudices* et en les remplaçant par *reconnaisse officiellement les préjudices*, de telle sorte qu'elle se lise désormais : « Qu'une humble adresse soit présentée à Son Excellence la priant d'intervenir auprès de Sa Majesté afin que la Couronne britannique reconnaisse officiellement les préjudices causés en son nom au peuple acadien de 1755 à 1763 ». Ce qu'elle fit effectivement.

Cela ne sembla nullement infléchir la hargne qu'ont déployée les intervenants libéraux, au cours de la dernière heure de débat, contre la motion M-241. Malgré tout, l'issue du vote m'apparaissait toujours incertaine, plusieurs députés de l'Alliance canadienne et même quelques députés libéraux m'ayant manifesté leur intention d'appuyer l'amendement proposé par ma collègue de Laval-Centre. Le vote fut reporté au 27 novembre et il nous fallut donc attendre encore cinq longues journées avant de connaître le résultat fatidique du processus dans lequel je m'étais engagé, deux ans auparavant.

Le vote devait avoir lieu immédiatement après la période de questions. Inutile de préciser que j'étais, alors, des plus fébriles. À ma grande surprise, je vis Dominic LeBlanc, en compagnie du secrétaire parlementaire du ministre de la Justice et procureur général du Canada, le député de Vancouver-Quadra, Stephen Owen, arpenter les banquettes ministérielles pour y déposer un mystérieux document. Je découvris après-coup le contenu de cette missive. Y apparaissait, en français et en anglais, le message suivant : « *Le caucus acadien (sénateurs-trices, députés-es, ministres) sont* (sic) *unanimement contre la motion M-241 et son amendement. Le Premier ministre du Nouveau-Brunswick s'est également opposé a* (sic) *cette motion. Le caucus acadien souhaite avoir votre appui et que vous votiez contre cette motion. S.V.P* (sic) *appuyez la résolution unanime de vos collègues du caucus acadien qui se sont réunis a* (sic) *maintes reprises sur ce sujet* ».

Dominic LeBlanc et sa bande avaient probablement senti, tout comme moi, que le vote allait être très serré, puisque plusieurs collègues libéraux m'ont dit, par la suite, que ce message avait influencé leur décision. Très souvent, les députés se présentent au vote en s'en remettant aux avis des collègues qui, dans leurs rangs, se sont penchés plus spécifiquement sur la question mise au voix. Si on peut le déplorer, il n'est donc pas surprenant, dans les circonstances, que d'aucuns aient choisi de voter dans le sens de ce qui leur était suggéré légitimement, pensaient-ils, par leurs collègues acadiens. Certains, dont Eugène Bellemare, qui était alors député d'Ottawa-Orléans, m'ayant même confié que si c'était à refaire, ils voteraient cette fois en faveur de la motion.

Toujours est-il que l'amendement fut finalement défait par une très faible marge (103 pour vs 136 contre), non sans avoir reçu l'appui des chefs alors en exercice des quatre partis d'opposition à la Chambre des communes. La motion principale, pour sa part, fut rejetée dans une proportion beaucoup plus importante. Pour les députés du caucus acadien du Parti libéral, c'en était fait de cette malheureuse initiative parlementaire.

Rien n'était moins sûr... Dans leur esprit, il ne faisait aucun doute que les Acadiennes et Acadiens ne pourraient que reconnaître le bien-fondé de leurs prises de position, qui visaient essentiellement à faire obstacle aux manœuvres nécessairement mal intentionnées d'un malveillant séparatiste. Or, tel ne fut pas tout à fait le cas. Dans les jours et les semaines qui suivirent le vote sur la motion M-241, une vague de mécontentement s'abattit sur les malheureux députés libéraux acadiens. Une source, à l'intérieur de *L'Acadie Nouvelle*, allait même jusqu'à affirmer que jamais, dans l'histoire du journal, une question n'avait suscité autant de réactions de la part des lecteurs.

Pour ma part, j'estimais que le problème n'était toujours pas résolu. Les attentes étant grandes, il m'apparaissait évident qu'il me fallait revenir à la charge. Puisque d'aucuns m'avaient reproché de demander à la Reine de reconnaître des faits qui demeurent encore trop souvent méconnus au Canada, je déposai, le 26 avril 2002, une nouvelle motion portant le code M-495 et qui se lisait comme suit : « Que cette Chambre reconnaisse officiellement les préjudices dont a souffert le peuple acadien, de 1755 à 1763 ». Avec la prorogation de la session du Parlement, l'automne suivant, cette motion mourut au feuilleton. Je revins à la charge, le 18 octobre, avec cette même motion, qui serait dorénavant identifiée sous le code M-238.

Échaudés par la douloureuse mésaventure de la motion M-241, les membres libéraux du sous-comité des affaires émanant des députés reçurent probablement des instructions à l'effet d'empêcher que la motion M-238 puisse faire l'objet d'un vote, puisque celle-ci fut en effet jugée « non votable »... Comme les décisions de ce sous-comité étaient prises de façon consensuelle, le sort de la motion M-238 était, en quelque sorte, scellé.

Toujours est-il qu'après des mois de flottement et de tergiversations, la SNA fit enfin ce que tout le monde attendait d'elle, c'est-à-dire qu'elle prenne l'initiative dans ce dossier. Même Warren Perrin s'en remit aux démarches de la SNA. Une lettre fut éventuellement acheminée à Buckingham Palace. La réponse, rédigée en des termes diplomatiques, était laconique. Il appartient, pour l'essentiel, au cabinet fédéral de trancher quant aux gestes qui peuvent et doivent être posés par la Couronne. Retour, donc, à la case départ...

C'est dans ce contexte vicié que se tint la visite royale en Atlantique, en octobre 2002. On s'assura que Sa Majesté, que je poursuivais de mes attentions, sans pour autant avoir été formellement invité à aucune de ses apparitions, ne prenne publiquement la parole. Je ne parvins évidemment pas à l'approcher et elle repartit donc, avec tout son aréopage, en laissant la controverse en suspens.

Le débat portant sur la motion M-238 eut finalement lieu le 6 février 2003 et les libéraux ne manifestèrent alors pas davantage d'ouverture que pour la défunte motion M-241. Je demandai bien entendu le consentement unanime de la Chambre pour que la motion M-238 puisse faire l'objet d'un vote, mais on me le refusa sans grande surprise. C'est ainsi que se conclut cette quatrième tentative infructueuse.

Entre-temps, je n'avais cessé de sillonner les provinces atlantiques pour établir ou raffermir des liens avec nombre de personnes et d'organisations, dont plusieurs, notamment Jean-Guy Rioux, alors président de la Société des Acadiens et Acadiennes du Nouveau-Brunswick, et Jean-Marie Nadeau, activiste bien connu, avaient manifesté une grande ouverture à l'égard de ma démarche, s'ils ne l'appuyaient pas sans ambages. D'ailleurs, la ministre du Patrimoine canadien et députée de Hamilton-Est, l'honorable Sheila Copps, avait semblé troublée par l'accueil plutôt favorable qui m'avait été réservé en Acadie, au point de confier à Dominic LeBlanc le mandat de réviser le financement des organisations acadiennes.

Considérant que les autres organisations francophones en milieux minoritaires n'ont pas été soumises à une telle révision, il y a lieu de se demander si celle-ci était véritablement motivée par une préoccupation de saine gestion des finances publiques ou s'il ne s'agissait pas, purement et simplement, d'une mesure d'intimidation...

J'ai pourtant tenté de rencontrer madame Copps, afin de lui présenter le sens de ma démarche et lui faire part de mes motivations, mais elle a toujours cavalièrement refusé, ne serait-ce que de m'adresser la parole. J'ai certes eu l'occasion d'échanger quelques instants avec le ministre des Affaires intergouvernementales et député de Saint-Laurent-Cartierville, l'honorable Stéphane Dion, mais j'ai davantage l'impression d'avoir pris part à un dialogue de sourds. Cela dit, j'étais loin de réaliser, à l'époque, l'importance du rôle que joueraient ces deux ministres dans le dénouement ultérieur de toute cette affaire...

Si, tout comme Warren Perrin, je reconnaissais volontiers la légitimité des prétentions de la SNA, qui voulait dorénavant assumer le leadership de la démarche, il m'apparaissait important de maintenir la pression politique sur le gouvernement. Le 20 mars 2003, je déposai donc une nouvelle motion, qui allait porter le code M-382 et qui se lisait comme suit : « Qu'une humble adresse soit présentée à Son Excellence, dans la foulée des démarches entreprises par la Société nationale de l'Acadie, la priant d'intervenir auprès de Sa Majesté afin que la Couronne britannique reconnaisse officiellement les préjudices causés en son nom au peuple acadien, de 1755 à 1763 ».

Ce faisant, je m'inscrivais dans la continuité de cette motion qui avait été adoptée unanimement par l'Assemblée nationale du Québec, le 13 juin 2002, au grand déplaisir des députés libéraux fédéraux de l'Acadie : « Exprimer la solidarité de l'Assemblée quant à la démarche de la Société nationale de l'Acadie auprès de la Couronne britannique sollicitant la reconnaissance officielle des torts historiques causés au peuple acadien lors de sa déportation de 1755 à 1763 ».

Il faut savoir que la procédure touchant les affaires émanant des députés avait entre-temps été modifiée, à la Chambre des communes, de telle sorte que chaque parlementaire ait l'opportunité de soumettre au moins un projet de loi ou une motion à un vote de la Chambre des communes au cours d'une même législature. Ne restait plus qu'à savoir quelle place me réserverait le sort dans l'ordre de priorité des affaires émanant des députés.

La première heure de débat eut lieu le 19 septembre 2003, sans que rien de vraiment nouveau ne survienne quant à la teneur des propos qui furent prononcés, de part et d'autres. Par contre, des rumeurs commençaient à circuler quant à une mystérieuse « Proclamation royale » qui, disait-on, était en préparation dans les officines du ministère du Patrimoine canadien. Évidemment, je ne fus pas consulté, ni même formellement informé de ce qui se tramait. Je commençai d'ailleurs à m'en inquiéter. Je craignais qu'on nous prépare une bouillabaisse insipide, incolore et inodore de bonnes intentions enrobées dans l'euphémisme inoffensif du « Grand Dérangement ».

Me méfiant d'une nouvelle manœuvre sournoise, je soupçonnais mes collègues libéraux de vouloir noyer le poisson, histoire d'étouffer toute controverse, à la veille des célébrations du 400ᵉ anniversaire de fondation de l'Acadie. Le résultat en surprit plus d'un, moi le premier... J'appris de source sûre qu'on s'apprêtait à rendre publique en grande pompe cette Proclamation royale dont je languissais de connaître le contenu. Celle-ci fut édictée le 9 décembre 2003. J'en pris connaissance le jour même.

Contrairement à ce que je craignais, il était question, en toutes lettres, de la Déportation des Acadiens, de même que des « épreuves et souffrances » qu'ils ont subies dans le cadre de cette opération. On allait même jusqu'à reconnaître que c'était bel et bien la Couronne, dans le cadre de l'administration des affaires de la colonie, qui avait pris la décision de déporter les Acadiens. À ma connaissance, c'était la toute première fois qu'on ne cherchait pas à rejeter la responsabilité de cette décision à Charles Lawrence ou au *Board of Trade* du Massachusetts.

Certes, les historiens ne s'entendent pas sur le choix de la date du 28 juillet comme « Journée de commémoration du Grand Dérangement » ou de celle du 5 septembre 2004 pour son entrée en vigueur. Bien sûr, le texte prend bien soin de protéger le gouvernement canadien de toute possibilité de réclamations ultérieures. Évidemment, on croit reconnaître dans le verbiage constitutionnel du préambule la signature de Stéphane Dion. Il n'en demeure pas moins qu'il s'agit d'un geste historique sans précédent que je me devais de saluer.

Une cérémonie fut tenue dans l'édifice central du Parlement, le lendemain, pour rendre publique cette Proclamation royale. Quelle belle photo de famille faisait cette brochette de députés libéraux posant fièrement pour la postérité et célébrant de façon tapageuse et enjouée ce qu'ils avaient combattu avec une âpre détermination depuis quatre ans ! Tout au plus Sheila Copps eut-elle la délicatesse de signaler, au passage, que cette Proclamation royale découlait notamment de l'initiative d'un « député du Bloc Québécois ». Chose certaine, l'honneur des libéraux était sauf, à quelques jours du début de l'année célébrant les quatre siècles de l'Acadie.

Probablement consciente des limites évidentes de cette Proclamation royale, signée de la main de la très honorable Adrienne Clarkson, Sheila Copps suggérera que Sa Majesté soit invitée à venir en faire lecture à Grand-Pré, haut lieu symbolique de la Déportation. C'eut été une façon astucieuse d'associer la Couronne britannique à la Proclamation royale canadienne. J'en pris bonne note...

Dans l'allégresse des célébrations, on en oublia presque le processus dans lequel était inexorablement engagée la motion M-382, devenue, en quelque sorte, caduque. Dès lors, je m'employai à faire en sorte que cette motion soit retirée du feuilleton. Pour ce faire, il fallait cependant obtenir le consentement una-nime de la Chambre des communes. Or, mes collègues libéraux refusaient systématiquement de discuter avec moi de cette ques-tion, qu'ils estimaient réglée une bonne fois pour toutes.

Aussi, dans une atmosphère totalement surréaliste digne d'un scénario kafkaïen, nous entreprîmes, le 11 février 2004, la deuxième heure de débat sur la motion M-382. Les libéraux eurent beau jeu de m'accuser de fouetter un cheval mort. Le même cirque reprit le 9 mars suivant.

Le vote eut lieu le lendemain. Encore une fois, on distribua une note aux députés libéraux. Celle-ci commence en précisant que la « ministre du Patrimoine canadien N'APPUIE PAS la motion ». Une brève, mais savante analyse constitutionnelle fait ensuite appel au patriotisme de la députation libérale en rappelant que le Canada est un pays indépendant et qu'il serait inconvenant, pour la gouverneure générale, d'entreprendre des représenta-tions auprès d'un pays étranger, ignorant ostensiblement les liens institutionnels qui, pourtant, unissent toujours les deux cou-ronnes, ne serait-ce que par le fait que leur titulaire est une seule et même personne. Finalement, on évoque la Proclamation royale, en précisant que le président de la SNA s'en était montré très satisfait. L'affaire était entendue...

Tout en sachant pertinemment que la Chambre était appelée à se prononcer sur une motion qui avait été présentée dans un contexte totalement différent de celui qui prévalait désormais, 63 d'entre nous ne purent néanmoins se résoudre à voter contre celle-ci. Quelques députés libéraux, dont Eugène Bellemare, étaient du nombre... La motion M-382 fut donc rejetée de façon magistrale.

Nullement découragé par ce curieux dénouement, je décidai de prendre à mon compte l'idée qu'avait avancée l'ex-ministre du Patrimoine canadien. Aussi, le 30 avril 2004, je déposai la motion M-593, qui se lisait comme suit : « Qu'une humble Adresse soit présentée à Sa Majesté la Reine dans les termes suivants : « À Sa très excellente Majesté la Reine, Nous la Chambre des communes du Canada, assemblée en Parlement, accueillons favorablement la Proclamation royale du 9 décembre 2003 et invitons formelle-ment Sa Majesté à venir en faire personnellement lecture au Canada, en un lieu et à un moment qui resteront à déterminer par le Palais de Buckingham, le gouvernement du Canada et la Société nationale de l'Acadie » ; que cette Adresse soit gros-soyée ».[*]

Le déclenchement des élections, quelques jours plus tard, eut raison de cette sixième motion. Depuis, il semble que cette ques-tion toujours irrésolue ne soulève plus autant de passions dans la capitale fédérale. D'aucuns semblent s'être donné bonne conscience avec la Proclamation royale, considérant, par consé-quent, que l'affaire était close.

Pourtant, l'autorité au nom de laquelle ces exactions ont été com-mises, à savoir la Couronne britannique, n'a toujours pas formel-lement reconnu ces faits, ni leur caractère profondément injuste. Si, pour paraphraser le fils de Warren Perrin, nos ancêtres, bien que n'ayant pas été des criminels, ont malgré tout été traités comme tels, il y a fort à parier que nombre d'entre nous continue-ront d'entretenir, même de façon inconsciente, l'idée qu'ils ont probablement dû faire quelque chose de répréhensible. C'est là,

---

[*] « Grossoyée », terme technique traditionnellement employé par les parlements de type britanniques dans le cadre de leurs communications formelles avec la Couronne. Par exemple, la motion d'adoption du discours du Trône, présentée au gouverneur général, est grossoyée, i.e. envoyée, expédiée. (voir le Petit Robert)

je crois, le côté pervers de cette situation laissée volontairement en suspens.

Il n'est nullement question de réécrire l'histoire ou de ressasser de vieilles querelles. Il s'agit simplement de reconnaître les faits, tels qu'ils se sont produits, de façon à permettre au peuple acadien de tourner définitivement la page sur ce chapitre sombre de son histoire et de se consacrer résolument désormais à l'écriture de ceux que lui promet l'avenir.

Stéphane Bergeron
Député de Verchères à l'Assemblée nationale du Québec
Juillet 2008

Annexe 13

La petite histoire
d'une proclamation royale

Puisque les paroles s'envolent et les écrits restent, pour paraphraser Boileau, il me fait plaisir d'écrire quelques mots afin
de raconter la petite histoire entourant l'obtention de la Proclamation royale reconnaissant les torts causés aux Acadiens lors
du Grand Dérangement. Signée par la gouverneure générale du
Canada, l'honorable Adrienne Clarkson, le 9 décembre 2003, la
Proclamation royale officialise et immortalise en quelque sorte
les efforts de reconnaissance des torts causés au peuple acadien
lors de la Déportation de 1755 à 1763. Nous sommes donc fiers
d'avoir réussi à obtenir un document officiel, signé par la gouverneure générale, document qui fait partie, dorénavant, des livres
d'histoire.

Permettez-moi de signaler le fait qu'à l'époque ce dossier a fait
couler beaucoup d'encre en Acadie et ailleurs. Certains critiques
argumentaient qu'il y avait en Acadie des choses plus importantes à faire que de ressasser des vielles histoires de 1755. D'autres
disaient que cela allait rouvrir de vieilles blessures déjà cicatri-
sées. Il y en avait même pour prétendre qu'il fallait éviter
d'éveiller le géant anglophone qui dort et ainsi raviver des sentiments anti-acadiens toujours en veilleuse. Enfin, d'autres soute-
naient qu'il ne fallait pas culpabiliser la génération d'aujourd'hui
pour des crimes commis par leurs ancêtres.

Pour notre part, nous pensions qu'il y a un temps pour tout et
que l'on peut mener plus d'un dossier de front. Le Grand Dérangement a été un événement tellement marquant pour le peuple
acadien qu'il a façonné notre identité. Il faut assumer notre histoire sans pour autant en occulter des parties qui relèvent d'un
passé lointain. Voilà pourquoi la Proclamation royale est importante. Non seulement nous nous devions de dire certaines choses, mais nous devions les entendre dire par d'autres et en particulier par les plus grandes instances de notre pays.

L'obtention de la Proclamation royale, en 2003, reconnaissant les torts causés aux Acadiens lors du Grand Dérangement, est le fruit de bien des efforts et de démarches menés au cours de plusieurs années. Ce n'est pas que l'on n'a pas parlé du Grand Dérangement au fil des années. Cependant, aucune parole, aucun discours ne vaut un document officiel, d'où l'importance de la Proclamation royale.

Au niveau du discours, nous trouvons des témoignages touchants d'hommes et de femmes politiques qui ont souligné le tragique événement. En voici quelques exemples :

Son Excellence, le très honorable Roméo LeBlanc, lors de son discours d'installation en tant que gouverneur général, le 8 février 1995, disait, en parlant des Acadiens et du Grand Dérangement, qu'ils « étaient des réfugiés dans leur propre pays, privés de leurs terres et de leur droit de vote, et trois ans après la Confédération, privés de leurs écoles ».

Le premier ministre de l'époque, le très honorable Jean Chrétien, à la même occasion, a fait une déclaration tout aussi émouvante, en disant : « La plupart ont été déportés. La faim et la maladie ont fauché beaucoup d'entre eux, d'autres ont péri en mer lorsque les navires qui les menaient en exil ont fait naufrage. »

La très honorable Jeanne Sauvé, au moment de recevoir son doctorat honorifique de l'Université de Moncton, le 29 octobre 1988, disait en parlant de la Déportation : « ...Le fait brutal demeure, une nation pacifique et vigoureuse est dépossédée, contrainte à fuir sans savoir ni où ni comment. »

Le Très honorable Pierre Elliott Trudeau qui, lui aussi, recevait un doctorat honorifique de l'Université de Moncton, le 18 mai 1969, disait, en parlant du Grand Dérangement : « Les Acadiens ayant été d'un seul coup éliminés, non seulement n'avaient-ils pas droit de cité, mais la question même ne se posait plus. Ils avaient été tout simplement rayés de la carte... »

Ce sont là quelques exemples tirés de discours officiels reconnaissant les événements historiques entourant le Grand Dérangement et les torts subis par le peuple acadien. Cela dit, on peut supposer qu'à l'occasion du bicentenaire de la commémoration de la Déportation, en 1955, il y eut aussi des discours des leaders de l'époque qui visaient une reconnaissance officielle quelconque des torts subis par le peuple acadien. Ainsi, comme nous le disions au début, ce n'était pas les témoignages qui manquaient, mais bien un document officiel reconnaissant cet événement tragique pour le peuple acadien et aussi pour le Canada.

Par ailleurs, on se doit de comprendre que le Grand Dérangement est une plaque tournante ou un important carrefour dans notre histoire et qu'il a façonné notre identité collective.

Plus près de nous, l'avocat louisianais Warren Perrin a pétitionné la Couronne britannique afin d'obtenir des excuses pour les torts subis par les Acadiens lors du Grand Dérangement, de 1755 à 1763. Me Perrin tentait alors d'obtenir, en plus des excuses, l'érection d'un monument à la mémoire de cette tragédie immortalisée par le poème épique Évangéline de Henry Wadsworth Longfellow. La Société nationale de l'Acadie (SNA) a toujours reconnu le rôle de Me Perrin en tant qu'initiateur d'une démarche de reconnaissance officielle. Il y eut aussi, au mois d'août 2000, la requête d'André Boudreau, natif de Nigadoo, qui s'est rendu en personne au palais de Buckingham pour remettre une lettre à la Reine d'Angleterre. N'oublions pas non plus la motion déposée au Parlement du Canada par Stéphane Bergeron, député du Bloc québécois. Ce dernier avait été touché par la démarche de Perrin et a voulu faire adopter une motion à l'effet que le gouvernement canadien demande à la Couronne britannique des excuses officielles pour les préjudices causés en son nom au peuple acadien.

De son côté, la SNA travaillait afin d'obtenir quelque forme de reconnaissance officielle pour marquer la commémoration du 250e anniversaire du Grand Dérangement. Nonobstant les projets de motion, les pétitions, les lettres, etc., la SNA voulait obtenir un document officiel pour l'occasion. L'idée d'une proclamation n'était pas envisagée au début. Nous avons rencontré Warren Perrin à Dieppe pour le mettre au courant de nos démarches et il nous a fortement encouragés à poursuivre.

Quelques mots sur la Société nationale de l'Acadie

Le 9 décembre 2003, lors de la signature de la Proclamation, j'étais président de la Société nationale de l'Acadie, fondée en 1881 lors de la première Convention nationale des Acadiens tenue à Memramcook, au Nouveau-Brunswick. La SNA a pris diverses formes au cours de ses 125 ans et plus d'existence et a évolué pour devenir ce qu'elle est aujourd'hui. Elle a été, depuis toujours, porte-parole de l'Acadie de l'Atlantique sur les scènes régionale, nationale et internationale.

Depuis que les Acadiens des quatre provinces de l'Atlantique se sont dotés de leurs propres associations provinciales, le mandat de la SNA se veut davantage interprovincial et international. Elle a toujours le mandat de représenter l'Acadie de l'Atlantique sur la scène nationale et internationale. Elle fait, entre autres, la promotion des artistes acadiens au Canada et en Europe. À titre d'exemple, elle signe des ententes de coopération avec le Québec, la France, la Communauté française de Belgique, le Hainaut, la Louisiane et autres. Elle se veut aussi rassembleuse que possible en ménageant les susceptibilités des régions face aux différences démographiques entre les provinces.

Pour la SNA, la Proclamation ne constituait pas un dossier prioritaire au début de mon mandat en 2000. Nous avions un comité en place qui travaillait à l'implantation de monuments à travers l'Amérique et même en Europe, afin de marquer la commémoration du Grand Dérangement. Ce comité était composé surtout d'historiens et d'amateurs d'histoire.

Au début de 2001, nous avons pris connaissance du fait qu'un député du Bloc québécois, Stéphane Bergeron, avait déposé une motion, la M-241, demandant au gouvernement canadien par l'entremise de la gouverneure générale d'intervenir auprès de Sa Majesté afin que la Couronne britannique présente des excuses officielles pour les préjudices causés en son nom au peuple acadien, de 1755 à 1763. Monsieur Bergeron faisait cavalier seul. Il n'avait pas contacté la SNA, l'organisme représentant les Acadiens des provinces atlantiques.

La SNA lui a alors fait part de son indignation du fait qu'il n'avait pas pris la peine de consulter les instances représentatives du peuple acadien pour leur avis sur un enjeu aussi important. Ce n'est que lors d'une réunion générale annuelle de la SNA, tenue à l'Île du Prince Édouard, que les membres décidèrent d'appuyer la requête initiée par monsieur Bergeron, à la condition qu'un comité consultatif nommé par la SNA soit mis en place afin de recueillir les commentaires de la population acadienne et déterminer la teneur de notre appui.

De notre côté, nous avons mis en branle le processus de consultation auprès de la population et avons demandé à un historien, un constitutionaliste et une sociologue de siéger sur un comité de consultation. Nous avons aussi demandé à la population acadienne de faire connaître ses opinions sur le sujet en acheminant des lettres ou mémoires directement au comité consultatif. Le comité a reçu près de 140 soumissions dont plusieurs provenaient d'organismes acadiens. Le mandat du comité était de soumettre à la SNA un rapport qui présenterait la direction privilégiée par la communauté acadienne et recommanderait les suites à donner à ce dossier.

Le rapport démontra clairement que la très grande majorité des personnes qui se sont exprimées lors des consultations favorisait une demande d'excuses, mais sans compensations financières, soulignant le manque de sérieux d'une approche qui exigerait de l'argent pour un événement ayant eu lieu il y a 250 ans auparavant. Avant tout, il était clair pour les Acadiens et Acadiennes que c'était une question d'honneur. Forts de cette consultation et d'un mandat du conseil d'administration, nous avons entrepris nos démarches en écrivant à la gouverneure générale du Canada, lui demandant de transmettre une lettre à l'intention de Sa Majesté la Reine Élizabeth II, Reine du Canada, lui demandant humblement une reconnaissance des torts, chose qui fut faite. Après plusieurs mois sans réponse de Buckingham Palace, une nouvelle lettre était adressée à la gouverneure générale du Canada lui demandant s'il était possible de s'informer, en notre nom, des suites données à cette lettre.

Une réponse fut obtenue près d'une année plus tard de la part du Secrétaire particulier adjoint de la Reine, soulignant qu'il s'agissait d'une question sur laquelle la Reine, en tant que souveraine d'une monarchie constitutionnelle, devait obtenir les conseils de ses ministres canadiens.

Suite à des vérifications faites par la SNA, on nous a conseillé d'écrire au président du Conseil privé et ministre des Affaires intergouvernementales, monsieur Stéphane Dion, parce qu'il avait la responsabilité du dossier des langues officielles au sein du gouvernement Chrétien. On nous a dit que la gouverneure générale n'interviendrait pas sans l'approbation du gouvernement en place. Monsieur Dion a reconnu après un certain temps le bien-fondé de notre requête. Il aurait demandé aux fonctionnaires du bureau du Conseil privé d'étudier la faisabilité et les avenues possibles. Des consultations interministérielles ont été entamées avec les ministères de la Justice et du Patrimoine canadien. Le processus a duré plusieurs semaines. La note d'information qui est parvenue au ministre Dion recommandait de ne pas procéder en raison du risque de poursuites en dommages et inté-

rêts qui, selon les avocats du gouvernement, auraient pu occa-
sionner des coûts considérables et ouvrir la porte à d'autres types
de demandes de compensation provenant de divers groupes
ayant subi des torts au cours de l'histoire du Canada.

Malgré cela, monsieur Dion a décidé de procéder, en commençant par rallier ses collègues, en particulier les députés acadiens
et la ministre du Patrimoine canadien, Sheila Copps, qui de
prime abord n'était pas ouverte du tout à l'idée. Il a, par la suite,
dû obtenir l'appui des gouvernements des quatre provinces
atlantiques. Selon nos informations, il est aussi allé à l'encontre
de l'avis de son sous-ministre, des hauts fonctionnaires et des
avocats du gouvernement impliqués dans le dossier.

Il m'apparaît évident que la partisanerie politique entre le député
Bergeron du Bloc québécois et la députation libérale a certes
ralenti l'avancement du dossier, ce qui n'a pas facilité notre
tâche. Nous avons dû faire preuve de patience et de diligence. Il
faut reconnaître que sans monsieur Dion, nous n'aurions jamais
obtenu la Proclamation royale.

Nous avons rencontré l'honorable Sheila Copps à ses bureaux et
suite à cette rencontre, elle a décidé de donner son accord à notre
démarche de proclamation royale. Je me rappelle que sur le
champ, elle proposa d'appeler les journalistes qui suivaient ce
dossier pour que nous leur fassions part conjointement de cet
accord. Évidemment, nous n'allions pas rater une pareille occasion de rendre public cet appui de taille. Elle nous informa que
cela devrait être fait rapidement puisque la dernière réunion du
cabinet Chrétien se tiendrait incessamment. Au début, madame
Copps proposa de laisser aux avocats du gouvernement le soin
de déterminer le libellé de la proclamation royale. Nous avons
rapidement exprimé notre inquiétude de laisser à des juristes le
soin de déterminer le texte de la proclamation. Nous avons alors
proposé que la SNA écrive le premier jet de la proclamation et
que le texte soit ensuite soumis aux conseillers juridiques.

À la suite de plusieurs échanges et discussions, nous avons
obtenu un texte qui est significatif et qui va rester dans les livres
d'histoire du Canada. Le hasard a fait que la Proclamation a été
entérinée par décret lors de la dernière réunion du cabinet du
gouvernement Chrétien. Il est important de reconnaître le fait
que sans la bénédiction de monsieur Chrétien, il n'y aurait pas
eu de Proclamation.

Il faut également souligner que, malgré le différend entre monsieur Bergeron et la SNA lié au fait que ce dernier ne connaissait pas les instances de gouvernance du peuple acadien et qu'il faisait souvent cavalier seul dans sa démarche, la motion M-241 a contribué de façon indirecte à l'obtention de la proclamation. Ce qui demeure l'essentiel à mes yeux est que la date du 28 juillet est maintenant une journée lors de laquelle nous honorons les ancêtres qui ont façonné notre forte identité acadienne et qui ont été des pionniers dans la construction de ce beau pays qu'est aujourd'hui le Canada. En ce sens, la Proclamation, à mon avis, atteint pleinement son objectif.

Je veux terminer mon rappel historique par des remerciements à Denis Laplante, directeur général de la SNA à l'époque de cette démarche, pour le travail acharné et pour le professionnalisme qu'il a démontré tout au long des quatre années de ma présidence. De plus, il m'a aidé à me souvenir de certains détails entourant les événements reliés à l'obtention de la Proclamation royale. Dans la même veine, je remercie Robert Asselin qui était responsable des communications au bureau de monsieur Stéphane Dion, à l'époque.

Euclide Chiasson
Président de la Société nationale de l'Acadie (2000 à 2004)
19 janvier 2009

Annexe 14

Autour de la
Proclamation royale

*Avec l'aimable autorisation de l'historien John Mack Faragher, nous reproduisons ici des extraits de son livre sur la Déportation des Acadiens "**A Great and Noble Scheme**, the Tragic Story of the Expulsion of the French Acadians from their American Homeland" (W.W. Norton & Company, New York, London, 2005, p. 473-480). J. M. Faragher est professeur d'Histoire américiane à l'Université de Yale aux États-Unis, chaire Arthur Unobskey, et directeur du centre Howard R. Lamar.*

En 1990, un avocat louisianais descendant des exilés acadiens, Warren A. Perrin, déposa une pétition auprès du Gouvernement britannique en vue d'obtenir de la Reine Elizabeth II des excuses officielles pour les exactions commises à l'encontre des Acadiens, en 1755. Il décida de défendre la cause des Acadiens après que l'un de ses fils l'eut interrogé sur les raisons pour lesquelles ses ancêtres avaient été expulsés de leurs terres natales. « J'étais incapable de lui répondre, » se souvint Perrin par la suite. « Comme la plupart des Acadiens de l'époque, je connaissais très peu notre histoire. » Il commença alors à se documenter sur le sujet et plus il avançait dans ses recherches, plus l'histoire de son peuple soulevait son indignation. « C'est l'événement fondateur de notre histoire, conclut-il, une préfiguration de ce que nous appelons maintenant les nettoyages ethniques. »

Si la campagne pour faire reconnaître la responsabilité du Royaume-Uni pouvait ressembler, à ses débuts, à un caprice d'avocat, elle suscita par la suite un immense intérêt en Acadie comme ailleurs. En 1993, les deux Chambres de l'État de la Louisiane votèrent une résolution pour apporter officiellement leur soutien à la pétition de Me Perrin ; l'État du Maine, qui comporte une forte communauté francophone et acadienne dans le Nord de l'État, fit de même l'année suivante. En 1999, le Bloc québécois, un parti politique fédéral canadien militant pour l'indépendance de la province du Québec, déposa une proposition de loi devant le Parlement canadien visant à demander à la Couronne britannique des excuses officielles pour les torts causés, en son nom, au peuple acadien, entre 1755 et 1763. La même année, la Société nationale de l'Acadie, qui rassemble des groupes culturels acadiens à travers tout le Canada, parraina la publication d'un livre décrivant *le Grand Dérangement* comme un épisode tragique de nettoyage ethnique avant la lettre, puis lança en l'an 2000 une initiative visant à obtenir des excuses publiques, à l'occasion de la commémoration du 250ème anniversaire de la déportation, en 2005.

Cinquante ans plus tôt, à la veille de la célébration du 200ème anniversaire du *Grand Dérangement,* en 1955, les choses avaient pris une tournure bien différente. En Louisiane, les dirigeants acadiens, chargés de l'organisation des festivités à Saint-Martinville, présentèrent l'image acadienne mythique d'*Évangéline*, tandis que dans les Provinces maritimes le comité organisateur des dirigeants acadiens fit de son mieux pour produire un événement qui ne froisserait pas la population majoritairement anglophone de la région. Au cours des cérémonies qui se tinrent à Grand Pré, un buste de Longfellow fut dévoilé au public et les représentants du comité offrirent au représentant du Gouvernement britannique « le généreux pardon chrétien ».

Mais, même au temps de ces célébrations, les forces de la modernisation et de l'assimilation culturelle avaient commencé à faire sérieusement leur oeuvre auprès de la communauté acadienne précédemment isolée. Durant la seconde moitié du vingtième siècle, les anciens modes de vie s'étaient transformés. Dans la Louisiane du Sud-Ouest, l'industrie pétrolière en pleine expansion ouvrit une ère de prospérité. L'industrialisation avait eu un effet inverse dans les Provinces maritimes, laissant des communautés rurales entières d'Acadiens au chômage et dans la pauvreté. Des milliers de jeunes gens furent attirés vers d'autres régions plus développées économiquement du Canada ou des États-Unis. Simultanément, la proportion des Acadiens francophones commença à diminuer. Vers la fin du siècle, moins de trois Acadiens sur cinq originaires des Provinces maritimes considéraient le français comme leur langue maternelle, tandis qu'en Louisiane, la moitié seulement des familles cadiennes parlaient le français à la maison, et 8% seulement des enfants issus de ces familles le parlaient couramment. Le déclin de l'utilisation du français était en partie le résultat d'une assimilation forcée. Jusqu'à presque la fin du vingtième siècle, l'enseignement dans les écoles publiques de Louisiane et des Provinces maritimes se faisait en langue anglaise. Mais plus généralement, le changement de langue était la conséquence de l'inexorable expansion de la culture anglaise dominante.

La perte de la langue maternelle symbolisa la perte potentielle d'identité culturelle et sa conservation devint un problème politique majeur. Au Nouveau-Brunswick, où les descendants des Acadiens composaient un peu plus du tiers de l'électorat, les électeurs avaient élu pour la première fois un Acadien, Louis J. Robichaud, comme Premier ministre, au début des années 1960. Parmi ses plus grandes réalisations, Robichaud fit du bilinguisme une politique officielle de la Province et établit la première université francophone publique dans les Provinces maritimes, à Moncton, une ville sur la rivière Petitcodiac - où les guérilleros acadiens avaient autrefois bataillé contre les troupes de la Nouvelle-Angleterre. C'était une merveilleuse ironie de l'Histoire que l'Université ait contribué à faire de Moncton, nommée en l'honneur de l'officier britannique, Robert Monckton, qui avait conduit la brutale campagne d'expulsion des Acadiens, le centre intellectuel et universitaire de la communauté acadienne, le coeur de la renaissance culturelle acadienne durant le dernier quart du vingtième siècle.

Les questions de langue et d'appartenance ethnique revêtirent également une grande importance politique en d'autres endroits. En Nouvelle-Écosse, où les Acadiens constituaient une petite minorité, les parents d'élèves acadiens firent pression pour que l'enseignement en langue française et des cours d'histoire et de culture acadienne soient introduits dans les programmes des écoles publiques. En Louisiane, où les Cadiens étaient considérablement plus intégrés dans la société dominante, il y eut aussi une renaissance culturelle, essentiellement concentrée dans la ville en plein développement de Lafayette, où l'université de la Louisiane joua un rôle similaire à celui de l'Université de Moncton dans les Provinces maritimes. À la fin des années 1960, l'État de la Louisiane créa *le Conseil pour le développement du français en Louisiane (CODOFIL)* afin de coordonner les efforts visant à renforcer l'enseignement du français dans les écoles publiques. Dans les années 1990, Warren Perrin fut l'un des nombreux leaders cadiens et acadiens qui, craignant la disparition des traditions culturelles acadiennes, s'occupèrent des questions de politique identitaire. Il devint un activiste culturel de premier plan en assumant la présidence du CODOFIL, en fondant le Musée acadien d'Erath et en menant une campagne pour obtenir des excuses de la Couronne britannique pour la Déportation de 1755.

En octobre 2001, une proposition de loi demandant des excuses fut déposée à la Chambre des Communes du Canada. Parce qu'elle était appuyée et parrainée par le Bloc québécois, le gouvernement libéral déclara que le vote de la proposition constituait un problème de discipline de partis, ce qui entraîna le rejet de celle-ci, non sans qu'un débat court mais vigoureux ait eu lieu auparavant. Un consensus s'établit parmi les députés des deux côtés de la Chambre qui prirent la parole, pour dire que la Déportation des Acadiens avait été déplorable. En 2001, seul un petit nombre de députés était prêt à défendre la thèse de la « cruelle nécessité ». Mais il y eut un désaccord considérable sur les questions de responsabilité et de culpabilité historiques. Peut-être les commentaires les plus intéressants provinrent de Scott Reid, un député de l'Ontario, membre du parti de droite l'Alliance canadienne. « Bien que nous sachions avec certitude les souffrances nombreuses causées par les déportations, dit-il à ses collègues, il est beaucoup plus difficile d'identifier les responsabilités historiques. » Reid, qui avait une formation d'historien, tenait pour certain le fait que « les gouverneurs Lawrence et Shirley avaient été au coeur de la prise de décision et devaient en supporter la responsabilité ultime. » Pourtant la résolution soumise à l'examen de la Chambre semblait jeter le blâme exclusivement sur les Britanniques. « Un projet de loi mieux étayé historiquement, suggéra-il, exigerait des excuses de la part du pouvoir législatif des États de la Nouvelle-Angleterre pour les torts causés dans leurs intérêts et avec leur complicité. » Mais quand bien même un tel projet serait proposé, il s'y opposerait malgré tout. « Je n'accepte pas la notion, dit-il, qu'une institution puisse maintenir un héritage de culpabilité collective et l'imposer aux générations successives. » Les grands maux du passé devraient être condamnés et leurs conséquences réglées, mais la culpabilité pour les injustices passées meurt avec ceux qui en étaient personnellement responsables. « Octroyons-nous le droit de voter contre cette proposition dans sa forme présente, conclut Reid, mais autorisons-nous à voter pour, si elle est réintroduite dans une forme qui nous permet d'exprimer, sans excuses, notre peine pour les maux du passé, et d'indiquer, sans condamner les autres, notre détermination à ce que de tels maux ne soient plus jamais tolérés à l'avenir sur le sol canadien. »

Reid soulignait un point important. L'expulsion des Acadiens était un des premiers exemples de ces nettoyages ethniques devenus bien trop communs au vingtième siècle et, comme ces épisodes tragiques, elle fut perpétrée par des hommes en vue de retirer des avantages politiques et matériels. Richard Goldstone, un juge de la Cour constitutionnelle sud-africaine et procureur en chef au *Tribunal pénal international* chargé de juger les personnes poursuivies pour les opérations de nettoyage ethnique commises dans l'ex-Yougoslavie, évoqua ce point avec éloquence: « Ce sont des individus spécifiques, et non le groupe tout entier, qui portent la majeure partie de la responsabilité de ces crimes et qui doivent en être tenus responsables après une présentation et une évaluation justes et méticuleusement détaillées des preuves, afin précisément que la prochaine fois personne ne puisse proclamer que ce sont tous les Serbes qui ont commis ces crimes, ou tous les Croates, ou tous les Hutus. » L'Histoire retiendra les noms des individus responsables du nettoyage ethnique des Acadiens: William Shirley, Charles Lawrence, Jonathan Belcher, Edwin Boscawen, Savage Mostyn, les membres du Conseil de la Nouvelle-Écosse, Charles Morris, Robert Monckton, John Winslow, John Handfield.

Cependant, le principe de la responsabilité individuelle ne dispense pas les gouvernements ni les autres institutions de la responsabilité d'examiner leur histoire et de reconnaître l'impact des décisions et des actions passées. Les conséquences de l'expulsion des Acadiens ont perduré bien après que cet événement ait eu lieu, que ce soit au travers des discriminations, du racisme, du manque d'instruction et de la pauvreté dont ils ont été l'objet, ou en raison d'un profond sentiment d'isolement social et d'exclusion culturelle dont ils ont souffert. Le débat parlementaire suggérait qu'il y avait un accord général sur les effets néfastes du nettoyage ethnique de 1755 et qu'une reconnaissance officielle des responsabilités pourrait être un pas important vers la réconciliation, laquelle inclurait la reconnaissance de la perspective acadienne dans le récit historique de la nation canadienne. Suite à la défaite de la proposition de loi au Parlement canadien, la Société nationale de l'Acadie modifia subtilement mais de façon significative sa position par rapport à l'idée d'excuses, demandant plutôt au Gouvernement de reconnaître le mal qui avait été fait aux Acadiens. « Nous voulons que l'Angleterre admette que ce fut un acte inacceptable, » déclara le président de la Société, Euclide Chiasson. « C'était un nettoyage ethnique, et certaines personnes sont toujours en train de le nier. »

Pendant les deux années suivantes, des négociations calmes eurent lieu et, en décembre 2003, le cabinet du Premier ministre Jean Chrétien annonça que le représentant de la Reine au Canada, le Gouverneur général Adrienne Clarkson, signerait une Proclamation royale soigneusement rédigée contenant une reconnaissance officielle de responsabilité* (...).

Euclide Chiasson, parlant au nom de la Société nationale de l'Acadie, accueillit la Proclamation avec enthousiasme. « Nous avons finalement un document qui reconnaît les événements entourant cette partie très sombre de notre histoire, » se félicita-il. C'était quelque chose que les Acadiens avaient demandé aux Britanniques dans les années qui avaient immédiatement suivi leur déportation. En 1760, les exilés acadiens à Philadelphie en avaient appelé au Roi Georges pour que *la justice de leurs doléances puisse être examinée avec vérité et impartialité.* La réponse royale avait été longue à venir. «Ce sont les faits historiques, déclarait Chiasson en se référant aux attendus de la Proclamation, et une reconnaissance des torts qui ont été causés à notre peuple. » Ces faits avaient été établis depuis longtemps par les historiens, mais il était important qu'ils soient maintenant reconnus par les Gouvernements britannique et canadien. « C'est magnifique », disait Chiasson. « Maintenant ce n'est plus seulement l'histoire acadienne, c'est l'histoire canadienne », concluait-t-il.

C'était aussi l'histoire américaine. La reconnaissance de la responsabilité britannique, en décembre 2003, n'a presque pas retenu l'attention aux États-Unis. L'expulsion des Acadiens, que Longfellow présentait comme une histoire américaine, restait un classique de la littérature historique aussi longtemps, toutefois, qu'il racontait un conte mettant en scène la perfidie britannique. Une fois que les habitants de la Nouvelle-Angleterre furent impliqués dans la chaîne des responsabilités, l'histoire fut reléguée à un chapitre presque oublié de l'histoire du Canada, au sujet

---

*   *NDÉ, pour le texte de la Proclamation, voir p. 181 du présent ouvrage.*

duquel les Américains étaient notoirement ignorants. Mais le *Grand Dérangement* était une histoire acadienne, française, britannique, canadienne *et* américaine. Comme l'a écrit Édouard Richard, afin de ré-imaginer cette histoire, « on doit devenir, pour ainsi dire, tour à tour, un missionnaire, un paysan acadien, un Anglais et un Français, un catholique et un protestant. On doit se défaire de toutes idées préconçues, rétrécir ou élargir ses points de vues, pénétrer dans les discriminations de toutes sortes. Ceci n'est pas toujours facile et tout le monde n'y arrive pas de la même manière. » Cela n'a pas été facile pour les Américains. Cela exige d'élargir les domaines de notre histoire et de reconnaître les côtés sombres de notre passé, les moyens maléfiques que des hommes ont utilisés pour parachever l'expansion continentale. L'histoire des Acadiens raconte, en effet, une histoire de l'Amérique. Une histoire de frontières et de territoires frontaliers, à un moment fondateur de l'histoire américaine, d'un peuple en marge des empires cherchant un moyen de vivre avec deux maîtres, de ceux qui tentèrent de nourrir la paix et de ceux qui, remplis de haine et de peur, de jalousie et d'envie, s'engagèrent sur les chemins de la guerre.

John Mack Faragher

Annexe 15

Le 4 novembre 2008, Me Warren A. Perrin prononçait un discours devant les étudiants en histoire de l'Université de Tulane, à la Nouvelle-Orléans, en Louisiane, dont nous reproduisons ici le texte:

LA DÉPORTATION ACADIENNE : DU MYTHE À LA RÉALITÉ

Histoires des Acadiens

C'est au début du 17ème siècle que la France fonda une colonie en Amérique du Nord, *l'Acadie.* Pendant que les colons *acadiens* prospéraient et se développaient sur les fertiles terres marécageuses de la région, et ce pendant plus de cent cinquante ans, la France et la Grande-Bretagne se livrèrent un combat acharné pour le contrôle du territoire. Les Britanniques finirent par acquérir la souveraineté sur l'Acadie qu'ils rebaptisèrent *Nouvelle-Écosse,* en 1713. Quatre décennies plus tard, en 1755, les autorités britanniques déportèrent les Acadiens. La France et l'Angleterre mirent fin à la guerre par le traité de Paris, en 1763. Les Acadiens, exclus du traité, ne purent toutefois pas rentrer chez eux et furent contraints de demeurer en exil.

Après avoir été exilés, emprisonnés et éparpillés à travers le monde, certains réfugiés acadiens, guidés par *Beausoleil* Broussard, trouvèrent refuge en Louisiane du Sud. Au fur et à mesure que leurs colonies s'étendaient à travers les bayous et les prairies, leurs voisins anglophones abrégèrent leur nom français "Acadien" en "Cadien", puis en *"Cajun"* qui est un terme anglais.

Idées reçues des Britanniques sur les Acadiens afin de justifier et excuser la Déportation.

Les Acadiens vinrent en Louisiane et tirèrent rapidement profit des opportunités qui s'offrirent à eux dans ce pays. Les premiers colons acadiens étaient des gens ingénieux et travailleurs: ils aménagèrent les marais, les prairies et les terres marécageuses du bord de mer de l'Acadie pour en faire des endroits habitables, et de nombreux hommes d'État, héros militaires, chefs d'entreprise, artistes, enseignants et professionnels de tous horizons, ont émergé du sein de ce peuple.

Mythe contre réalité:

1.   <u>Mythe:</u> Le Roi d'Angleterre ordonna la Déportation des Acadiens.

   <u>Réalité:</u>

   a.   L'ordre de déportation fut délivré le 28 juillet 1755 par les représentants à Halifax du Gouvernement britannique conduits par le lieutenant gouverneur Charles Lawrence.

   b.   Dans un discours devant le Parlement, à Londres, le secrétaire d'État britannique, William Pitt, dénonça l'ordre de déportation, mais la déportation fut exécutée au nom de la Couronne britannique.

2.   <u>Mythe:</u> Les Acadiens furent déportés parce qu'ils refusaient de faire serment d'allégeance à la Couronne britannique.

   <u>Réalité:</u>

   a.   Les Acadiens avaient déjà prêté serment, en 1730, à la condition qu'on ne leur demanda pas de prendre les armes contre leurs frères français. Ceci avait été accepté par le Gouvernement britannique jusqu'en 1755. Ils furent déportés parce qu'ils possédaient les terres les plus stratégiques et les plus fertiles d'Amérique du Nord, parce que le gouvernement britannique faisait preuve d'une paranoïa militaire à leur endroit et parce que les marchands de Boston craignaient la concurrence commerciale des Acadiens.

b. Exemple: Les Acadiens de Pubnico prêtèrent serment de façon inconditionnelle, mais cela ne les a pas empêchés d'être également déportés.

c. On a appelé la Déportation "le Grand Dérangement" alors qu'il s'agissait en fait d'un nettoyage ethnique et d'un génocide.

3. <u>Mythe:</u> Seules les troupes et les navires venant d'Angleterre furent impliqués dans l'expulsion.

<u>Réalité:</u>

a. Bien qu'au service de la Couronne britannique, la plupart des responsables politiques qui planifièrent l'expulsion et des soldats qui l'exécutèrent étaient originaires de la colonie de la Nouvelle-Angleterre - correspondant aux actuels États du Connecticut, du Maine, du Massachusetts, du New Hampshire, de Rhode Island et du Vermont. De plus, une grande partie des navires qui servirent à exiler les Acadiens venaient de la Nouvelle-Angleterre et avaient été affrétés par une entreprise commerciale de Boston.

b. C'était le colonel John Winslow, originaire de Boston, qui était en charge de la déportation de Grand Pré. Son journal est un témoignage bouleversant du déroulement de ces tragiques événements. Il est actuellement conservé aux Archives de l'État du Massachusetts.

4. <u>Mythe:</u> En 1755, les Britanniques expulsèrent toute la population acadienne.

<u>Réalité:</u> Les Britanniques expulsèrent tout au plus la moitié de la population acadienne, en 1755. Le reste des Acadiens échappèrent à la capture et s'enfuirent vers des régions contrôlées par les

Français ou leurs alliés indiens, dans la partie continentale du Canada, entre autres. Certains seront capturés des années plus tard et déportés. Comme beaucoup qui furent capturés, des milliers d'Acadiens qui évitèrent la déportation moururent de maladies, de famines et des dangers divers rencontrés au cours de leur fuite. Comme le peuple juif persécuté par les Nazis au cours de la seconde guerre mondiale, un tiers des Acadiens périrent durant leur "Grand Dérangement".

5.   <u>Mythe:</u> Les Acadiens furent déportés vers la Louisiane.

<u>Réalité:</u>

a.   Les déportations commencèrent en 1755, environ un an avant que la guerre ne fût déclarée entre la France et l'Angleterre, en mai 1756. Joseph *Beausoleil* Broussard prit la tête d'une résistance armée contre les Britanniques dans l'actuel Nouveau-Brunswick jusqu'en 1760, date à laquelle il fut emprisonné avec deux milles de ses compagnons acadiens sur l'île Georges pendant quatre ans. À la fin de la guerre, ils furent encouragés à partir et allèrent alors volontairement s'installer en Louisiane via Haïti ; leur arrivée à la Nouvelle- Orléans, en février 1765, marqua le début de la culture cadienne (*cajun*).

b.   Le 28 juillet 2005, leur résistance fut commémorée par la construction d'un monument à Dieppe au Nouveau-Brunswick.

6.   <u>Mythe:</u> Tous les exilés acadiens se retrouvèrent à la fin en Louisiane.

<u>Réalité:</u> Moins de la moitié des exilés acadiens s'installèrent en Louisiane. La plupart moururent soit avant d'atteindre la Louisiane soit atterrirent

ailleurs - France, Haïti et les colonies britanniques de l'Amérique du Nord.

7. <u>Mythe:</u> Les Acadiens arrivèrent en Louisiane directement depuis la Nouvelle-Écosse.

    <u>Réalité:</u> Tous les Acadiens qui s'installèrent en Louisiane transitèrent d'abord par un autre endroit. Par exemple, ceux qui arrivèrent en Louisiane, en 1765, avec *Beausoleil* Broussard atterrirent d'abord en Haïti. Ce n'est que plus tard qu'ils décidèrent de s'installer en Louisiane. De la même façon, d'autres Acadiens passèrent d'abord par les colonies britanniques d'Amérique du Nord, la France, la Guyane française, ou les îles de Saint-Pierre et Miquelon près de Terre-Neuve, avant d'arriver en Louisiane.

8. <u>Mythe:</u> Certains Acadiens voyagèrent jusqu'en Louisiane par voie de terre.

    <u>Réalité:</u> Toutes les preuves historiques indiquent que les Acadiens arrivèrent en Louisiane seulement par bateau. Les affirmations contraires proviennent en grande partie des travaux de l'écrivain de Saint Martinville, le Juge Felix Voorhies, et notamment de son histoire romancée de la déportation datant de 1907, qui parle "d'un dur et périlleux voyage par voie de terre".

9. <u>Mythe:</u> Les Acadiens, conduits par Joseph *Beausoleil* Broussard, allèrent en Louisiane parce que c'était une colonie française.

    <u>Réalité:</u> Bien que la Louisiane fût une colonie française depuis 1699, lorsque les premiers Acadiens arrivèrent en Louisiane en 1765, elle était devenue une colonie espagnole. Elle le restera jusqu'en 1800, date à laquelle elle fut restituée à la France, avant d'être finalement vendue aux États-Unis, en 1803.

10. <u>Mythe</u>: Les Britanniques mirent fin à l'ordre d'exil.

   <u>Réalité</u>:

   a.   Afin d'empêcher les Acadiens qui étaient tentés de revenir chez eux en Nouvelle-Écosse, le Traité de Paris maintint en vigueur l'ordre d'exil.

   b.   Il fut toutefois mis fin à l'exil *de facto*, lorsque le gouverneur britannique Wilmot autorisa quelques Acadiens à revenir s'installer en Nouvelle-Écosse tout en limitant sévèrement les endroits et la manière dont ils pouvaient le faire (par petits groupes disséminés au sein de la colonie).

11. <u>Mythe</u>: Les Acadiens se considéraient eux-mêmes comme des ressortissants français.

   <u>Réalité</u>:

   a.   Après que les Acadiens se furent installés en Nouvelle-Écosse, en 1604, ils développèrent une identité culturelle nouvelle, la culture acadienne, après 75 ans d'existence indépendante,

   b.   Les Acadiens et les Afro-américains, victimes de l'esclavage, furent les seuls groupes de personnes de taille importante déportés de force vers les États-Unis, d'où leur résistance à une assimilation dans la société américaine et le maintien de leur culture cadienne et créole particulièrement unique dans la Louisiane du Sud d'aujourd'hui.

12. <u>Mythe</u>: *"Cajun"* est un mot français.

   <u>Réalité</u>: Après avoir été exilés, emprisonnés et éparpillés à travers le monde, certains réfugiés acadiens, guidés par Joseph *Beausoleil* Broussard, trouvèrent refuge en Louisiane du Sud. Au fur et à

mesure que leurs colonies s'étendaient à travers
les bayous et les prairies, leurs voisins anglophones abrégèrent le terme français "Acadien" en
celui de "Cadien", avant de le transformer en celui
de "*Cajun,*" qui est un terme anglais.

13. Mythe: "*Coonass*" (Connasse) est un synonyme du
     mot "*Cajun*" (Cadien).

     Réalité:

     a. L'injure la plus insultante et déplacée que
         l'on puisse adresser aux Cadiens est le
         terme "*Coonass*". L'utilisation de ce terme
         offensant renvoie à des stéréotypes négatifs
         et aux vestiges des discriminations raciales
         de l'époque avant les droits civiques. Ce
         mot insultant d'argot n'a jamais été un
         terme élogieux ou flatteur associé aux
         Cadiens et son utilisation est empreinte de
         connotations péjoratives et racistes. Selon
         James H. Domengeaux, auteur du livre "Les
         Acadiens et l'idéal d'égalité" ("*Native Born
         Acadians and the Equality Ideal", Loui-
         siana Law Review, Volume 46 No. 6, July
         1986*), c'est le soldat français qui, au cours
         de la seconde guerre mondiale, se sentant
         peut-être menacé par ses lointains cousins
         cadiens, qualifia les soldats francophones
         américains de "connasse". Par la suite, les
         soldats américains non-francophones, soit
         par jalousie, soit par moquerie, commencè-
         rent à harceler les soldats louisianais en les
         traitant de "*coonass*" en référence au mot
         "connasse" utilisé par les forces françaises.
         Le nom français "connasse" désigne: "un
         homme ou une femme de niveau social
         inférieur manquant d'instruction, utilisé
         notamment pour une prostituée de basse
         classe (jargon relatif aux prostituées dans
         les années 1810-35) ou pour une prostituée
         atteinte de maladies vénériennes (1910)."

b.   Le docteur Jim Dorman explique dans son livre "Ceux qu'on appelle les Cadiens: introduction à une histoire ethnologique" (*"The people called Cajuns: An Introduction to an Ethnoshistory"*, *Lafayette: UL Lafayette Center for Louisiana Studies, 1983; page 87*) que: "le terme '*Coonass*', originellement une terme de moquerie ethnique introduit par les 'étrangers' pour dénommer les Cadiens, est d'origine linguistique incertaine. Il peut avoir une connotation raciste suggérant un métissage entre les Cadiens et les Noirs américains. Mais certains défenseurs de la culture cadienne, dans un effort de faire revivre cette dernière, sont venus à utiliser ce terme en signe d'affirmation forte, voire brutale, de leur culture et d'auto-identification."

c.   En 1981, le pouvoir législatif louisianais condamna l'utilisation du mot *"coonass"* par la décision prise à l'unanimité du Sénat n°170.

14.   <u>Mythe:</u> La traduction anglaise de "Mardi gras" est *"Fat Tuesday"*.

<u>Réalité:</u> "Mardi gras" est une fête traditionnelle française profondément enracinée et ce terme ne doit pas être traduit par *"Fat Tuesday"*. "Mardi gras" n'a aucune histoire étymologique dans la langue anglaise. La traduction correcte de "Mardi gras" selon le grand dictionnaire anglais-français du Larousse (1993, p. 546, Larousse, 7 rue de Montparnasse 75298 Cedex 06 Paris, France) est la suivante: "Mardi gras, terme religieux, signifiant *Shrove Tuesday*".Traduire improprement ce mot est une manière de dénigrer cet événement qui, comme le rappellent les spécialistes du folklore louisianais, identifie la Louisiane et sa culture d'origine française aux yeux du reste du monde.

15. <u>Mythe</u>: Les Acadiens étaient un peuple d'illettrés qui n'étaient pas capables d'écrire leur nom, d'où le fait qu'il y a un "x" à la fin de nombreux noms de famille acadiens.

<u>Réalité:</u>

a. Selon l'historien Carl Brasseaux, environ 20 % des Acadiens savaient lire et écrire, ce qui représente le même pourcentage que celui des peuples frontaliers des Acadiens à l'époque.

b. C'est pour uniformiser l'orthographe de nombreux noms de famille acadiens que la terminaison "eaux" fut ajoutée au cours du recensement mené en 1820 par le juge Pierre Paul Briant (qui était originaire de Bordeaux en France).

16. <u>Mythe:</u> L'exil se déroula en une seule fois.

<u>Réalité:</u>

a. Les déportations commencèrent en 1754 et continuèrent jusqu'en 1763.

b. L'exil constitua un génocide: le gouvernement chercha de façon systématique et délibérée à débarrasser une région géographique d'un groupe ethnique.

c. Certains Acadiens furent même déportés deux fois.

17. <u>Mythe:</u> La Couronne britannique ne s'est jamais excusée pour les torts qu'elle a causés aux Acadiens lors de leur déportation.

<u>Réalité:</u> Des excuses furent faites par la Couronne britannique au peuple acadien, en 2003, à la suite du dépôt d'une pétition en ce sens par Warren A. Perrin auprès de la Reine d'Angleterre en janvier 1990.

a. La pétition visait à obtenir une reconnaissance des torts survenus durant la déportation, une réconciliation avec le gouvernement et la Couronne britanniques, une déclaration que l'exil causa beaucoup de souffrances aux Acadiens, et l'élévation d'un mémorial rendant hommage au peuple acadien.

b. La Proclamation royale de 2003 établit la date du 28 juillet comme "jour de la Commémoration" et la première commémoration eut lieu le 28 juillet 2005 pour marquer le 250ème anniversaire de la Déportation des Acadiens.

c. Le choix de la date du 28 juillet se fit en référence à la date du 28 juillet 1755, jour où l'ordre de déportation fut signé à Halifax. C'est également au port d'Halifax que fut érigé le monument commémoratif, le 28 juillet 2005. La requête se révéla être un véritable succès qui disculpa le nom des Acadiens et retira les stigmates négatifs qui leur avaient été attribués, comme ceux faisant d'eux des rebelles et des criminels de guerre internationaux dans une tentative de justifier la déportation.

d. La pétition n'avait pas d'autre but que de rechercher la réhabilitation historique des Acadiens. Aucuns dommages ni intérêts ne furent réclamés.

Warren A. Perrin, diplômé de l'école de droit de l'université de l'État de la Louisiane, est avocat au sein du cabinet Perrin, Landry, deLaunay, Dartez & Ouellet, président du CODOFIL (le Conseil pour le développement du français en Louisiane) depuis 1993, et professeur adjoint à l'Université de Louisiane à Lafayette. Il a été membre du conseil d'administration du Congrès Mondial

Acadien - Louisiane 1999, président du groupe de travail du Lieutenant Gouverneur de FrancoFête '99 et le fondateur du musée acadien d'Erath en Louisiane. Il a représenté la Louisiane et les États-Unis au cours des Sommets Mondiaux de la Francophonie de Bucarest en Roumanie, en 2006, et de Québec au Canada, en 2008, et a été reconnu "éminent juriste de la Louisiane" en 2007. Il est, enfin, l'auteur du livre Acadian Redemption, from Beausoleil Broussard to the Queen's Royal Proclamation, traduit en français sous le titre "Une Saga Acadienne, de Beausoleil Broussard à la Proclamation Royale." Ce livre retrace l'histoire tragique d'un peuple, les Acadiens, expulsé de sa terre natale par les Britanniques, mais qui, sous l'influence de l'un des siens, Beausoleil Broussard, a su surmonter son destin et s'établir dans de nouvelles contrées, dont la Louisiane, pour y perpétuer sa culture, et qui a maintenant obtenu réparation des torts causés par la Déportation grâce à l'un de ses descendants, Warren A. Perrin. La Couronne britannique s'est officiellement excusée en signant, le 9 décembre 2003, à Ottawa, Canada, la Proclamation Royale de reconnaissance et d'excuses.

Me Warren A. Perrin

W arren Perrin est né le 11 mars 1947 dans le hameau Henry de la paroisse de Vermillon, en Louisiane. Il a terminé ses études secondaires au Henry High School en 1965, ses études universitaires à l'Université de Lafayette en 1969, et ses études de droit à la Faculté de droit de l'Université d'État de la Louisiane en 1972. Il avait épousé Mary Leonise Broussard en 1969. Après avoir effectué son stage d'avocat auprès du juge J. Cleveland Frugé à la Troisième Cour d'appel, Me Perrin fondait la firme juridique Perrin, Landry, de Launay, Dartez & Ouellet et ouvrait des bureaux à Lafayette, Érath, Broussard et Maurice.

En 1990, Perrin et un bon ami J. Weldon Granger créèrent un organisme sans but lucratif, l'*Acadian Heritage and Culture Foundation*, qui administre le Musée acadien d'Érath. Le musée est appuyé par de nombreux bénévoles d'Érath. Le soutien financier provient de dons et des ventes du livre *A Century of Acadian Culture*. En 1996, le Musée acadien établissait l'*Ordre des légendes vivantes*, qui sous la direction de Kermit Bouillion rend hommage aux individus qui ont aidé à créer et à promouvoir la culture française en Louisiane.

Pendant 15 ans, Perrin a mené avec brio la campagne pour arracher à la reine Elisabeth II d'Angleterre la reconnaissance des faits de la déportation des Acadiens de la Nouvelle-Écosse et des excuses au peuple acadien. En janvier 1990, avec l'appui et la pression de nombreuses personnes, Perrin présentait sa pétition au nom du peuple acadien au gouvernement britannique et à la Couronne d'Angleterre demandant des excuses pour la Déportation des Acadiens de la Nouvelle-Écosse en 1755. En reconnaissance de ce fait d'arme, la Chambre de commerce franco-américaine l'a honoré le 20 janvier 2004 en lui décernant un « *Special Cultural Achievement Award* ». Le 11 août 2004, l'Association de la Famille Broussard de la Louisiane l'honorait, elle aussi, pour ses réalisations.

En 1993, Me Perrin représentait les États-Unis à la Conférence mondiale des droits de l'homme, qui se tenait en Normandie, en France, où il a fait une présentation sur sa *Pétition pour des excuses*. Par la suite il fondait *la Conférence sur les droits de l'homme* qui se tient conjointement avec le Festival international de

Louisiane; cette conférence présente annuellement des programmes d'activités qui ont trait aux droits culturels et aux droits des minorités.

En 1994, le gouverneur Edwin Edwards nommait Me Perrin président du *Conseil pour le développement du français en Louisiane,* connu sous le sigle de CODOFIL. Il a été reconduit dans ses fonctions par le gouverneur Foster en 1996 et par le gouverneur Blanco en 2004. Me Perrin a travaillé sans relâche à promouvoir la culture française. Il a été à l'origine de nouvelles initiatives; il a développé de nouveaux programmes et mis sur pied des organismes pour impliquer les Afro-américains et les Créoles ainsi que la communauté amérindienne Houma de la Louisiane dans le mouvement pour restaurer la fierté pour les cultures particulières. En reconnaissance de toutes ces initiatives, il a reçu le prix « *Cadien de l'année* » de la part de l'Association de la musique française cadienne.

En reconnaissance de son rôle de leader dans la communauté acadienne de l'Amérique du Nord, Me Perrin fut invité comme orateur principal au Congrès mondial acadien à Moncton, Nouveau-Brunswick, en 1994. À la suite de cet événement, il devint un champion important pour la tenue du second Congrès mondial acadien en Louisiane, en 1999, en tant que composante de la « Francofête 99 ». C'est une idée qu'il a proposée pour célébrer le tricentenaire de la fondation de l'État de la Louisiane, qui avait lieu également en 1999. Pour appuyer cette initiative, Me Perrin a agi comme président d'un groupe de travail nommé par le lieutenant-gouverneur de l'époque, Madame Kathleen Babineaux Blanco, afin de mener à bien cet événement qui s'échelonnait sur un an et qui comprenait plus de 1500 activités culturelles diverses.

Depuis 1979, Me Perrin est professeur adjoint à l'Université de la Louisiane à Lafayette. De plus, il a été le co-fondateur de la section française de l'Association du Barreau de la Louisiane et du Symposium Babineaux du droit civil international. L'Université de Moncton lui décernait son prix de l'École de droit, en 1991, en reconnaissance de toutes ces réalisations.

Depuis 1993, Me Perrin est président de l'Association des Anciens de l'Université de la Louisiane à Lafayette. En 1987, il était reçu à l'*Athletic Hall of Fame* de l'Université de la Louisiane à Lafayette pour ses exploits athlétiques: il était membre des équipes de levée de poids de l'ex-Université du Sud-ouest de la Louisiane qui avaient gagné le championnat national de levée de poids en 1966, 1967 et 1968.

En mai 2000, sa famille a honoré la mémoire de son père en établissant la bourse d'études *Souvenir Henry L. Perrin* à l'Université de la Louisiane à Lafayette, qui accorde chaque année une bourse d'études à deux finissants de l'école secondaire de la paroisse de Vermillon. Ajoutons à cela qu'en 2001 la firme juridique Perrin a créé à l'Université de la Louisiane à Lafayette la bourse d'études du *Souvenir* pour permettre à des étudiants de poursuivre des cours d'immersion en français à l'Université Sainte-Anne en Nouvelle-Écosse.

Il a siégé au Conseil des Gouverneurs des Amis des Études françaises à USL, et a été panéliste à des séminaires sur des questions de droit au Centre de Droit de l'USL. Mᵉ Perrin a été l'objet d'entrevues à la radio et à la télévision nationale et internationale, y compris la National Public Radio, TV5 Amérique du Nord, le réseau National TV américain, la BBC de Londres, Radio-Canada, et les téléjournaux du dimanche matin à CBS.

Mᵉ Perrin a reçu les récompenses suivantes :

1996 : Chef de la Délégation de la Louisianne lors de la négociation et la signature des accords culturels, linguistiques et économiques avec les gouvernements de France et de Belgique.

1997 : Représentant de l'État de Louisiane au Sommet francophone mondial de Hanoï, au Vietnam.

1998 : Le prix Héritage de l'Association de la musique francophone cadienne.

1999 : Le prix « Homme d'affaires prééminent de l'Acadiana » du magazine *The Times of Acadiana*.

1999 : Chef de la délégation de l'État de la Louisianne au Sommet mondial de la francophonie de Moncton au Nouveau-Brunswick, Canada.

1999 : Doctorat honorifique en droit de l'Université Sainte-Anne en Nouvelle-Écosse. Le président de la France, Jacques Chirac, lui a conféré l'Ordre du mérite national.

2000 : Le *prix du Service distingué* de l'Association des restaurants de Louisiane. Le *prix du Succès en tourisme rural en Louisiane,* accordé par le programme de LSU, Louisiane.

2001 : Le *Prix des succès internationaux*, accordé par le Groupe de développement du commerce international.

2002 : L'Ordre des francophones d'Amérique, insigne remise par le Conseil supérieur de la langue française (CSLF) lors d'une cérémonie à l'hôtel du Parlement de Québec.

2003 : Le *Prix de la Préservation de la culture*, accordé par Vermillonville.

2004 : Le *Prix des réalisations culturelles*, accordé par la Chambre de commerce franco-américaine. Le *Prix Beausoleil*, accordé par la Famille *Beausoleil* pendant la réunion des familles Broussard, le 11 août 2004. Le *Prix des pionniers*, accordé par l'Alliance historique et culturelle d'Abbeville.

2005 : Le *Prix du meilleur livre d'histoire* par le comité des femmes journalistes de la Louisianne pour son livre *Acadian Redemption*.

2006 : Remise par la section française de l'organisation des Nations unies du "Venet d'or de la francophonie". Prix du mérite de l'Association américaine des histoires locales.

2007 : Reconnu personnalité éminente de la Louisianne.

En 1999, Mᵉ Perrin fut nommé par le Président de la Chambre des représentants de la Louisiane, M. Charles Dewitt, membre de la Commission du bicentenaire de la *Louisiana Purchase*, qui a organisé cette célébration qui a duré une année entière, et président de son Comité des relations internationales. En 2003, Mᵉ Perrin fut nommé Chevalier d'honneur du Festival de la grande omelette d'Abbeville et Ambassadeur honoraire de la Ville de Lafayette. Son travail au service de la promotion de la culture française l'a placé au premier rang des activistes culturels et a contribué à revigorer le mouvement de fierté cadienne, grâce en particulier à sa Pétition pour obtenir des excuses, à la mise en œuvre du Musée acadien d'Érath et à ses nombreuses activités au sein du CODOFIL.

Général Curney J. Dronet Sr.

Bibliographie

Nous ne reproduisons pas entièrement la bibliographie de l'édition originale de langue anglaise du livre de Warren Perrin. Nous avons plutôt opté pour une bibliographie sélective d'ouvrages pour la plupart disponibles en milieu francophone. Le lecteur pourra trouver les références utilisées dans le corps du texte dans les notes se trouvant à la fin de chacun des chapitres.

L'Acadie

1. Arsenault, Bona, *Histoire et généalogie des Acadiens*, Montréal, Fides, six volumes, 1994 (3ᵉ édition).

2. Arsenault, Georges, *Les Acadiens de l'Île, 1720-1980,* Moncton, Éditions d'Acadie, 1987.

3. Arsenault, Samuel P., Daigle, Jean, Schroeder, Jacques et Vernex, J.C., *Atlas de l'Acadie,* Moncton, Éditions d'Acadie, 1976.

4. Bergeron, s.s.s., Adrien, *Le Grand arrangement des Acadiens au Québec, 1625-1925,* Montréal, Éditions Élysée, 1978, huit volumes.

5. Brun, Régis, *Les Acadiens avant 1755*, Moncton, chez l'auteur, 2003.

6. Bujold, Stéphan, «La diaspora acadienne du Québec, essai de contribution à l'élargissement du champ national acadien», in Martin Pâquet et Stéphane Savard, dir., *Balises et références, Acadies, francophonies*, Québec, Presses de l'Université Laval / Chaire d'études sur la francophonie en Amérique du Nord (CÉFAN), 2007, p. 461-484.

7. Daigle, Jean, dir., *L'Acadie des Maritimes*, Moncton, Chaire d'études acadiennes, 1993, 910 pages.

8. Deveau, J. Ross, Alphonse et Sally, *Les Acadiens de la Nouvelle-Écosse ; hier et aujourd'hui*, Moncton, Éditions d'Acadie, 1995.

9. Faragher, John Mack, *A Great and Noble Scheme : The Expulsion of the French Acadians*, New York, W.W. Norton, 2005.

10. Griffiths, N.E.S., *Acadians in Exile: The Experience of the Acadians in the British Seaports,* Acadiensis, vol. 4 (1974), n° 1, p. 67-84.

11. Griffiths, N.E.S., *From migrant to Acadian: A North American border people, 1604-1755,* Montréal/Kingston, Queen's/McGill's University Press, 2005.

12. Hébert, Pierre-Maurice, *Les Acadiens du Québec,* Montréal, Éditions de l'Écho, Préface de Pierre Trépanier, 1994.

13. Lanctôt, Léopold, *L'Acadie des origines, 1603-1771,* Montréal, Édition du Fleuve, 1988.

14. Landry, Nicolas et Lang, Nicole, *Histoire de l'Acadie,* Sillery, Septentrion, 2001.

15. Lapierre, Jean-William et Roy, Muriel K., *Les Acadiens,* Que sais-je? Paris, P.U.F., 1983, 127 pages.

16. LeBlanc, Ronnie-Gilles, dir., *Du Grand Dérangement à la Déportation. Nouvelles perspectives historiques,* Moncton, Chaire d'études acadiennes (Collection Mouvange), 2003.

17. Léger, Yvon, *L'Acadie de mes ancêtres,* Éditions du Fleuve, Montréal, 2ᵉ édition, 1989, 380 pages; lauréat du concours Percy Foy, 1987, Société généalogique canadienne-française.

18. Longfellow, H. W., *Évangéline, conte d'Acadie,* Éditions de l'Alternative/du Fleuve, Montréal, 1988; illustrations noir et blanc de Frank Diksee et reproduction couleur de six tableaux de Claude Picard; reprise de la 3ᵉ édition de 1912 de la traduction de Pamphile Lemay; 125 pages grand format.

19. Maillet, Antonine, *Pélagie-la-charrette,* Montréal, Leméac, 1979.

20. Martin, Ernest, *Les Exilés acadiens en France au XVIIIᵉ siècle et leur établissement dans le Haut-Poitou,* Paris, Hachette, 1936.

21. Pâquet, Martin et Savard, Stéphane, dir., *Balises et références, Acadies, francophonies,* Québec, Presses de l'Université Laval / Chaire d'études sur la francophonie en Amérique du Nord (CÉFAN), 2007.

22. Poirier, Michel, *Les Acadiens aux îles Saint-Pierre et Miquelon, 1758-1828,* Moncton, Éditions d'Acadie, 1984, 527 pages.

23. Richard, Édouard, (1844-1904) *Acadia: missing links of a lost chapter in American history / by an Acadian* – New York: Home Book Company, 1895. – 2 vol: portr., carte géographique; 24cm. – APC: AMICUS N° 12118711.

24. Roy, Michel, *L'Acadie des origines à nos jours, essai de synthèse historique*, Montréal, Québec/Amérique, 1981, 340 pages.

25. Roy, Michel, *L'Acadie perdue*, Montréal, Québec/Amérique, 1978.

26. Rumilly, Robert, *L'Acadie française, 1497-1713*, Montréal, Fides, 1981.

27. Rumilly, Robert, *L'Acadie anglaise, 1713-1945*, Montréal, Fides, 1983.

28. White, Stephen A., *Dictionnaire généalogique des familles acadiennes*, Moncton, Centre d'études acadiennes, 2 volumes, 1999.

Les Cadiens de la Louisiane

1. Ancelet, Barry et Elmore, Morgan Jr., *The Makers of Cajun Music*, Houston, University of Texas Press, 1984.

2. Bernard, Antoine, c.s.v. *Histoire de la Louisiane, de ses origines à nos jours*, Québec, CVFA, Université Laval, 1953.

3. Bernard, Shane K., *The Cajuns - Americanization of a People*, Jackson, University Press of Mississippi, 2003.

4. Brasseaux, Carl A., *Acadian to Cajun: Transformation of a People*, 1803-1877, Jackson, University Press of Mississippi, 1992.

5. Brasseaux, Carl A., *The Founding of New Acadia: The Beginnings of Acadian Life in Louisiana, 1765-1803*, Bâton-Rouge, Louisiana State University Press, 1987.

6. Braud, Gérard-Marc, *De Nantes à la Louisiane, en 1785, 1600 Acadiens quittent le vieux continent, à destination de la Nouvelle-Orléans, l'histoire de l'Acadie, l'odyssée d'un peuple exilé*, Nantes, Ouest Éditions, 1994.

7. Denuzière, Maurice, *Au pays des bayous*, Paris, Fayard, 2003.

8. Denuzière, Maurice, *Je te nomme Louisiane : découverte, colonisation et vente de la Louisiane*, Paris, Denoël, 1990.

9. Giraud, Marcel, *Histoire de la Louisiane française,* Paris, PUF, 5 volumes, 1953-1961.

10. Hero, Alfred Oliver Jr., *La Louisiane et le Canada francophone, 1673-1989*, Montréal, Éditions du Fleuve, 1991 (traduit de l'anglais par Édouard Doucet).

11. Hirsch, Arnold R. et Logsdon, Joseph, *Creole New Orleans - Race and Americanization*, Bâton-Rouge, Louisiana State University Press, 1992.

12. Hoffman, Paul E., éd., *The Louisiana Purchase and Its People*, Lafayette, Louisiana Historical Association / Center for Louisiana Studies, 2004.

13. Le Menestrel, Sara, *La voie des Cadiens : tourisme et identité en Louisiane*, Paris, Belin, 1999.

14. Lauvrière, Émile, *Histoire de la Louisiane française, 1673-1939,* Paris, G-P Maisonneuve, 1940.

15. Lugan, Bernard, *La Louisiane française, 1682-1804*, Paris, Perrin, 1994.

Table des matières

Diffusion

Canada:

Éditions Lambda

6-125, rue Champlain

Saint-Jean-sur-Richelieu (Québec) J3B 6V1

Tél.: (450) 545-1523

Téléc.: (450) 346-6914

lambda.ed@videotron.ca

États-Unis:

Andrepont Publishing L.L.C.

326 Cedar Grove Drive

Opelousas, Louisiana 70570

Tél.: (337) 942-6385

Fax: (337) 948-3492

andre@andrepontprinting.com